PSYCHISCHE

GESUNDHEIT VERSTEHEN

Umgang mit Angstzuständen, Stimmungsstörungen und Schizophrenie bei Erwachsenen; Stigmatisierung abbauen und Unterstützung bei Ihren Herausforderungen leisten.

DR. JASMINE TERRY

COPYRIGHT-SEITE

SCANNEN SIE DEN QR-CODE, UM WEITERE BÜCHER VON DR. TERRY ZU SEHEN!

INHALTSVERZEICHNIS

Von Dr. Terry

Lieber Leser,

Wenn Sie dieses Buch in Ihren Händen halten oder durch seine digitalen Seiten scrollen, möchte ich zunächst etwas ganz Einfaches, aber Ehrliches sagen: **Danke**.

Vielen Dank, dass Sie sich entschieden haben, ein Thema durchzugehen, das so viele meiden. Vielen Dank, dass Sie sich mit der Komplexität der psychischen Gesundheit auseinandersetzen, auch wenn die Gesellschaft uns oft sagt, wir sollten uns abwenden. Und vor allem vielen Dank, dass Sie dieses Buch geschenkt haben, *Psychische Gesundheit verstehen: Umgang mit Angstzuständen, Stimmungsstörungen und Schizophrenie bei Erwachsenen*, ein Platz in deinem Leben.

Ich habe dieses Buch nicht geschrieben, um Seiten zu füllen. Ich habe es geschrieben, weil ich gesehen habe, wie zu viele Erwachsene stillschweigend unter Fragen leiden, die sie nicht stellen wollen. Ich habe mit unzähligen Patienten in meiner Praxis gesessen, starken, kompetenten Menschen, die nicht nur von Ängsten, Stimmungsschwankungen oder der Trennung von der

Realität überwältigt waren, sondern auch von dem Stigma, das ihren Schmerz umgab. Viele von ihnen mussten jahrelang ohne angemessene Unterstützung auskommen, weil sie nicht wussten, wo sie anfangen sollten.

Dieses Buch ist dieser Ausgangspunkt. Und wenn Sie es hierher geschafft haben, haben Sie bereits einen der wichtigsten Schritte zur Heilung getan: die Erkenntnis, dass die geistige Gesundheit genauso wichtig ist wie die körperliche Gesundheit. Sie haben sich entschieden, für sich selbst oder für jemanden, den Sie lieben, zu sorgen. Und das allein ist ein Akt der Widerstandsfähigkeit.

Erlauben Sie mir nun, Ihnen zu sagen, was Sie wirklich gewinnen, wenn Sie sich für dieses Buch entscheiden, und ganz ehrlich auch, was Sie riskieren, zu verpassen, wenn Sie weggehen.

Wenn Sie diese Kapitel öffnen, betreten Sie keine Vorlesung oder ein kaltes Handbuch. Sie treten in ein Gespräch ein. Eines, das auf klinischem Fachwissen basiert, aber in echter menschlicher Sprache gesprochen wird, sodass sich jeder Erwachsene, jeder Betreuer oder jeder Fachmann auf diesen Seiten wiederfinden kann, ohne sich beurteilt, überfordert oder im medizinischen Fachjargon zu verlieren.

Sie werden Angst nicht nur als Wort, sondern als gelebte Erfahrung verstehen, wie sie Entscheidungen beeinflusst, den Schlaf stört, Freude zum Schweigen bringt und wie sie dennoch mit praktischen und bewährten Strategien bewältigt werden kann. Sie erfahren mehr über Stimmungsstörungen, die über das bloße „Niedergeschlagenheitsgefühl" hinausgehen, und erhalten einen Einblick, was es bedeutet, mit Depressionen oder bipolaren Störungen in einer Welt zu leben, die nicht immer langsam genug ist, um sie zu verstehen.

Und dann gehen wir tiefer in die Schizophrenie ein. Ein Zustand, der oft missverstanden, oft gefürchtet und selten offen diskutiert wird. Aber in diesem Buch habe ich die Schichten der Angst und des Mysteriums abgelegt, um Sie zur Wahrheit zu bringen: dass Schizophrenie, wie jede andere psychische Erkrankung, kein Charakterfehler ist. Es handelt sich um eine Erkrankung, die mit dem richtigen Wissen und den richtigen Werkzeugen behandelt, unterstützt und bewältigt werden kann.

Sie lesen über Symptome, Diagnose und Behandlung, aber auch über die emotionale Seite der Reise: die Beziehungen, die Verwirrung, die Schuldgefühle, die Durchbrüche. Sie werden die Stimmen echter Menschen hören. Menschen, die auseinanderfielen und wieder aufgebaut wurden. Menschen, die Zusammenbrüche erlebt haben, haben wieder ins Gleichgewicht gefunden.

Sie werden mit Strategien ausgestattet. Keine vagen Ideen, sondern grundlegende Werkzeuge. So erstellen Sie eine Tagesstruktur. So erkennen Sie, wann ein Rückfall droht. Wie Sie den richtigen Therapeuten finden, ein Unterstützungssystem aufbauen und Burnout in der Pflege vermeiden. Sie werden den Wert funktionierender Selbsthilfe entdecken und erfahren, wie Sie für sich selbst eintreten können, wenn die Welt versucht, Ihre Erfahrungen zu minimieren.

Wenn Sie jemals mit Burnout zu kämpfen hatten, ist dieses Buch genau das Richtige für Sie. Wenn Sie sich jemals gefragt haben, welche Auswirkungen Arbeit, digitale Müdigkeit oder Isolation auf Ihre geistige Gesundheit haben, finden Sie diese ebenfalls hier. Und zwar nicht in abstrakter Sprache, sondern in direkten, praktischen und herzzentrierten Worten.

Außerdem erfahren Sie, wie stark Ihre täglichen Entscheidungen Ihre emotionale Stabilität beeinflussen. Ich entführe Sie in die Wissenschaft, wie Bewegung, Schlaf, digitale Gewohnheiten, Arbeitsgrenzen, Natur und Kreativität mit der psychischen Gesundheit interagieren. Das sind keine oberflächlichen Ideen; Es handelt sich um evidenzbasierte, reale Veränderungen, die einen messbaren Unterschied bewirken. Ich habe sie auf eine Art und Weise miteinander verwoben, die Sinn macht und sich machbar anfühlt, denn Heilung sollte niemals unerreichbar erscheinen.

Dann, rein **Aufbau langfristiger Resilienz**, ich erkläre Ihnen, wie Sie die Genesung aufrechterhalten können. Wie fühlen wir uns nicht nur besser, sondern bleiben auch gesund? Von der Erkennung früher Warnzeichen für einen Rückfall bis zur Erstellung eines personalisierten

Pflegeplans begleite ich Sie, so wie ich es mit meinen Patienten tue. Wir beschränken uns nicht nur auf Informationen; Wir bewegen uns in die Transformation. Sie lernen, wie Sie emotionale Flexibilität aufbauen, reagieren statt reagieren und Belastbarkeit in Ihre Routine integrieren, sodass Wohlbefinden zu einer Lebenseinstellung und nicht zu einem vorübergehenden Ziel wird.

Dies ist kein Buch, das man einmal liest und dann vergisst. Es ist ein Leitfaden, auf den Sie immer wieder zurückgreifen, wenn die Wellen rau werden, wenn Sie Klarheit brauchen oder wenn Sie eine Erinnerung daran brauchen, dass Sie nicht allein sind.

Lassen Sie mich nun sanft zu denen sprechen, die vielleicht noch unsicher sind.

Wenn Sie sich dafür entscheiden, dieses Buch weiterzugeben, verlieren Sie möglicherweise die Klarheit, nach der Sie in aller Stille gesucht haben. Möglicherweise raten Sie weiterhin, statt es zu wissen. Möglicherweise verharren Sie im Kreislauf der Missverständnisse, sind frustriert darüber, dass die Teile nicht zusammenpassen, und erkennen nicht, dass Sie eine bessere Karte benötigen.

Dieses Buch ist diese Karte.

Ohne sie könnte es sein, dass Sie den Kontakt zu Ihren Lieben, die sich in Schwierigkeiten befinden, abgekoppelt fühlen, weil Sie nicht wissen, wie Sie sie unterstützen können. Möglicherweise kämpfen Sie weiterhin mit inneren Symptomen, die mit den richtigen Mitteln hätten gelindert werden können. Möglicherweise leben Sie immer noch im Schatten der Scham oder des Schweigens, wenn Sie Bildung, Ermächtigung und Unterstützung benötigen.

Aber wenn Sie sich für dieses Buch entscheiden, öffnen Sie die Tür zu etwas anderem. Etwas Hoffnungsvolles.

Sie gewinnen Wissen. Sie gewinnen Perspektive. Du gewinnst Mitgefühl für andere und dich selbst. Sie erlangen die Sprache, um über das zu sprechen, was früher unaussprechlich war. Sie erhalten Zugang zu Heilung, die in der Wissenschaft verwurzelt ist, aber von der Seele geliefert wird.

Von einem Menschen zum anderen möchte ich Folgendes sagen: Wenn Sie dieses Buch gekauft haben, haben Sie nicht nur einen Kauf getätigt; Sie haben in Ihre geistige Klarheit, Ihre emotionale Stärke und Ihr langfristiges Wohlbefinden investiert. Sie sind in eine Zukunft eingetreten, die informierter, stärker und mitfühlender ist.

Und wenn Sie es noch nicht getan haben? Die Einladung ist noch offen. Die Tür ist immer noch hier. Sie können es jederzeit öffnen.

Psychische Gesundheit ist kein Luxusthema. Es ist nicht optional. Es ist wichtig. Es beeinflusst, wie wir lieben, wie wir arbeiten, wie wir denken und wie wir leben.

Sie verdienen es, es vollständig zu verstehen. Du hast es verdient, tiefgreifend zu heilen.

Deshalb verlasse ich Sie mit diesem Aufruf zum Handeln, nicht aus einer Position des Drucks, sondern aus einer Position der Fürsorge heraus.

Kaufen Sie dieses Buch. Lesen Sie es langsam. Markieren Sie die Seiten. Sprechen Sie darüber. Bitte teilen Sie es. Benutze es. Lassen Sie es die Art und

Weise verändern, wie Sie sich selbst und andere sehen. Lassen Sie sich von ihm zu der Heilung führen, die Sie erwartet haben.

Und wenn schon? Dann fühle ich mich geehrt, Sie auf dieser Reise zu begleiten.

Vielen Dank, dass Sie mir Ihre Zeit, Ihren Verstand und Ihr Herz anvertrauen.

Mit einem tiefen Gefühl der Dankbarkeit und Hoffnung,
Dr. Jasmine Terry

„Ich habe unzählige Bücher über psychische Gesundheit gelesen, aber Dr. Terry hatte das Gefühl, dass endlich jemand zu mir und nicht zu mir spricht. Ihre Worte haben mir geholfen, die Probleme meines Mannes auf eine Weise zu verstehen, die ich nie könnte."
—Maggi., Betreuerin und Ehefrau

„Die Lektüre dieses Buches hat mir geholfen, die Zeichen zu erkennen, die ich in mir selbst ignoriert hatte. Es ist wie eine Rettungsleine für jeden, der im Stillen kämpft. Ich wünschte, ich hätte es früher gefunden."
—Angela R., 42, Unternehmensfachleute

„Ich empfehle dies jedem erwachsenen Klienten, den ich sehe. Es ist klinisch fundiert und emotional warm. Eine seltene Kombination bei Ressourcen für die psychische Gesundheit."
—Theresa P., lizenzierte klinische Therapeutin

Jerry war 23, als er zum ersten Mal die Last seiner psychischen Störung zu spüren begann. Es begann auf subtile Weise, als sich in scheinbar harmlosen Momenten Angstgefühle einschlichen. Sein Herz raste während seiner Vorträge und gesellige Zusammenkünfte wurden überwältigend. Doch erst als er seine erste Panikattacke hatte, wurde ihm klar, dass etwas ernsthaft nicht stimmte.

Jerry war schon immer ein aufgeweckter, energiegeladener Kerl mit Träumen und Ambitionen gewesen. Doch diese Träume schienen von einer anhaltenden Angstwolke und einem wachsenden Gefühl der Hilflosigkeit überschattet zu sein. Es fiel ihm schwer, mit seiner Arbeit Schritt zu halten, und er begann, sich von seinen Freunden zurückzuziehen. Der lebhafte, kontaktfreudige Mensch, der er einst war, schien zu verschwinden, und an seine Stelle trat jemand, den er kaum wiedererkannte.

Anfangs zögerte Jerry, einen Therapeuten aufzusuchen. Er war in einer Gemeinschaft aufgewachsen, in der psychische Gesundheit nicht offen diskutiert wurde und das damit verbundene Stigma spürbar war. Doch die Besorgnis seiner Eltern und Kollegen und das verzweifelte Bedürfnis nach Erleichterung veranlassten ihn, diesen ersten Schritt zu tun.

Als er zu sich kam, erklärte ich, dass das, was er erlebte, nicht ungewöhnlich sei und dass es Möglichkeiten gäbe, mit seiner Angst umzugehen. Gemeinsam begannen wir mit der Arbeit an der kognitiven Verhaltenstherapie (CBT), einer Behandlungsform, die Patienten hilft, ihre Denkmuster und Verhaltensweisen zu verstehen und zu ändern.

Durch CBT lernte Jerry, die Auslöser seiner Angst zu identifizieren und Strategien zu entwickeln, um mit ihnen umzugehen. Ich brachte ihm Atemübungen und Achtsamkeitstechniken bei, um ihm zu helfen, während einer Panik auf dem Boden zu bleiben. Wir haben auch darüber gesprochen, wie wichtig es ist, einen gesunden Lebensstil aufrechtzuerhalten, einschließlich regelmäßiger Bewegung, ausgewogener Ernährung und ausreichend Schlaf.

Als Jerry begann, diese Änderungen umzusetzen, bemerkte er einen Unterschied. Die Panikattacken wurden seltener und er hatte das Gefühl, seine Gedanken und Gefühle besser unter Kontrolle zu haben. Er begann, seine Erfahrungen aufzuzeichnen, was ihm half, seine Fortschritte zu verfolgen und Muster in seiner Angst zu erkennen.

Jerry fand auch an unerwarteten Orten Unterstützung. Er schloss sich einer Selbsthilfegruppe für junge Erwachsene an, die mit Angstzuständen zu kämpfen hatten, wo er andere traf, die ähnliche Erfahrungen teilten. Ihre Geschichten zu hören und seine eigenen zu teilen war therapeutisch und er fühlte sich in seinem Kampf nicht länger isoliert. Diese neu gewonnenen Freunde wurden zu einem entscheidenden Teil seines Unterstützungssystems.

Mit der Zeit und konsequenter Anstrengung kehrte Jerrys Selbstvertrauen zurück. Er begann wieder mitzumachen und seine Arbeit verbesserte sich. Er spielte sogar Gitarre, ein altes Hobby, das er aufgegeben hatte, und fand Trost in der Musik. Gesellschaftliche Ereignisse, die einst eine Quelle der Angst waren, wurden wieder zum Vergnügen.

Einer der stolzesten Momente für Jerry war, als er vor seinen Kollegen stand, um einen Vortrag über das Bewusstsein für psychische Gesundheit zu halten. Er sprach offen über seine Reise, die Herausforderungen, denen er gegenüberstand, und die Strategien, die ihm halfen, seine Angst zu bewältigen. Die Resonanz war überwältigend positiv und viele Freunde dankten ihm für seine Ehrlichkeit und Tapferkeit.

Jerrys Reise verlief nicht ohne Höhen und Tiefen. Es gab Tage, an denen die Angst zurückkam, aber jetzt hatte er die Werkzeuge und die Unterstützung, um damit umzugehen. Er lernte, dass die Bewältigung einer psychischen Störung ein kontinuierlicher Prozess ist, der Geduld und Ausdauer erfordert.

Mit 23 Jahren hatte sich Jerry einer gewaltigen Herausforderung gestellt und ging daraus gestärkt hervor. Seine Geschichte wurde für andere zu einem Leuchtfeuer der Hoffnung, zu einer Erinnerung daran, dass es mit der richtigen Unterstützung und den richtigen Strategien möglich ist, die Komplexität der psychischen Gesundheit zu meistern und das eigene Leben zurückzugewinnen.

EINFÜHRUNG

Zweck dieses Buches für Erwachsene

Der Zweck dieses Buches besteht darin, Erwachsenen ein umfassendes Verständnis der psychischen Gesundheit zu vermitteln und sich mit Angstzuständen, Stimmungsstörungen und Schizophrenie zu befassen. In der heutigen schnelllebigen Welt treten psychische Gesundheitsprobleme immer häufiger auf, doch viele Erwachsene haben Schwierigkeiten, genaue Informationen und wirksame Strategien zur Bewältigung dieser Herausforderungen zu finden. Dieses Buch möchte diese Lücke schließen und bietet klare Erklärungen, praktische Ratschläge und Geschichten aus dem wirklichen Leben, um den Lesern dabei zu helfen, ihren Weg zur psychischen Gesundheit selbstbewusst zu meistern.

Die psychische Gesundheit kann sich überwältigend anfühlen, muss aber nicht sein. Dieses Buch gliedert komplexe Konzepte in überschaubare Abschnitte und erleichtert so das Verständnis der wesentlichen Aspekte der psychischen Gesundheit. Unabhängig davon, ob Sie selbst mit Angstzuständen, Stimmungsstörungen oder

Schizophrenie zu kämpfen haben oder einen geliebten Menschen unterstützen, ist das Verständnis dieser Erkrankungen der erste Schritt zu einer wirksamen Behandlung. Dieses Buch wird Ihnen wertvolle Einblicke darüber geben, wie sich diese Störungen manifestieren und das tägliche Leben beeinflussen.

Eines der Hauptziele dieses Buches ist es, die Mythen und Stigmatisierung rund um die psychische Gesundheit zu zerstreuen. Stigmatisierung hält Menschen oft davon ab, Hilfe zu suchen, was zu unnötigem Leid führt. Durch den Austausch persönlicher Geschichten und die Hervorhebung der Erfahrungen derjenigen, die ihre psychischen Störungen erfolgreich bewältigt haben, zielt dieses Buch darauf ab, eine mitfühlendere und fundiertere Perspektive zu fördern. Der Abbau von Stigmatisierung ist von entscheidender Bedeutung, da sie die Tür für offenere Gespräche und bessere Unterstützungssysteme öffnet.

Praktische Strategien und Bewältigungsmechanismen bilden einen Kernbestandteil dieses Buches. Die Leser finden umsetzbare Ratschläge zum Umgang mit Symptomen, zur Entwicklung gesunder Gewohnheiten und zur Suche nach professioneller Hilfe, wenn nötig. Jedes Kapitel enthält Tipps und Techniken, die täglich umgesetzt werden können, von Achtsamkeitsübungen bis hin zu Ernährungsvorschlägen. Diese Tools stärken die Leser und geben ihnen das Selbstvertrauen, die Kontrolle über ihre geistige Gesundheit zu übernehmen und ihre Lebensqualität zu verbessern.

Letztendlich geht es in diesem Buch um Hoffnung und Widerstandsfähigkeit. Psychische Störungen können eine Herausforderung sein, aber mit dem richtigen Wissen und der richtigen Unterstützung sind sie beherrschbar. Mit einer Mischung aus wissenschaftlichen Informationen, praktischen Ratschlägen und inspirierenden Geschichten bietet dieses Buch einen Leitfaden für Erwachsene, die ihre psychische Gesundheit besser verstehen und verwalten möchten. Es ist eine Ressource für alle, die ihr geistiges Wohlbefinden verbessern und ein erfüllteres, ausgeglicheneres Leben aufbauen möchten.

Dieses Buch behandelt ein breites Themenspektrum im Zusammenhang mit der psychischen Gesundheit und konzentriert sich auf Angstzustände, Stimmungsstörungen und Schizophrenie bei Erwachsenen. Jeder Abschnitt befasst sich eingehend mit diesen Erkrankungen und bietet klare und prägnante Informationen, die dabei helfen, sie zu entmystifizieren. Ziel ist es, diese komplexen Themen zugänglich und nachvollziehbar zu machen und den Lesern die Werkzeuge an die Hand zu geben, mit denen sie sich selbst oder ihre Lieben, die möglicherweise mit diesen Herausforderungen konfrontiert sind, besser verstehen können.

Angststörungen gehören zu den häufigsten psychischen Problemen und betreffen Millionen Erwachsene weltweit. In diesem Buch werden verschiedene Arten von Angstzuständen untersucht, beispielsweise die generalisierte Angststörung, die Panikstörung und die soziale Angststörung. Durch die Untersuchung ihrer Symptome, Ursachen und Behandlungsmöglichkeiten möchte das Buch einen umfassenden Leitfaden für den

Umgang mit Angstzuständen bieten. Die Leser lernen verschiedene Therapieansätze, Medikamentenoptionen und Selbsthilfestrategien kennen, die ihr tägliches Leben erheblich beeinflussen können.

Stimmungsstörungen, darunter Depressionen und bipolare Störungen, sind ein weiterer wichtiger Schwerpunkt dieses Buches. Diese Erkrankungen können die Fähigkeit einer Person, zu funktionieren und das Leben zu genießen, tiefgreifend beeinträchtigen. Das Buch bietet einen detaillierten Einblick in die Anzeichen und Symptome von Stimmungsstörungen und hilft den Lesern, diese Zustände bei sich selbst oder anderen zu erkennen. Außerdem werden wirksame Behandlungspläne besprochen, die häufig Medikamente, Therapie und Änderungen des Lebensstils kombinieren. Indem das Buch Licht auf diese Störungen wirft, hofft es, mehr Menschen dazu zu ermutigen, die Hilfe zu suchen, die sie brauchen.

Schizophrenie ist eine besonders herausfordernde psychische Erkrankung, die oft missverstanden und stark stigmatisiert wird. Ziel dieses Buches ist es, zu klären, was Schizophrenie ist und was nicht, indem es gängige Mythen auflöst und sachliche Informationen liefert. Die Leser erhalten Einblick in die Symptome wie Wahnvorstellungen, Halluzinationen und kognitive Schwierigkeiten und erfahren mehr über die neuesten Behandlungsmöglichkeiten. Das Buch unterstreicht auch die Bedeutung professioneller und persönlicher Unterstützungssysteme für den wirksamen Umgang mit Schizophrenie.

Über die Besonderheiten jeder psychischen Erkrankung hinaus befasst sich das Buch mit der umfassenderen Frage der Stigmatisierung und deren Auswirkungen auf Menschen, die mit diesen Störungen leben. Stigmatisierung kann ein erhebliches Hindernis für die Suche nach Behandlung und Unterstützung sein. Das Buch ermutigt die Leser, ihre Vorurteile zu hinterfragen und das Bewusstsein für psychische Gesundheit zu stärken, indem es Verständnis und Empathie fördert. Es enthält Geschichten aus dem wirklichen Leben von Menschen, die ihren Weg zur psychischen Gesundheit gemeistert haben, und bietet Inspiration und praktische Ratschläge. Diese Geschichten unterstreichen die

Bedeutung von Akzeptanz und die Kraft der Gemeinschaft bei der Bewältigung psychischer Gesundheitsprobleme.

Die Bedeutung der psychischen Gesundheit bei Erwachsenen kann nicht genug betont werden. Die psychische Gesundheit wirkt sich auf jeden Aspekt unseres Lebens aus, von persönlichen Beziehungen bis hin zur beruflichen Leistung. Wenn die psychische Gesundheit beeinträchtigt ist, kann dies zu einer Vielzahl von Problemen führen, darunter Stress, Angstzustände, Depressionen und sogar körperliche Gesundheitsprobleme. Das Erkennen der Bedeutung der psychischen Gesundheit ist der erste Schritt, um sicherzustellen, dass wir ein ausgeglichenes und erfülltes Leben führen. Es ermöglicht uns, proaktiver Hilfe zu suchen, einen gesünderen Lebensstil anzunehmen und diejenigen um uns herum zu unterstützen, die möglicherweise Schwierigkeiten haben.

Psychische Störungen sind oft unsichtbar und können daher leicht übersehen oder abgetan werden. Diese Unsichtbarkeit trägt zur Stigmatisierung der psychischen Gesundheit bei. Menschen zögern oft, über ihre Probleme zu sprechen, weil sie Angst vor einem Urteil oder Missverständnissen haben. Dieses Schweigen kann verheerend sein und zu Gefühlen der Isolation und Hoffnungslosigkeit führen. Indem wir offen über psychische Gesundheit sprechen, können wir ein Umfeld schaffen, in dem sich Einzelpersonen sicher fühlen, ihre Erfahrungen auszutauschen und die Hilfe zu suchen, die sie benötigen, ohne Angst vor Stigmatisierung haben zu müssen.

Um das mit der psychischen Gesundheit verbundene Stigma abzubauen, bedarf es einer gemeinsamen Anstrengung. Dabei geht es darum, die Art und Weise zu ändern, wie wir über psychische Störungen sprechen und sie wahrnehmen. Wenn wir die psychische Gesundheit mit der gleichen Ernsthaftigkeit und dem gleichen Mitgefühl behandeln wie die körperliche Gesundheit, ebnen wir den Weg für mehr Menschen, sich behandeln zu lassen. Persönliche Geschichten zu teilen, uns selbst und andere aufzuklären und sich für das Bewusstsein für psychische Gesundheit einzusetzen, sind wirksame Methoden zur Bekämpfung von Stigmatisierung. Ein Beispiel dafür ist die zunehmende Zahl von Persönlichkeiten des öffentlichen Lebens, die offen über ihre psychischen Probleme sprechen und so zur Normalisierung dieser Gespräche beitragen.

Bildung spielt in diesem Prozess eine entscheidende Rolle. Indem wir mehr über verschiedene psychische Erkrankungen, Symptome und Behandlungen erfahren, können wir besser verstehen, was Menschen durchmachen. Dieses Wissen hilft uns, Unterstützung zu leisten und zu erkennen, wann wir Hilfe benötigen. Umfassende Aufklärung über psychische Gesundheit sollte Teil unseres Alltags sein, von Lehrplänen bis hin zu Schulungsprogrammen am Arbeitsplatz. Je besser wir informiert sind, desto besser können wir mit psychischen Problemen mit Einfühlungsvermögen und Wirksamkeit umgehen.

Letztendlich geht es beim Verständnis und Umgang mit psychischer Gesundheit und Stigmatisierung darum, eine integrativere und unterstützendere Gesellschaft aufzubauen. Wenn wir anerkennen, dass die psychische Gesundheit ein wesentlicher Bestandteil des allgemeinen

Wohlbefindens ist, können wir eine Kultur schaffen, die dem psychischen Wohlbefinden Priorität einräumt. Dieser Kulturwandel kann zu besseren Gesundheitsergebnissen, höherer Produktivität und stärkeren Gemeinschaften führen. Es geht darum sicherzustellen, dass jeder die Möglichkeit hat, ein gesundes, glückliches und erfülltes Leben zu führen, frei von der Last unbehandelter psychischer Probleme und der damit oft einhergehenden Stigmatisierung.

KAPITEL 1: VERSTÄNDNIS DER PSYCHISCHEN GESUNDHEIT BEI ERWACHSENEN

Psychische Gesundheit bei Erwachsenen verstehen

Wenn wir von der psychischen Gesundheit Erwachsener sprechen, beziehen wir uns nicht nur auf einzelne Episoden von Traurigkeit oder vorübergehendem Stress. Wir sprechen über den anhaltenden emotionalen, psychologischen und kognitiven Zustand einer Person und darüber, wie sich dieser Zustand auf alles auswirkt, von der Verwaltung ihrer Arbeit, Beziehungen und Verantwortlichkeiten bis hin zu ihrem Selbstbild in der Welt. Psychische Gesundheit ist der Rahmen, durch den sich ein Individuum mit dem Leben auseinandersetzt. Und wenn dieser Rahmen instabil wird, können selbst die kleinsten Aufgaben unüberwindbar erscheinen.

In meiner jahrelangen Arbeit mit Erwachsenen aus verschiedenen Lebensphasen, Berufen und Hintergründen habe ich aus erster Hand gesehen, dass psychische Erkrankungen oft unausgesprochen und unbehandelt bleiben, nicht weil sie nicht ernst wären, sondern weil Erwachsene dazu neigen, ihre inneren Kämpfe zu minimieren. Sie sagen sich, dass sie sich durchsetzen, für andere stark bleiben und vermeiden sollen, verletzlich zu wirken. Und dadurch verzögern sie die Hilfe, die einen tiefgreifenden Unterschied machen könnte.

Psychische Gesundheit ist nicht etwas, wofür Erwachsene Unterstützung brauchen. Tatsächlich kann der Druck, in einem sich ständig verändernden Umfeld Stabilität zu bewahren, im Erwachsenenalter die emotionale Belastung verstärken. Arbeitsanforderungen, familiäre Erwartungen, finanzieller Druck, alternde Eltern, chronische Krankheiten und Elternschaft – all diese Variablen überlagern sich. Und ohne angemessene emotionale Unterstützung beginnen Geist und Körper Anzeichen von Überlastung zu zeigen. Angst wird chronisch, der Schlaf wird gestört, Gereiztheit ersetzt die Geduld und der Betroffene beginnt, sich von Dingen zurückzuziehen, die ihm einst Spaß gemacht haben.

Als Psychiater erkläre ich meinen Patienten oft, dass es bei der psychischen Gesundheit nicht darum geht, ein perfektes Leben zu führen oder immer glücklich zu sein. Es geht darum, sich an Stress anzupassen, Beziehungen aufzubauen und aufrechtzuerhalten, durchdachte Entscheidungen zu treffen und sich zu erholen, wenn das Leben unweigerlich Schmerzen mit sich bringt. Psychisches Wohlbefinden bedeutet die Aufrechterhaltung der kognitiven Flexibilität, der emotionalen Regulierung und der sozialen Bindung, insbesondere wenn etwas schief geht. Es ist nicht das Fehlen von Symptomen, sondern das Vorhandensein von Werkzeugen.

Was Erwachsene leider oft daran hindert, ihre psychischen Gesundheitsbedürfnisse anzuerkennen, ist Stigmatisierung. Das Stigma ist sowohl äußerlich als auch innerlich. Die Gesellschaft misst psychischen Erkrankungen immer noch ein Maß an Schande bei, das körperlichen Erkrankungen nicht zugeschrieben wird. Wenn jemand an einer Herzerkrankung leidet, wird ihm empfohlen, sich auszuruhen, sich behandeln zu lassen und Medikamente einzunehmen. Wenn jemand eine depressive Episode erlebt, wird ihm oft gesagt, er solle sich davon lösen, weitermachen oder einfach positiv denken. Diese Ungleichheit lässt viele Erwachsene schweigend leiden.

Das innere Stigma ist noch gefährlicher. Ich habe Patienten getroffen, die glauben, ihre Depression sei ein persönliches Versagen, ihre Angst ein Charakterfehler oder ihre Schizophrenie eine lebenslange Haftstrafe. Diese Überzeugungen halten sie davon ab, um Hilfe zu bitten. Und je länger sie warten, desto stärker greift die Erkrankung in ihr Alltagsleben ein. Deshalb ist Bildung von entscheidender Bedeutung. Wenn Menschen die biologischen, psychologischen und sozialen Dimensionen psychischer Erkrankungen verstehen, beginnen sie, ihre Macht zurückzugewinnen.

Lassen Sie uns klar sein. Psychische Störungen sind kein Zeichen von Schwäche. Dabei handelt es sich um Erkrankungen, die die Funktion des Gehirns beeinträchtigen und häufig durch Genetik, Neurochemie, Traumageschichte, Lebensstil und Umweltstressoren beeinflusst werden. Erkrankungen wie schwere depressive Störungen, generalisierte Angststörungen, bipolare Störungen und Schizophrenie betreffen Millionen

Erwachsene weltweit. Sie sind behandelbar und Menschen können mit der richtigen Behandlung ein erfülltes, vernetztes und produktives Leben führen.

Doch bevor mit der Behandlung begonnen werden kann, muss Bewusstsein vorhanden sein. Erwachsene müssen lernen, die Signale zu erkennen, die ihr Körper und Geist sendet. Wenn jemand anfängt, das Interesse an Aktivitäten zu verlieren, die er einst geliebt hat, wenn sich Schlaf und Appetit dramatisch ändern, wenn die Konzentration schwierig wird oder wenn aufdringliche Gedanken das tägliche Leben beeinträchtigen, handelt es sich nicht um Charakterfehler. Das sind Symptome. Und Symptome sind Botschaften, dass etwas Pflege braucht.

Ein Teil meines Ansatzes besteht darin, Erwachsenen dabei zu helfen, ihre Sicht auf ihre psychische Gesundheit neu zu definieren. Ich bitte sie, es nicht mehr als Unannehmlichkeit zu betrachten, sondern es als eine Grundlage zu betrachten. Wenn es Ihrem emotionalen Kern nicht gut geht, können Sie keine erfolgreiche Karriere aufbauen, keine gesunde Familie gründen oder sich persönlich weiterentwickeln. Der psychischen

Gesundheit muss Vorrang eingeräumt werden, nicht als Nebensache, sondern als Eckpfeiler des Wohlbefindens.

Und dazu gehört mehr als nur Diagnose und Medikamente. Bei der psychischen Gesundheit geht es um die Art und Weise, wie wir leben. Die täglichen Entscheidungen, wie viel wir schlafen, wie wir Emotionen verarbeiten, mit wem wir uns umgeben und wie wir mit Stress umgehen, spielen alle eine Rolle. Ich ermutige meine Patienten, ihre geistige Gesundheit als einen Garten zu betrachten. Wenn Sie es vernachlässigen, wächst Unkraut. Wenn Sie es durch Ablenkungen übergießen, kann es ertrinken. Aber mit gezielter Pflege, regelmäßiger Pflege, ausgewogener Ernährung und schützenden Grenzen gedeiht es.

Dieses Buch wurde mit Blick auf diesen Garten geschrieben. Ich wollte etwas schaffen, das nicht nur informativ, sondern auch umsetzbar ist. Ein Leitfaden, der Erwachsenen hilft, zu verstehen, was in ihrem Geist und Körper vorgeht, und ihnen gleichzeitig die Werkzeuge an die Hand gibt, um mit Mitgefühl, Struktur und Stärke zu reagieren. Ich möchte, dass sich die Leser als passive

Empfänger von Informationen und aktive Teilnehmer an ihrer eigenen Heilung sehen.

Ich habe dies auch für Betreuer, Ehepartner, Freunde und Berufstätige geschrieben, die bessere Verbündete sein möchten. Psychische Erkrankungen betreffen nicht nur den Einzelnen, sondern auch Familien, Arbeitsplätze und ganze Gemeinschaften. Wenn wir Menschen mit dem Wissen und der Sprache ausstatten, um ohne Angst über psychische Gesundheit zu sprechen, beginnen wir, die Kultur zu verändern. Wir bewegen uns vom Schweigen zur Unterstützung. Von Scham zu Empathie.

Einer der erfüllendsten Momente in meiner Arbeit ist, wenn sich ein Erwachsener endlich sicher genug fühlt, zu sagen: „Ich wusste nicht, dass ich das fühlen darf." Dieser einfache Satz öffnet eine Tür. Es führt zu einer Heilung, die sich möglicherweise um Jahrzehnte verzögert hat. Und deshalb müssen wir weiter reden, lehren und zuhören. Erwachsene verdienen Fürsorge, egal wie lange sie sich versteckt haben.

Um die psychische Gesundheit im Erwachsenenalter zu verstehen, muss man auch erkennen, dass sie nicht immer sichtbar ist. Ein Kollege bewältigt möglicherweise still und leise Panikattacken. Ein Elternteil maskiert möglicherweise Depressionen mit Produktivität. Ein Freund lächelt vielleicht, während er gegen die täglichen, aufdringlichen Gedanken ankämpft. Wir können nicht davon ausgehen, dass es jemandem gut geht, nur weil er funktional aussieht. Mentales Wohlbefinden ist nicht immer laut. Manchmal verbirgt es sich hinter der Maske der Perfektion.

Deshalb ist Bewusstsein wichtig. Wenn Erwachsene lernen, mit sich selbst in Kontakt zu treten, gewinnen sie Einsicht. Wenn sie benennen können, was sie fühlen, verringern sie die Verwirrung. Wenn sie die Wurzel ihrer Muster verstehen, haben sie die Wahl. Und wenn sie sich befähigt fühlen, Unterstützung zu suchen, erhöhen sie ihre Chancen auf eine langfristige Genesung.

Ich hoffe, dass die Leser dieses Buches mit Wissen und Selbstachtung nach Hause gehen. Sie beginnen, ihren emotionalen Schmerz nicht mehr als ein Problem zu sehen, für das sie sich schämen müssen, sondern als Teil der menschlichen Erfahrung. Sie erkennen, dass die Suche nach Hilfe eine Form der Stärke ist. Sie erkennen, dass es nie zu spät ist, ihren eigenen Verstand zu verstehen.

Psychische Gesundheit im Erwachsenenalter ist ein dynamischer, fortlaufender Prozess. Es erfordert Aufmerksamkeit, Flexibilität und Mitgefühl. Es verlangt von uns, ehrlich zu sein, was wir fühlen, mutig in unserem Streben nach Heilung zu sein und dabei freundlich zu uns selbst zu sein. Dieses Buch ist ein Hilfsmittel auf diesem Weg, und es ist mir eine Ehre, es mit Ihnen zu teilen.

Du bist nicht gebrochen. Sie sind nicht allein. Und Ihr Geist verdient Ihre Fürsorge.

Psychische Gesundheit bezieht sich vereinfacht gesagt auf das emotionale, psychologische und soziale Wohlbefinden einer Person. Aber um seine Bedeutung wirklich zu verstehen, insbesondere bei Erwachsenen, müssen wir über Definitionen hinausgehen und uns auf die gelebte Erfahrung einlassen. Bei der psychischen Gesundheit geht es nicht nur um die Abwesenheit von psychischen Erkrankungen. Es geht darum, wie eine Person denkt, fühlt, sich verhält, mit anderen umgeht, mit Stress umgeht und tägliche Entscheidungen trifft. Es prägt unsere Reaktionen auf Enttäuschung und Erfolg, unsere Fähigkeit zu lieben und geliebt zu werden und unsere Fähigkeit, in unseren Familien, am Arbeitsplatz und in der Gemeinschaft sinnvoll zu funktionieren.

Für Erwachsene ist die psychische Gesundheit sehr komplex. Anders als in der Kindheit, wo Betreuer Verhaltensweisen häufig beobachten und steuern, erfordert das Erwachsenenalter Selbstmanagement. Von Erwachsenen wird erwartet, dass sie ihre Emotionen regulieren, Verantwortungen unter einen Hut bringen und produktiv bleiben, oft ohne die Werkzeuge, die Sprache oder die Unterstützung, die sie dafür benötigen. Diese Erwartung erzeugt Druck. Und wenn das seelische Wohlbefinden eines Erwachsenen ins Wanken gerät, geschieht das oft im Stillen. Es gibt keinen sichtbaren Gipsabdruck wie bei einem gebrochenen Glied, kein Fieber, das auf Unwohlsein hinweist. Psychische Gesundheitsprobleme äußern sich meist auf subtile Weise durch Reizbarkeit, Rückzug, chronische Müdigkeit, Motivationsverlust oder Veränderungen in Schlaf, Appetit und Aufmerksamkeit.

Ich habe meinen Patienten oft gesagt: Die psychische Gesundheit ist die Grundlage, auf der Ihr gesamtes Leben ruht. Ohne sie beginnen selbst die stärksten Strukturen zu brechen. Betrachten Sie es als das emotionale Betriebssystem Ihres Lebens. Wenn es reibungslos läuft, fühlen sich Aufgaben überschaubar an, Beziehungen fließen leichter und Sie können sowohl Triumphe als auch Herausforderungen mit Stabilität meistern. Aber wenn sich die psychische Gesundheit verschlechtert, kann sich alles instabil anfühlen, unabhängig davon, wie erfolgreich oder organisiert Ihr Leben nach außen hin erscheint.

Seine Bedeutung kann nicht genug betont werden. Erwachsene sind die Betreuer, die Anbieter und die Entscheidungsträger. Ihr psychisches Wohlbefinden wirkt sich nicht nur auf ihr eigenes Leben aus, sondern auch auf das Leben derer, die auf sie angewiesen sind. Wenn ein Erwachsener im Stillen mit Depressionen, Angstzuständen oder Psychosen zu kämpfen hat, wirkt sich das oft auf Kinder, Partner, Kollegen und breitere soziale Systeme aus. Eine schlechte psychische Gesundheit kann zu einer Reihe von Problemen, Substanzkonsum, angespannten Beziehungen, Arbeitsplatzverlust, körperlichen Erkrankungen und in schweren Fällen sogar zu Selbstverletzung oder Selbstmord führen.

Und doch wird die psychische Gesundheit trotz ihrer zentralen Rolle für das allgemeine Wohlbefinden immer noch häufig missverstanden oder vernachlässigt. Zu viele Erwachsene betrachten ihre emotionalen Schwierigkeiten eher als Schwäche als als Zeichen dafür, dass etwas Aufmerksamkeit verdient. Die Gesellschaft verbreitet seit langem das Narrativ, dass Stärke bedeutet, das zu unterdrücken, was weh tut. Aber die Wahrheit ist, dass die Stärke in der Anerkennung liegt. Es liegt im Bewusstsein. Es liegt darin, zu sagen: „Etwas stimmt nicht und ich möchte mich darum kümmern."

Eine der bedeutungsvollsten Veränderungen, die ich in meiner Praxis sehe, ist, wenn ein Erwachsener von Verleugnung zu Neugier übergeht und beginnt, sich nicht nur zu fragen: „Warum bin ich so?" sondern „Was geht unter der Oberfläche vor sich?" Dann beginnt die Heilung. Das ist der Zeitpunkt, an dem echte psychische Gesundheitsfürsorge Fuß fasst.

Auch die psychische Gesundheit ist für die Resilienz unerlässlich. Es hilft Erwachsenen, sich von Traumata zu erholen, sich an Veränderungen anzupassen und die unvermeidlichen Rückschläge des Lebens zu überstehen. Es fördert Klarheit, Empathie, Kreativität und Verbundenheit. Es bestimmt, wie wir mit uns selbst sprechen, wenn wir Fehler machen, für unsere Bedürfnisse eintreten und mit Stress umgehen, ohne zusammenzubrechen. Wenn für die psychische Gesundheit gesorgt wird, überleben Erwachsene nicht nur, sie leben, engagieren sich, leisten ihren Beitrag und wachsen.

Als Psychiater habe ich Erwachsene aus allen Gesellschaftsschichten gesehen, CEOs, Lehrer, Eltern, Ersthelfer und Künstler, die nie damit gerechnet hätten, dass sie mental Probleme haben würden. Und doch taten sie es. Was den Unterschied ausmachte, war nicht ihr Hintergrund oder Status, sondern ihre Bereitschaft, zu verstehen, was sie durchmachten, und die richtige Art von Hilfe zu suchen. Psychische Gesundheitsfürsorge ist kein Luxus; Es ist eine wesentliche Selbstfürsorge.

Ich möchte allen Betreuern, Fachleuten und Einzelpersonen, die dies lesen, Folgendes bekräftigen: Ihre psychische Gesundheit ist wichtig. Nicht weil Sie eine Diagnose haben, sondern weil Sie ein Mensch sind. Du verdienst Frieden. Sie verdienen Unterstützung. Und Sie verdienen es, Ihren Geist mit der gleichen Tiefe und dem gleichen Mitgefühl zu verstehen, wie Sie es mit dem eines anderen tun würden.

Wenn wir Gespräche über die psychische Gesundheit von Erwachsenen normalisieren, brechen wir das Schweigen, das so oft zu Leid führt. Investitionen in emotionale Bildung befähigen Erwachsene, die Anforderungen des Lebens gesünder zu meistern. Und wenn wir dem psychischen Wohlbefinden Priorität einräumen, verbessern wir nicht nur das Leben einer Person, sondern auch die Gesundheit von Familien, Arbeitsplätzen und Gemeinschaften insgesamt.

Psychische Gesundheit ist kein Trend. Es ist nicht optional. Es ist grundlegend. Je früher wir seine Bedeutung akzeptieren, desto eher können wir zu Hause, am Arbeitsplatz und in einer Gesellschaft ein Umfeld schaffen, in dem sich Erwachsene sicher, unterstützt und ganzheitlich fühlen.

Lassen Sie diesen Abschnitt als Ausgangspunkt dienen. Ein Ort, an dem das Urteilen aufhört und die Neugier beginnt. Ein Moment zum Innehalten und Fragen: „Wie geht es mir wirklich?" Und dann: „Was brauche ich, um für meinen Geist zu sorgen?"

Denn beim Verständnis der psychischen Gesundheit geht es nicht nur um Informationen. Es geht um Transformation.

Wenn wir über die psychische Gesundheit von Erwachsenen sprechen, werden wir nicht nur mit Symptomen und Diagnosen konfrontiert, sondern auch mit der unsichtbaren Last der Stigmatisierung. Die stille Kraft, die den Menschen sagt, sie sollen ihren Schmerz verbergen, ihren Wert in Frage stellen und es aufschieben, um Hilfe zu bitten. Im Laufe der Jahre habe ich verstanden, dass das größte Hindernis für viele Erwachsene nicht die Störung selbst ist; es ist die Scham, die es umgibt.

Stigmatisierung existiert nicht nur in den Schlagzeilen der Medien oder in der Sozialpolitik; Es lebt in Familien, am Arbeitsplatz, in Freundschaften und, was am schädlichsten ist, im Inneren des Einzelnen. Ich habe Führungskräften gegenüber gesessen, denen es peinlich war, zuzugeben, dass sie Panikattacken hatten. Lehrer, die befürchteten, dass die Offenlegung ihrer Depression ihre Karriere gefährden würde. Väter, die ihre bipolare Störung aus Angst, missverstanden zu werden, vor ihren eigenen

Kindern geheim hielten. Das sind keine isolierten Geschichten. Sie kommen häufig vor. Und sie spiegeln eine gefährliche Wahrheit wider: Die Welt hat Erwachsenen beigebracht, dass psychische Erkrankungen etwas zu verbergen sind.

Eines der schädlichsten Missverständnisse, das ich immer wieder bestreite, ist der Glaube, dass psychische Probleme ein Zeichen persönlicher Schwäche seien. Diese Idee ist nicht nur ungenau, sie ist grausam. Psychische Störungen sind Erkrankungen, die aus einer komplexen Mischung genetischer, biologischer, psychologischer und umweltbedingter Faktoren resultieren. So wie sich ein Mensch nicht dafür entscheidet, an Diabetes oder Asthma zu erkranken, entscheidet er sich auch nicht dafür, an einer Depression oder Schizophrenie zu erkranken. Das sind keine Charakterfehler. Es handelt sich um Erkrankungen des Gehirns.

Doch trotz allem, was wir wissenschaftlich wissen, verinnerlichen viele Erwachsene diese Schuld immer noch. Sie fragen sich: „Warum komme ich nicht einfach darüber hinweg?" oder „Was ist los mit mir?" Dieser interne

Dialog spiegelt oft Botschaften wider, die sie seit Jahren gehört haben. Von Kindheit an wird den Menschen oft beigebracht, „es durchzuhalten" oder „es für sich zu behalten". Emotionen werden zu privaten Belastungen, nicht zu öffentlichen Gesprächen. Und so taucht der Erwachsene, der bei der Arbeit überfordert ist, nachts mit rasenden Gedanken kämpft oder in der Privatsphäre seines Autos eine Panne hat, am nächsten Morgen immer noch auf und tut so, als ginge es ihm gut. Dieser Kreislauf des Schweigens ist anstrengend und gefährlich.

Ein weiteres Missverständnis, dem ich regelmäßig begegne, ist die Vorstellung, dass psychische Erkrankungen immer auf eine bestimmte Art und Weise aussehen. Dass jemand mit Angstzuständen sichtlich nervös erscheint. Dass jemand mit Depressionen ständig weinen wird. Dass jemand mit Schizophrenie inkohärent sein wird. Aber die Realität ist viel differenzierter. Erwachsene sind Experten im Maskieren. Eine Person kann lächeln, gut funktionieren und sogar beruflich erfolgreich sein, während sie innerlich mit verheerenden Symptomen kämpft. Hinter der Produktivität verbergen sich oft psychische Erkrankungen. Es trägt die Maske, „der Starke", „der Verlässliche" und „derjenige zu sein, der alles zusammenhält". Deshalb ist Aufklärung so wichtig. Wir können uns nicht auf oberflächliche Beobachtungen verlassen, um festzustellen, wer Unterstützung benötigt.

Soziale Stigmatisierung spielt auch eine große Rolle dabei, ob sich Erwachsene bei der Suche nach Hilfe sicher fühlen. In manchen Gemeinden werden psychische Erkrankungen immer noch als etwas Schändliches oder sogar Gefährliches angesehen. In anderen Fällen wird die Therapie als nachsichtig oder unnötig angesehen. Vor allem Männer werden oft darauf konditioniert, ihre Verletzlichkeit zu unterdrücken, was zu Unterdiagnosen und höheren Selbstmordraten führt. Kulturelle Überzeugungen, sozioökonomische Faktoren und historisches Misstrauen gegenüber medizinischen Einrichtungen können alle Hindernisse für die Versorgung schaffen. Aus diesem Grund muss die Interessenvertretung für psychische Gesundheit intersektional sein und die vielschichtigen Erfahrungen berücksichtigen, die die Bereitschaft und Fähigkeit jedes Einzelnen prägen, Unterstützung zu suchen.

Das Stigma verzögert nicht nur die Behandlung, sondern prägt auch die Art der Pflege, die die Menschen erhalten. Ich hatte Patienten, bei denen eine Fehldiagnose gestellt wurde, weil ihr Arzt ihre Symptome als „Stress" oder „Burnout" abtat. Andere waren übermäßig pathologisiert und ihr Verhalten wurde durch die Linse der Störung ohne Kontext betrachtet. Wenn sich Stigmatisierung in klinische Räume einschleicht, führt dies zu Missverständnissen, Misstrauen und ineffektiver Pflege. Deshalb ist Bildung nicht nur für die Öffentlichkeit, sondern auch für Berufstätige wichtig. Wir alle tragen implizite Vorurteile. Das Ziel besteht darin, sie an die Oberfläche zu bringen, sie zu untersuchen und sie durch informiertes, mitfühlendes Verständnis zu ersetzen.

Ein weiterer subtiler, aber weit verbreiteter Mythos ist die Vorstellung, dass Menschen mit psychischen Erkrankungen „instabil" oder „unvorhersehbar" seien. Mediendarstellungen verstärken dies oft, indem sie extreme Fälle hervorheben und gleichzeitig die überwiegende Mehrheit der Menschen ignorieren, die ruhig und verantwortungsbewusst mit Erkrankungen wie Zwangsstörungen, posttraumatischer Belastungsstörung oder bipolarer Störung leben. Diese Verzerrung erzeugt Angst, und Angst erzeugt Distanz. Ich habe gesehen, wie Freunde sich zurückziehen, Kollegen kalt werden und sogar Familienmitglieder sich zurückziehen, nur weil sie die Natur der Krankheit eines geliebten Menschen nicht verstehen. Die Wahrheit ist, dass Menschen mit psychischen Erkrankungen nicht grundsätzlich gefährlich oder schwierig sind. Sie sind Menschen. Und wie jeder andere gedeihen sie in einem Umfeld, das von Vertrauen, Beständigkeit und Respekt geprägt ist.

Die Veränderung dieser Erzählung beginnt damit, wie wir sprechen. Sprache ist wichtig. Wenn wir in Gesprächen beiläufig Begriffe wie „verrückt", „psycho" oder „manisch" verwenden, verstärken wir die Stigmatisierung. Wenn wir sagen, dass jemand „bipolar" ist und nicht „eine bipolare Störung hat", definieren wir ihn anhand seiner Diagnose, anstatt seine volle Menschlichkeit anzuerkennen. Kleine

Veränderungen in der Sprache können zu großen Veränderungen in der Kultur führen.

Ich habe in meiner Praxis gesehen, wie wirksam es ist, Stigmatisierung durch Ehrlichkeit zu überwinden. Ich hatte Patienten, die Angst hatten, ihrem Partner von ihrer Diagnose zu erzählen, nur um dann festzustellen, dass das Teilen den Weg zu einer tieferen Verbindung öffnete. Ich habe gesehen, wie Einzelpersonen dazu übergingen, ihre Medikamente nicht mehr zu verstecken, sondern sich stattdessen für die psychische Gesundheit in ihren Gemeinden einzusetzen. Allerdings passiert nichts davon, bis wir die Missverständnisse in Frage stellen, die die Menschen zum Schweigen bringen.

Und das Schädlichste von allen? Der Glaube, dass es nie besser werden wird. Dass jemand einfach so ist. Dass man, sobald man an einer psychischen Erkrankung leidet, zu einem Leben voller Kämpfe verdammt ist. Das stimmt einfach nicht. Mit der richtigen Behandlung, Unterstützung und Anpassung des Lebensstils erholen sich die Menschen. Sie wachsen. Sie bauen Beziehungen auf, verfolgen Träume und schaffen ein Leben voller Sinn und Freude. Aber das können sie nur, wenn sie daran glauben und die Menschen um sie herum auch daran glauben.

Ich möchte jeden Leser dieses Buches dringend bitten, über die Überzeugungen nachzudenken, die Sie über die psychische Gesundheit geerbt haben. Woher kamen sie? Basieren sie auf Fakten oder auf Angst? Wie könnte sich Ihre Perspektive ändern, wenn Sie psychische Gesundheit genauso sehen würden, wie Sie Herzgesundheit oder Immungesundheit als etwas betrachten, das es wert ist, geschützt, gepflegt und ohne Scham diskutiert zu werden?

Stigmatisierung löst sich nicht über Nacht auf. Aber es verschwindet, wenn genügend von uns anfangen, die Wahrheit zu sagen. Wenn wir benennen, was wir durchgemacht haben. Wenn wir für uns selbst und andere eintreten. Wenn wir aufhören, über psychische Gesundheit zu flüstern, und anfangen, klar, offen und mit Überzeugung zu sprechen.

Es kann viele Missverständnisse geben. Aber das gilt auch für die Macht des Wissens. Und mit Wissen geht die

Freiheit einher, die Geschichte neu zu schreiben, nicht nur für sich selbst, sondern für jeden Erwachsenen, der noch darauf wartet, gesehen und gehört zu werden.

Wenn ich zum ersten Mal einem erwachsenen Patienten gegenübersitze, stelle ich oft eine einfache Frage: „Wie geht es Ihnen, nicht nur heute, sondern insgesamt?" Und meistens gibt es eine lange Pause. Nicht weil sie nicht antworten wollen, sondern weil sie sich daran gewöhnt haben, diese Frage völlig zu übersehen. Sie haben gelernt, anderen Priorität einzuräumen, ihren Schmerz zu verbergen und trotz der unsichtbaren Last, die sie tragen, weiter zu funktionieren. Was viele nicht erkennen, ist, wie tiefgreifend psychische Störungen jeden Aspekt des Erwachsenenlebens durchdringen, weit über das hinaus, was man auf den ersten Blick sieht.

Psychische Störungen wirken sich nicht nur auf den Geist aus; Sie wirken sich auf den Körper, Beziehungen, Leistung, Entscheidungsfindung und persönliche Identität aus. Sie wirken sich darauf aus, wie Erwachsene bei der Arbeit erscheinen, zu Hause interagieren, nachts schlafen und sogar ihr eigenes Selbstwertgefühl interpretieren. Diese Störungen sind keine isolierten Erfahrungen. Es handelt sich um chronische Stressfaktoren, die sich auf alle Bereiche des täglichen Lebens auswirken.

Beginnen wir mit dem Körper. Gehirn und Körper sind keine getrennten Systeme; sie sind tief miteinander verbunden. Wenn jemand mit Angstzuständen zu kämpfen hat, bleibt sein Nervensystem in einem Zustand erhöhter Erregung. Die Herzfrequenz steigt, die Muskeln verspannen sich, die Verdauung verlangsamt sich und der Schlaf wird gestört. Dies führt mit der Zeit zu chronischer Müdigkeit, Kopfschmerzen, Magen-Darm-Problemen und sogar einem geschwächten Immunsystem. Ebenso führt eine Depression nicht nur dazu, dass sich jemand traurig fühlt. Es raubt ihnen Energie, stumpft ihre Sinne ab und verlangsamt sie körperlich. Der Appetit schwankt, die Libido sinkt und die Motivation für die notwendige Selbstfürsorge lässt nach. Dies sind keine bloßen Nebenwirkungen; Sie sind von zentraler Bedeutung für die Erfahrung einer psychischen Erkrankung.

Psychische Störungen wirken sich auch darauf aus, wie Erwachsene mit anderen umgehen. Viele meiner Patienten beschreiben eine wachsende Distanz in ihren engsten

Beziehungen als Folge von emotionalem Rückzug, Reizbarkeit oder der Unfähigkeit, ihre Gefühle mitzuteilen. Ein Elternteil, der mit Depressionen zu kämpfen hat, kann zwar immer noch das Abendessen kochen und bei den Hausaufgaben helfen, aber emotional fühlt er sich unverbunden. Ein Partner, der mit unbehandelten Angstzuständen zu kämpfen hat, kann kontrollierend oder unberechenbar werden, ohne zu wissen, warum. Diese Dynamik führt zu Spannungen, Missverständnissen und manchmal zu langfristigen Schäden an Vertrauen und Intimität. Mit der Zeit können diese angespannten Beziehungen die Isolation verstärken und die ursprünglichen Symptome verschlimmern.

Dann ist da noch die berufliche Wirkung. Erwachsene mit unbehandelten psychischen Erkrankungen haben häufig Schwierigkeiten, sich zu konzentrieren, Aufgaben zu organisieren, Fristen einzuhalten oder mit Stress am Arbeitsplatz umzugehen. Sie befürchten möglicherweise, als unzuverlässig oder schwach angesehen zu werden, was dazu führt, dass sie überkompensieren und über gesunde Grenzen hinausgehen. Das Ergebnis ist Burnout, körperliche Erschöpfung, gepaart mit emotionaler Erschöpfung. Viele schweigen über ihre psychische Gesundheit, aus Angst, ihren Job zu verlieren oder bei Chancen übergangen zu werden. Und doch hat das Schweigen seinen Preis. Die Produktivität leidet. Das Vertrauen schwindet. Und in schweren Fällen führt der Druck zu Zusammenbrüchen oder zur Resignation. Das berufliche Selbst beginnt sich aufzulösen, wenn das emotionale Selbst in einer Krise steckt.

Es ist auch wichtig zu verstehen, wie psychische Erkrankungen die Entscheidungsfindung und langfristige Ziele beeinflussen. Erwachsene mit unbehandelten Stimmungsstörungen können mit Impulsivität oder Hoffnungslosigkeit zu kämpfen haben, was es schwierig macht, für die Zukunft zu planen. Angst kann zu übermäßigem Nachdenken bis hin zur Lähmung führen, bei der sich selbst grundlegende Entscheidungen überwältigend anfühlen. Schizophrenie kann, wenn sie nicht gut behandelt wird, die Wahrnehmung verändern, Routinen stören und das Urteilsvermögen beeinträchtigen. Diese Herausforderungen wirken sich auf die Finanzen, die Wohnstabilität, die Rechtslage und die persönliche Sicherheit aus. Im Leben geht es ums Überleben, nicht ums Gedeihen.

Aber die vielleicht verheerendste Auswirkung psychischer Störungen sind die Folgen, die sie auf das Selbstwertgefühl haben. Viele meiner erwachsenen Patienten tragen ein inneres Narrativ in sich, das von Schuld und Scham geprägt ist. Sie glauben, dass sie im Leben versagen, kaputt sind und dass etwas mit ihnen nicht stimmt. Dieses verzerrte Selbstbild wird zu einem Hindernis für die Genesung. Sie hören auf, ihren Instinkten zu vertrauen. Sie ziehen sich aus der Freude zurück. Und sie beginnen zu glauben, dass emotionaler Schmerz ihr Dauerzustand ist.

Ich möchte, dass jeder Erwachsene weiß, und was ich auf jeder Seite dieses Buches vermitteln möchte, ist, dass psychische Störungen keine persönlichen Mängel sind. Es handelt sich um behandelbare Erkrankungen, die ärztliche Hilfe und einfühlsame Pflege verdienen. Bei richtiger Behandlung können die Ergebnisse lebensverändernd sein. Ich habe erlebt, wie Erwachsene nach Jahren der

Depression ihre Vitalität wiederentdeckten. Ich habe Menschen mit generalisierter Angst erlebt, die gelernt haben, wieder vollständig, tief und ohne Angst zu atmen. Ich habe gesehen, wie Patienten mit Schizophrenie Stabilität, Sinn und Verbundenheit fanden. Aber nichts davon geschieht, ohne vorher die Auswirkungen einer psychischen Erkrankung auf ihr Leben anzuerkennen.

Aus diesem Grund ist es wichtig, das volle Ausmaß dieser Störungen zu verstehen. Es geht nicht nur darum, Symptome zu kennzeichnen; es geht darum, ihre Wirkung durch den physischen Körper, die emotionale Welt, die Beziehungen und die vor uns liegende Zukunft zu verfolgen. Wir müssen aufhören, psychische Störungen als isolierte Probleme zu betrachten, und sie als das sehen, was sie wirklich sind: ganzheitliche Erkrankungen, die ganzheitliche Betreuung erfordern.

Diese Fürsorge beginnt mit der Validierung. Erwachsenen muss selbstbewusst und wiederholt gesagt werden, dass das, was sie erleben, richtig ist und dass Hilfe verfügbar ist. Weiter geht es mit der Bildung. Wenn Menschen die Biologie von Depressionen, die kognitiven Verzerrungen von Angstzuständen oder die Symptome einer Psychose verstehen, können sie aufhören, sich selbst die Schuld zu geben, und nach Lösungen suchen. Und schließlich braucht es Unterstützung. Niemand heilt alleine. Die Anwesenheit von Familie, Freunden, Therapeuten, Selbsthilfegruppen und informierten Fachleuten macht einen Unterschied in den Ergebnissen. Gemeinschaft ist kein Luxus; es ist Teil des Behandlungsplans.

Es ist auch wichtig zu betonen, dass eine frühzeitige Intervention wichtig ist. Viele Erwachsene warten Jahre, bevor sie Hilfe suchen. Dann hat sich die Störung oft schon eingenistet und die Genesungsarbeit wird schwieriger. Allerdings können wir die langfristigen Auswirkungen reduzieren, wenn wir die Symptome frühzeitig behandeln und auf die ersten Warnzeichen achten. Die Behandlung wird effektiver. Die Erholung ist nachhaltiger. Und es ist wahrscheinlicher, dass der Einzelne seine volle Fähigkeit wiedererlangt, ein erfülltes Leben zu führen.

Psychische Probleme machen niemanden schwach oder unfähig. Was den wirklichen Unterschied ausmacht, ist, ob die Person Zugang zu dem Wissen, den Werkzeugen und der Unterstützung hat, um voranzukommen. Genau das bietet dieses Buch. Nicht nur Einblick in die klinische Realität psychischer Störungen, sondern auch Anleitungen, wie man sie durchlebt, behandelt und gestärkt daraus hervorgeht.

Ich möchte jedem Erwachsenen, der dies liest, sagen, dass Ihre Kämpfe wichtig sind. Ihre Symptome sind nicht eingebildet. Und Ihr Wohlbefinden verdient Aufmerksamkeit, nicht später, sondern jetzt. Die Auswirkungen psychischer Störungen sind schwerwiegend. Aber auch die Möglichkeit einer Genesung besteht. Mit dem richtigen Verständnis, der richtigen Fürsorge und der richtigen Unterstützung ist eine Transformation nicht nur möglich; es ist absolut in Reichweite.

KAPITEL 2: ANGSTSTÖRUNGEN BEI ERWACHSENEN

Angststörungen gehören heutzutage zu den häufigsten psychischen Problemen bei Erwachsenen und umfassen eine Vielzahl von Erkrankungen, die das tägliche Leben beeinträchtigen können. Diese Störungen können von einer generalisierten Angststörung, bei der die Betroffenen chronische, übertriebene Sorgen über alltägliche Ereignisse verspüren, bis hin zu einer Panikstörung, die durch plötzliche und intensive Angstepisoden gekennzeichnet ist, reichen. Bei der sozialen Angststörung geht es um eine überwältigende Angst vor sozialen Situationen, während es sich bei spezifischen Phobien um intensive Ängste im Zusammenhang mit bestimmten Objekten oder Szenarien handelt. Trotz ihrer Unterschiede weisen diese Angststörungen viele gemeinsame Symptome und Diagnoseprozesse auf.

Zu den Symptomen einer Angststörung gehören häufig anhaltende Sorgen-, Furcht- oder Schreckensgefühle, die schwer zu kontrollieren sind. Körperliche Symptome wie erhöhte Herzfrequenz, Schwitzen, Zittern und Atemnot sind häufig. Diese Symptome können die täglichen Aktivitäten beeinträchtigen und es für den Einzelnen schwierig machen, in verschiedenen Aspekten seines Lebens effektiv zu funktionieren. Die Diagnose von Angststörungen erfordert in der Regel eine gründliche Untersuchung durch einen Arzt, der diese Symptome zusammen mit der Krankengeschichte der Person berücksichtigt und eine psychologische Untersuchung durchführt, um die spezifische Art der Angststörung zu bestimmen.

Der Diagnoseprozess für Angststörungen basiert auf Kriterien, die im Diagnostic and Statistical Manual of Mental Disorders (DSM) beschrieben sind. Dieses Handbuch enthält detaillierte Beschreibungen der Symptome und der Dauer, für die sie vorhanden sein müssen, damit eine Diagnose gestellt werden kann. Beispielsweise erfordert eine generalisierte Angststörung, dass über einen Zeitraum von mindestens sechs Monaten an mehreren Tagen übermäßige Sorgen auftreten, zusammen mit den damit verbundenen Symptomen wie

Unruhe und Konzentrationsschwierigkeiten. Eine genaue Diagnose ist von entscheidender Bedeutung, da sie die Entwicklung eines wirksamen Behandlungsplans steuert, der auf die Bedürfnisse des Einzelnen zugeschnitten ist.

Die Behandlung von Angststörungen erfordert eine Kombination aus Bewältigungsstrategien und Behandlungen. Die kognitive Verhaltenstherapie (CBT) gilt weithin als einer der wirksamsten Ansätze und hilft Menschen dabei, negative Gedankenmuster, die zu ihrer Angst beitragen, zu erkennen und zu ändern. Medikamente wie Antidepressiva und angstlösende Medikamente können ebenfalls eine Rolle bei der Linderung der Symptome spielen, vor allem wenn sie therapiebegleitend eingesetzt werden. Darüber hinaus können Änderungen des Lebensstils, einschließlich regelmäßiger Bewegung, ausreichend Schlaf und Achtsamkeitsübungen wie Meditation, das Angstniveau deutlich reduzieren und das allgemeine Wohlbefinden verbessern.

Das Verständnis der verschiedenen Arten von Angststörungen, das Erkennen ihrer Symptome und die

Suche nach einer geeigneten Diagnose und Behandlung sind wesentliche Schritte bei der Bewältigung dieser Erkrankungen. Durch die Anwendung wirksamer Bewältigungsstrategien und die Teilnahme an auf ihre Bedürfnisse zugeschnittenen Behandlungen können Einzelpersonen außerdem lernen, ihre Ängste zu kontrollieren und ein erfüllteres Leben zu führen. Die Förderung des Bewusstseins und der Aufklärung über Angststörungen kann dazu beitragen, Stigmatisierung zu reduzieren und mehr Menschen dazu zu ermutigen, die Hilfe zu suchen, die sie benötigen, und so ein unterstützendes Umfeld für die Betroffenen zu schaffen.

Angststörungen manifestieren sich in verschiedenen Formen, jede mit ihren einzigartigen Merkmalen und Herausforderungen. Die generalisierte Angststörung (GAD) ist eine der häufigsten Formen, bei der Betroffene chronische und übermäßige Sorgen über eine Reihe alltäglicher Dinge verspüren. Dieser ständige Angstzustand kann zu körperlichen Symptomen wie Muskelverspannungen, Unruhe und Müdigkeit führen, die es schwierig machen, sich auf Aufgaben zu konzentrieren oder das Leben zu genießen. Menschen mit GAD fällt es oft schwer, ihre Sorgen zu kontrollieren, die in keinem Verhältnis zur tatsächlichen Situation stehen können.

Panikstörung ist eine weitere weit verbreitete Angststörung, die durch plötzliche und intensive Angstepisoden, sogenannte Panikattacken, gekennzeichnet ist. Diese Anfälle können ohne Vorwarnung auftreten und umfassen körperliche Symptome wie Brustschmerzen, Herzklopfen, Kurzatmigkeit, Schwindel und Bauchbeschwerden. Die Erfahrung kann so überwältigend sein, dass der Betroffene das Gefühl hat, die Kontrolle zu verlieren, einen Herzinfarkt zu erleiden oder sogar zu sterben. Die Angst vor einer erneuten Panikattacke führt häufig zu erheblichen Änderungen des Lebensstils, da Menschen beginnen, Orte oder Situationen zu meiden, an denen sie befürchten, dass es zu einer Panikattacke kommen könnte.

Bei der sozialen Angststörung, auch soziale Phobie genannt, besteht eine starke Angst vor sozialen oder Leistungssituationen, in denen man von anderen in Verlegenheit gebracht, beurteilt oder beobachtet werden könnte. Diese Angst kann so schwächend sein, dass sie die täglichen Aktivitäten beeinträchtigt, etwa den Besuch der Arbeit, der Schule oder gesellschaftlicher Zusammenkünfte. Menschen mit einer sozialen Angststörung haben oft übermäßige Angst davor, sich demütigend oder peinlich zu verhalten. Sie vermeiden es möglicherweise, in der Öffentlichkeit zu sprechen, neue Leute kennenzulernen oder vor anderen zu essen und zu trinken, was ihre Lebensqualität erheblich beeinträchtigt.

Spezifische Phobien zeichnen sich durch eine extreme Angst vor einem bestimmten Objekt oder einer bestimmten Situation aus, die oft irrational ist und in keinem Verhältnis zur tatsächlichen Gefahr steht. Zu den häufigen Phobien gehören Höhenangst (Akrophobie), Flugangst (Aviophobie) und Angst vor bestimmten Tieren (z. B. Spinnenphobie und Angst vor Spinnen). Personen mit spezifischen Phobien unternehmen große Anstrengungen, um das gefürchtete Objekt oder die gefürchtete Situation zu meiden, was ihre Aktivitäten stark einschränken und zu erheblicher Belastung führen kann.

Die Zwangsstörung (OCD) ist eine weitere Form der Angststörung, bei der Betroffene von unerwünschten, aufdringlichen Gedanken (Obsessionen) und sich wiederholenden Verhaltensweisen oder geistigen Handlungen (Zwängen) geplagt werden, zu deren Ausführung sie sich getrieben fühlen. Die Zwänge sind oft ein Versuch, die durch die Obsessionen verursachte Belastung zu lindern, bringen aber nur vorübergehende Linderung. Dieser Zyklus kann viel Zeit in Anspruch nehmen und das tägliche Funktionieren beeinträchtigen. Zu den üblichen Zwängen gehören übermäßiges Putzen,

Kontrollieren, Zählen oder das Anordnen von Dingen in einer bestimmten Reihenfolge.

Posttraumatische Belastungsstörung (PTBS) ist eine Erkrankung, die sich nach dem Erleben oder Miterleben eines traumatischen Ereignisses entwickeln kann. Zu den Symptomen einer PTSD gehören Flashbacks, Albträume, starke Ängste und unkontrollierbare Gedanken über das Ereignis. Personen mit PTBS meiden möglicherweise Orte, Menschen oder Aktivitäten, die sie an das Trauma erinnern, und können verstärkte Reaktionen, negative Veränderungen in Überzeugungen und Gefühlen sowie anhaltende Gefahrengefühle verspüren.

Jede Art von Angststörung stellt einzigartige Herausforderungen dar, aber sie alle sind mit der richtigen Kombination aus Therapie, Medikamenten und Änderungen des Lebensstils behandelbar. Die kognitive Verhaltenstherapie (CBT) ist besonders wirksam, wenn es darum geht, Menschen dabei zu helfen, ihre Gedankenmuster und Verhaltensweisen im Zusammenhang mit Angstzuständen zu verstehen und zu ändern. Medikamente wie selektive

Serotonin-Wiederaufnahmehemmer (SSRIs) können ebenfalls zur Linderung der Symptome beitragen. Achtsamkeitsübungen, regelmäßige körperliche Aktivität und unterstützende soziale Netzwerke spielen eine entscheidende Rolle bei der Aufrechterhaltung der psychischen Gesundheit und der Bewältigung von Angstzuständen.

Mit der richtigen Behandlung und Unterstützung können Menschen trotz ihrer Ängste ein erfülltes Leben führen und sich von den Zwängen befreien, die diese Störungen mit sich bringen.

Angststörungen sind bei Erwachsenen weit verbreitet und beeinträchtigen oft ihr tägliches Leben und ihr allgemeines Wohlbefinden. Das Erkennen der Symptome und das Erhalten einer korrekten Diagnose sind entscheidende Schritte zur wirksamen Behandlung dieser Erkrankungen.

Symptome von Angststörungen

Erwachsene, die unter Angststörungen leiden, leiden typischerweise unter einer Reihe von Symptomen, die überwältigend und störend sein können. Emotionale Symptome sind häufig, einschließlich anhaltender und übermäßiger Sorge, Furcht oder Furcht vor Alltagssituationen. Diese Gefühle stehen oft in keinem Verhältnis zur tatsächlichen Bedrohung oder Herausforderung und führen zu einem ständigen Zustand der Anspannung und des Unbehagens.

Auch körperliche Symptome kommen häufig vor. Viele Erwachsene mit Angststörungen berichten von Herzrasen, Schwitzen, Zittern oder Atemnot. Diese körperlichen Reaktionen können auch in nicht bedrohlichen Situationen auftreten und Routinetätigkeiten entmutigend machen. Darüber hinaus gehen Magen-Darm-Beschwerden wie Magenschmerzen, Übelkeit und Reizdarmsyndrom häufig mit Angstzuständen einher.

Verhaltenssymptome können das Vermeiden bestimmter Orte oder Situationen sein, die Angst auslösen. Diese Vermeidung kann erhebliche Auswirkungen auf das soziale Leben, die beruflichen Verpflichtungen und die allgemeine Lebensqualität haben. Einzelpersonen können auch Rituale oder sich wiederholende Verhaltensweisen entwickeln, um mit ihrer Angst umzugehen, was zu zwanghaften Tendenzen führen kann.

Diagnose von Angststörungen

Die Diagnose von Angststörungen erfordert eine detaillierte Beurteilung durch einen Psychologen. Der erste Schritt umfasst oft ein ausführliches klinisches Interview, in dem die Person ihre Symptome, Dauer und Auswirkungen auf ihr tägliches Leben bespricht. Der Arzt wird außerdem die Krankengeschichte des Patienten, die familiäre Vorgeschichte psychischer Probleme sowie frühere Erfahrungen mit Traumata oder Stress untersuchen.

Bei der Diagnose spielen standardisierte Diagnosetools wie die DSM-5-Kriterien eine entscheidende Rolle. Diese Tools helfen Ärzten, bestimmte Arten von Angststörungen zu identifizieren, wie z. B. generalisierte Angststörung (GAD), Panikstörung, soziale Angststörung und spezifische Phobien. Jeder Typ weist unterschiedliche Symptome und Muster auf, die als Grundlage für die Diagnose und den anschließenden Behandlungsplan dienen.

Um andere mögliche Ursachen der Symptome auszuschließen, empfehlen Ärzte möglicherweise körperliche Untersuchungen und Labortests. Erkrankungen wie eine Schilddrüsenüberfunktion oder Herzprobleme können ähnliche Symptome wie Angststörungen hervorrufen. Daher ist eine genaue Diagnose unbedingt erforderlich. Fachkräfte für psychische Gesundheit können auch den Substanzkonsum untersuchen, da Drogen und Alkohol Angstsymptome verschlimmern oder nachahmen können.

Beispiele aus der Praxis

Maria ist eine 40-jährige Grafikdesignerin, die sich ständig Sorgen um ihre Arbeit, Gesundheit und ihr Privatleben macht. Ihre Angst wurde so überwältigend, dass sie begann, gesellschaftliche Zusammenkünfte zu meiden und mehrere Fristen bei der Arbeit verpasste. Nachdem eine Freundin ihre Not bemerkt hatte, suchte Maria Hilfe bei einem Psychologen. Durch eine detaillierte Untersuchung und die Anwendung der DSM-5-Kriterien wurde bei ihr eine generalisierte Angststörung diagnostiziert. Marias Behandlung umfasste kognitive Verhaltenstherapie (CBT) und Medikamente, die ihr halfen, ihre Sorgen zu bewältigen und die Kontrolle über ihr Leben zurückzugewinnen.

Ein weiteres Fallszenario betrifft James, einen 35-jährigen Buchhalter, der plötzliche, intensive Angstanfälle erlebte, die sich wie Herzinfarkte anfühlten. Diese Panikattacken traten unerwartet auf und machten ihm Angst, sein

Zuhause zu verlassen. Nach einer gründlichen Untersuchung wurde bei James eine Panikstörung diagnostiziert. Sein Behandlungsplan sah eine Kombination aus Medikamenten und Expositionstherapie vor, die die Häufigkeit und Intensität seiner Panikattacken schrittweise reduzierte und es ihm ermöglichte, seine täglichen Aktivitäten wieder aufzunehmen.

Bedeutung einer genauen Diagnose

Eine genaue Diagnose von Angststörungen ist für eine wirksame Behandlung und Behandlung unerlässlich. Eine Fehldiagnose oder eine verspätete Diagnose kann zu unnötigem Leiden führen und den Zustand mit der Zeit verschlimmern. Eine frühzeitige Intervention kann die Entwicklung schwerwiegenderer Symptome verhindern und die Fähigkeit des Einzelnen verbessern, im Alltag zu funktionieren.

Angehörige der Gesundheitsberufe betonen, wie wichtig es ist, Hilfe zu suchen, sobald Angstsymptome auftreten. Zu den frühen Behandlungsoptionen gehören Psychotherapie, Medikamente, Änderungen des

Lebensstils und Selbsthilfegruppen, die alle erhebliche Linderung bringen können. Psychotherapie, insbesondere kognitive Verhaltenstherapie, ist äußerst effektiv, wenn es darum geht, Menschen dabei zu helfen, ihre Denkmuster, die zu Angstzuständen beitragen, zu verstehen und zu ändern.

Medikamente wie selektive Serotonin-Wiederaufnahmehemmer (SSRIs) oder Benzodiazepine können ebenfalls hilfreich sein, insbesondere bei Patienten mit schweren Symptomen. Diese Medikamente helfen dabei, Gehirnchemikalien auszugleichen, die Stimmung und Angst regulieren.

Angststörungen bei Erwachsenen weisen eine Vielzahl von Symptomen auf, die die Lebensqualität erheblich beeinträchtigen können. Das Erkennen dieser Symptome und das Erhalten einer präzisen Diagnose sind entscheidende Schritte auf dem Weg zu einer wirksamen Behandlung. Mit der richtigen Unterstützung und dem richtigen Behandlungsplan können Menschen mit Angststörungen ihre Symptome in den Griff bekommen und ein erfülltes Leben führen. Frühzeitiges Eingreifen, genaue Diagnose und ein umfassender Behandlungsansatz sind die Grundpfeiler für die Überwindung von Angstzuständen und das Erreichen psychischen Wohlbefindens.

Angststörungen gehören zu den häufigsten psychischen Erkrankungen bei Erwachsenen, werden jedoch oft missverstanden und unterschätzt. Während gelegentliche Angstzustände zum Leben dazugehören, verdienen chronische und übermäßige Sorgen, die das tägliche Funktionieren beeinträchtigen, klinische Aufmerksamkeit. Die gute Nachricht ist, dass Angststörungen gut behandelbar sind. Die Herausforderung besteht darin, die Symptome zu erkennen und einen wirksamen, nachhaltigen Ansatz zu ihrer Bewältigung zu finden. Die Behandlung ist keine Einheitslösung; Es erfordert eine personalisierte Strategie, die die Komplexität der Erfahrungen jedes Einzelnen berücksichtigt.

In meiner klinischen Praxis betone ich immer, dass die Behandlung auf die Linderung der Symptome und die langfristige Bewältigung abzielen muss. Wir wollen den unmittelbaren Stress, die rasenden Gedanken, Herzrasen, Unruhe und aufdringliche Ängste reduzieren, aber wir wollen auch die innere Widerstandsfähigkeit stärken. Wir möchten Einzelpersonen dabei helfen, die Fähigkeiten, Gewohnheiten und Einsichten zu entwickeln, die sie benötigen, um auf dem Boden zu bleiben, auch wenn das Leben unvorhersehbar wird.

Eine der am besten etablierten Behandlungen für Angststörungen bei Erwachsenen ist die kognitive Verhaltenstherapie oder CBT. CBT hilft Einzelpersonen dabei, verzerrte Denkmuster zu erkennen, die Angst schüren, Gedanken wie „Ich werde scheitern", „Ich komme damit nicht klar" oder „Es wird bestimmt etwas Schlimmes passieren." Obwohl diese Gedanken automatisch sind, prägen sie die Gefühle und Reaktionen einer Person. CBT hilft Patienten, diese Muster durch strukturierte Übungen in Frage zu stellen und sie durch ausgewogenere, rationalere Perspektiven zu ersetzen. Diese Veränderung verringert nicht nur die Angst, sondern verbessert auch die allgemeine emotionale Flexibilität.

In manchen Fällen beinhaltet die Therapie auch Expositionstechniken, bei denen der Patient sanft und schrittweise den Situationen ausgesetzt wird, die er fürchtet. Dies kann besonders wirksam bei spezifischen Phobien, sozialen Ängsten und Zwangsstörungen sein. Die Expositionstherapie verdrahtet die Angstreaktion des Gehirns neu und fördert mehr Selbstvertrauen, wenn sie in einer kontrollierten und unterstützenden Umgebung durchgeführt wird.

Ein weiterer weit verbreiteter Ansatz, insbesondere bei Personen, die Angstzustände in ihrem Körper verspüren, ist die auf Achtsamkeit basierende Therapie. Achtsamkeit hilft dem Einzelnen zu lernen, im gegenwärtigen Moment zu bleiben, anstatt sich von dem, was in der Zukunft passieren könnte, verzehren zu lassen. Bei konsequenter Übung kann Achtsamkeit dem Gehirn beibringen, langsamer zu werden, Empfindungen ohne Panik zu beobachten und den Kreislauf der vorausschauenden Angst zu durchbrechen. Techniken wie tiefes Atmen, progressive Muskelentspannung und geführte Bilder können auch in den Alltag integriert werden und bieten praktische Hilfsmittel für Momente akuten Stresses.

Neben der Therapie können Medikamente eine entscheidende Rolle bei der Behandlung spielen. Es ist wichtig zu verdeutlichen, dass Medikamente weder ein Zeichen des Scheiterns sind noch persönliche Anstrengungen ersetzen sollen; es ist ein Werkzeug. Selektive Serotonin-Wiederaufnahmehemmer (SSRIs) sind häufig die erste pharmakologische Behandlungslinie bei generalisierten Angstzuständen, Panikstörungen und sozialen Ängsten. Sie erhöhen den Serotoninspiegel im Gehirn und helfen so, die Stimmung zu regulieren und Angstsymptome zu reduzieren. In einigen Fällen können andere Medikamentenklassen wie SNRIs oder Benzodiazepine in Betracht gezogen werden, allerdings immer unter sorgfältiger Überwachung aufgrund der Möglichkeit einer Abhängigkeit.

Wenn ich Medikamente verschreibe, führe ich immer ein gemeinsames Gespräch mit meinen Patienten. Wir besprechen Vorteile, Nebenwirkungen, erwartete Zeitpläne und was zu überwachen ist. Ziel ist es, Patienten mit Wissen zu befähigen, fundierte Entscheidungen zu treffen. In manchen Fällen kann bereits der Beginn einer Behandlung die Belastung erheblich verringern, da sie Hoffnung, Handeln und Unterstützung signalisiert.

Die Bewältigung von Ängsten geht jedoch über den Therapieraum und die Apotheke hinaus. Der Lebensstil spielt im langfristigen Management eine entscheidende Rolle. Erwachsene müssen verstehen, wie sich Schlaf, Ernährung und Bewegung auf ihre emotionale Grundlinie auswirken. Chronischer Schlafmangel kann beispielsweise Reizbarkeit, kognitiven Nebel und körperliche Angstsymptome verschlimmern. Unregelmäßige Mahlzeiten oder eine hohe Koffeinaufnahme können nervöse Energie und Nervosität hervorrufen. Ein sitzender Lebensstil entzieht dem Körper die natürlichen Endorphine, die Stress reduzieren. Aus diesem Grund besteht ein Teil der Behandlung darin, einen Lebensstil zu schaffen, der emotionale Stabilität, gleichmäßigen Schlaf, Vollwertkost, tägliche Bewegung und gesunde Grenzen rund um die digitale Stimulation unterstützt.

Soziale Unterstützung ist ein weiterer Schlüsselfaktor bei der Bewältigung. Erwachsene leiden oft im Stillen und wollen andere nicht belasten oder verletzlich erscheinen. Aber Angst gedeiht isoliert. Das Gespräch mit einem vertrauenswürdigen Freund, der Beitritt zu einer

Selbsthilfegruppe oder die Zusammenarbeit mit einem Therapeuten kann eine starke emotionale Erleichterung bewirken. Das Verbalisieren von Ängsten verringert ihre Intensität. Es verwandelt überwältigende Gedanken in gemeinsame Erfahrungen, und dieser Akt allein kann zutiefst heilsam sein.

Als Psychiater ermutige ich meine Patienten immer, etwas zu entwickeln, das ich als „Angst-Toolkit" bezeichne. Dabei handelt es sich nicht um eine Tasche im wahrsten Sinne des Wortes, sondern um eine mentale und verhaltensbezogene Checkliste, nach der sie greifen können, wenn Angstzustände aufkommen. Dazu kann eine Atemtechnik, ein Tagebuchaufruf, eine beruhigende Playlist, ein Spaziergang im Freien oder sogar eine Erinnerungsnotiz gehören, die sie sich in einem Moment der Klarheit geschrieben haben. Der Schlüssel liegt in der Vorbereitung, denn Angst ist weniger beängstigend, wenn man weiß, dass man ihr nicht machtlos gegenübersteht.

Lassen Sie mich ein Beispiel nennen. Eine meiner Patientinnen, eine 45-jährige Projektmanagerin namens Lila, kam mit täglichen Panikattacken zu mir. Nach einem

Vorfall im Supermarkt bekam sie Angst vor öffentlichen Plätzen und begann, selbst wichtige Besorgungen zu meiden. Über mehrere Monate hinweg arbeiteten wir gemeinsam an der kognitiven Neuformulierung durch CBT, übten die schrittweise Exposition und identifizierten persönliche Auslöser. Sie begann außerdem mit einer sanften Yoga-Routine und nutzte geführte Atemübungen, bevor sie ihr Haus verließ. Irgendwann konnte Lila wieder einkaufen, ohne Angst zur Arbeit fahren und sogar andere in ihrer Selbsthilfegruppe betreuen. Was geholfen hat, war nicht nur eine Technik, sondern die Integration mehrerer Techniken, die auf ihre Bedürfnisse und ihre gelebte Erfahrung zugeschnitten waren.

Das ist der Kern dessen, was ich den Lesern aus diesem Abschnitt vermitteln möchte: Angst ist real, berechtigt und herausfordernd, aber auch beherrschbar. Niemand muss in ständiger Angst vor seinem eigenen Verstand leben. Mit den richtigen Strategien, Aufklärung und Unterstützung werden Angststörungen weniger zu Barrieren, sondern eher zu Signalen und Möglichkeiten, auf sich selbst zu hören und sich neu auf das auszurichten, was Frieden bringt.

Die Behandlung ist keine einmalige Lösung. Es ist ein Prozess. Es kann zu Rückschlägen kommen. Es kann Tage geben, an denen die Angst unerwartet aufflammt. Aber mit Werkzeugen in der Hand und Unterstützung in der Nähe werden diese Momente beherrschbar. Erwachsene lernen, für ihr Leben einzustehen, auch wenn sie Angst haben. Und mit der Zeit baut dieses Selbstvertrauen einen stabileren emotionalen Kern auf.

Während Sie dieses Buch weiter lesen, ermutige ich Sie, mit Mitgefühl zu Ihrer Erfahrung zurückzukehren. Angst definiert dich nicht. Es ist etwas, dem Sie gegenüberstehen, aber nicht etwas, das Sie sind. Sie verdienen es, mit einem Geist zu leben, der sich sicher anfühlt, einem Körper, der sich ruhig anfühlt, und ein ganzes Leben lang. Das beginnt damit, dass Sie wissen, dass eine Behandlung möglich ist und dass Sie mit der Suche nach einer solchen Behandlung nie allein sind.

KAPITEL 3: STIMMUNGSSTÖRUNGEN

Wenn Erwachsene in meine Praxis kommen und nicht wissen, wie sie ihre Gefühle beschreiben sollen, höre ich oft Worte wie „steckengeblieben", „taub", „überfordert" oder „erschöpft vom Versuch". Sie können es vielleicht nicht benennen, aber was sie oft beschreiben, ist die tiefe emotionale Störung, die Stimmungsstörungen in den Alltag mit sich bringen. Diese Zustände sind mehr als Traurigkeit oder Gereiztheit. Sie beeinflussen die Kernfunktionen einer Person und wie sie denkt, fühlt, sich auf die Welt um sie herum bezieht und an ihr teilnimmt.

Stimmungsstörungen sind im Grunde Störungen der emotionalen Regulierung. Sie verändern die Art und Weise, wie Menschen Freude, Motivation, Hoffnung und Schmerz verarbeiten. Dabei handelt es sich nicht um vorübergehende Reaktionen auf die Höhen und Tiefen des Lebens, sondern um anhaltende Muster, die erhebliche emotionale Belastungen verursachen und das Funktionieren im Alltag beeinträchtigen. Und obwohl viele Menschen jahrelang mit diesen Störungen leben, ohne zu merken, was passiert, wird die Behandlung, sobald sie benannt und verstanden werden, zu einem wirksamen Instrument zur Veränderung.

Es gibt verschiedene Arten von Stimmungsstörungen bei Erwachsenen, die sich jeweils auf unterschiedliche Weise äußern. Eine schwere depressive Störung, eine der häufigsten, tritt häufig mit anhaltender Traurigkeit, geringer Energie, Desinteresse an zuvor genossenen Aktivitäten und Veränderungen im Schlaf oder Appetit auf. Aber bei Depressionen geht es nicht immer um sichtbare Trauer. Ich habe mit Erwachsenen gearbeitet, die äußerlich weiter lächelten, während sie insgeheim eine schwere, innere Taubheit verspürten. Diese Art von verstecktem Leid ist unter berufstätigen Erwachsenen, Betreuern und Leistungsträgern weit verbreitet, die „es sich nicht leisten können, zusammenzubrechen".

Bei einer bipolaren Störung hingegen kommt es zu einem Wechsel zwischen depressiven Episoden und Perioden erhöhter Stimmung oder Energie, die als Manie oder Hypomanie bezeichnet werden. Während dieser Hochphasen können sich die Betroffenen ungewöhnlich sicher fühlen, wenig schlafen, schnell sprechen oder impulsive Entscheidungen treffen. Während sich dieser Zustand momentan produktiv oder euphorisch anfühlen kann, folgen ihm oft emotionale Abstürze, Bedauern und schwerwiegende Störungen im Privat- oder Berufsleben. Das Erkennen und Unterscheiden dieser Muster ist für die Diagnose und Pflege von entscheidender Bedeutung.

Eine anhaltende depressive Störung, manchmal auch Dysthymie genannt, äußert sich in einer langfristigen Niedergeschlagenheit, die möglicherweise nicht so schwerwiegend ist wie eine schwere Depression, aber jahrelang anhalten kann und das Wohlbefinden einer Person stillschweigend beeinträchtigt. Erwachsene mit dieser Erkrankung gewöhnen sich oft an ihre Symptome und sagen sich: „Das bin ich einfach", obwohl sie in Wirklichkeit mit einer behandelbaren Erkrankung leben, die ihre Lebensqualität allmählich beeinträchtigt hat.

Die Auswirkungen von Stimmungsstörungen auf Erwachsene sind erheblich und weitreichend. Diese Zustände beeinträchtigen Konzentration, Gedächtnis, Selbstwertgefühl und Beziehungen. Menschen beschreiben oft, dass sie sich nicht nur von anderen, sondern auch von ihrer eigenen Identität getrennt fühlen. Sie hören möglicherweise auf, Pläne für die Zukunft zu schmieden, meiden soziale Kontakte oder ziehen sich aus intimen Beziehungen zurück, nicht weil sie es wollen, sondern weil die emotionale Last zu groß geworden ist, um sie zu tragen. Im Laufe der Zeit können unbehandelte Stimmungsstörungen zum Verlust des Arbeitsplatzes, zum Scheitern der Ehe, zu körperlichen Erkrankungen und sogar zu Selbstmordgedanken führen.

Und doch gehören Stimmungsstörungen trotz ihrer Schwere weiterhin zu den am meisten missverstandenen und stigmatisierten psychischen Erkrankungen. Erwachsene können die Suche nach Hilfe hinauszögern, weil sie befürchten, verurteilt oder entlassen zu werden. Manchen wird gesagt, sie sollen „damit Schluss machen" oder „positiver sein". Andere werden dafür gelobt, dass sie stark sind, wenn sie die Erlaubnis brauchen, verletzlich zu sein. Diese kulturellen Narrative verstummen nicht nur das Leiden; sie verhindern die Heilung.

Einer der wirkungsvollsten Schritte, die ein Erwachsener unternehmen kann, besteht darin, die Sprache seiner

Gefühle zu lernen. Die Benennung dessen, was Sie gerade durchmachen, ist keine Selbstgefälligkeit; es ist wichtig. Wenn jemand sagt: „Ich glaube, ich bin vielleicht deprimiert" oder „Ich habe mich seit Monaten nicht mehr wie ich selbst gefühlt", dann ist das nicht dramatisch. Sie beginnen mit dem Prozess der Wiederherstellung ihres Wohlbefindens.

Eine wirksame Behandlung von Stimmungsstörungen umfasst oft eine Kombination aus Psychotherapie und Medikamenten. Kognitive Verhaltenstherapie, zwischenmenschliche Therapie und psychodynamische Ansätze können Einzelpersonen dabei helfen, emotionale Muster aufzudecken, verzerrtes Denken in Frage zu stellen und ungelöste Trauer oder Traumata zu verarbeiten. Für viele Erwachsene ist die Therapie das erste Mal, dass sie das Gefühl haben, tatsächlich gesehen zu werden, ohne zu urteilen, zu unterbrechen oder unter Druck zu stehen, sich schnell wieder in Ordnung zu bringen.

Medikamente können ebenfalls eine entscheidende Rolle spielen, insbesondere bei Patienten, deren Symptome auf neurochemischen Ungleichgewichten beruhen. Antidepressiva, Stimmungsstabilisatoren oder atypische Antipsychotika können dabei helfen, das emotionale Gleichgewicht wiederherzustellen und die Schwere von Stimmungsschwankungen zu verringern. Wie immer ist die Behandlung dann am effektivsten, wenn sie individuell ist. Es gibt keinen einzigen Weg zum Wohlbefinden, aber es gibt immer einen Weg.

Ich ermutige meine Patienten oft, tägliche Rituale zu entwickeln, die die emotionale Regulierung unterstützen. Dazu können ein Morgenspaziergang, das Führen von Tagebüchern, ein regelmäßiger Schlafplan oder die Einschränkung von Alkohol und Koffein gehören. Einfache Veränderungen können, wenn sie konsequent durchgeführt werden, die Stimmungsstabilität dramatisch beeinflussen. Vor allem aber erinnere ich sie daran, dass der Fortschritt nicht linear verläuft. Es wird Rückschläge geben. Was zählt, ist, mit dem Support in Verbindung zu bleiben, informiert zu bleiben und voranzukommen, auch langsam.

Einer meiner Patienten, ein 39-jähriger Vater namens Marcus, kämpfte über ein Jahrzehnt lang mit einer nicht diagnostizierten bipolaren II-Störung. Er beschrieb sein Leben als einen Kreislauf des Aufbauens und Absturzes, in dem er voller Energie neue Unternehmungen startete, nur um später in Selbstzweifel und Rückzug zu geraten. Nachdem wir das Muster erkannt hatten, verschaffte ihm die Behandlung eine Stabilität, die er seit Jahren nicht mehr gekannt hatte. Aber was sich am meisten veränderte, war sein Selbstbewusstsein. Er machte seine früheren Entscheidungen nicht länger auf Misserfolge oder Schwäche zurückzuführen. Er verstand sie durch die Linse von Krankheit und Genesung. Diese Einsicht ermöglichte es ihm, Routinen, Beziehungen, Selbstvertrauen und Hoffnung wieder aufzubauen.

Wenn es eine Botschaft gibt, die ich Erwachsenen aus diesem Kapitel vermitteln möchte, dann diese: Stimmungsstörungen sind nicht das Ende Ihrer Geschichte. Es sind wichtige Kapitel, die es verdienen, mit Sorgfalt und Mut erkundet zu werden. Mit den richtigen Werkzeugen, Unterstützung und professioneller

Anleitung können Erwachsene tiefgreifende Heilung erleben, emotionale Stärke entdecken, von der sie nie wussten, dass sie sie haben, und ein Leben voller Sinn und Verbundenheit führen.

Du bist nicht gebrochen. Sie sind nicht allein. Und Ihre emotionale Gesundheit ist täglich genauso wichtig wie Ihre körperliche Gesundheit.

Stimmungsstörungen umfassen eine Reihe psychischer Erkrankungen, die sich hauptsächlich auf den emotionalen Zustand einer Person auswirken. Zu den häufigsten Formen gehört die Major Depressive Disorder (MDD), die durch längere Perioden intensiver Traurigkeit und mangelndem Interesse oder Freude an Aktivitäten gekennzeichnet ist, die früher Spaß machten. Menschen mit MDD leiden häufig unter erheblichen Appetitveränderungen, Schlafstörungen, Müdigkeit und Gefühlen der Wertlosigkeit oder Schuldgefühle. Diese Symptome können so schwerwiegend sein, dass sie die tägliche Funktionsfähigkeit beeinträchtigen und zu Todes- oder Selbstmordgedanken führen können.

Die bipolare Störung ist eine weitere weit verbreitete Stimmungsstörung, die mit extremen Stimmungsschwankungen einhergeht, die von depressiven Episoden bis hin zu manischen oder hypomanischen Episoden reichen. Während depressiver Episoden können sich Betroffene hoffnungslos fühlen, das Interesse an fast allen Aktivitäten verlieren und mit ihrem Energieniveau zu kämpfen haben. Im Gegensatz dazu sind manische Episoden durch ungewöhnlich gehobene Stimmung, übermäßige Energie und oft riskante Verhaltensweisen gekennzeichnet. Eine weniger intensive Form der Manie, die sogenannte Hypomanie, geht mit ähnlichen Symptomen einher, ist jedoch weniger schwerwiegend und dauert kürzer. Eine bipolare Störung kann aufgrund ihrer unvorhersehbaren Natur erhebliche Auswirkungen auf Beziehungen, die Arbeit und die allgemeine Lebensqualität haben.

Dysthymie, heute auch als Persistente Depressive Störung (PDD) bezeichnet, ist eine chronische Form der Depression, bei der die Betroffenen mindestens zwei Jahre lang unter schlechter Stimmung leiden. Auch wenn die Symptome möglicherweise nicht so intensiv sind wie bei einer schweren depressiven Störung, sind sie doch langanhaltend und können Gefühle von Traurigkeit, mangelnder Energie und Hoffnungslosigkeit beinhalten. Menschen mit PDD beschreiben es oft als das Gefühl, sich in einem ständigen Zustand der Traurigkeit oder Leere zu befinden. Die anhaltende Natur dieser Störung kann zu erheblichen Beeinträchtigungen der sozialen und beruflichen Funktionsfähigkeit führen.

Die Zyklothymische Störung ist eine mildere Form der bipolaren Störung, die durch mindestens zwei Jahre andauernde Phasen hypomanischer und depressiver Symptome gekennzeichnet ist. Die Symptome sind nicht schwerwiegend genug, um die Kriterien für eine hypomanische oder depressive Episode zu erfüllen, können aber dennoch zu emotionaler Instabilität und Unbehagen führen. Menschen mit zyklothymischer Störung haben oft das Gefühl, dass sie sich in einer emotionalen Achterbahnfahrt befinden und ihre Stimmung häufig von hoch nach niedrig wechselt.

Die saisonale affektive Störung (SAD) ist eine weitere Art von Stimmungsstörung, die mit dem Wechsel der Jahreszeiten zusammenhängt. Am häufigsten treten depressive Symptome in den Herbst- und Wintermonaten auf, wenn es weniger natürliches Sonnenlicht gibt. Zu den Symptomen von SAD können mangelnde Energie, übermäßiges Essen, Gewichtszunahme und eine Tendenz zum Verschlafen gehören. Diese Störung kann das tägliche

Leben erheblich beeinträchtigen, insbesondere in Regionen mit langen, strengen Wintern. Zur Behandlung wird häufig eine Lichttherapie eingesetzt, bei der man sich künstlichem Licht aussetzt, das dem natürlichen Sonnenlicht nachempfunden ist.

Jede Art von Stimmungsstörung stellt einzigartige Herausforderungen dar, aber alle haben gemeinsam, dass sie den emotionalen Zustand und das tägliche Leben des Einzelnen erheblich beeinflussen. Die richtige Diagnose und Behandlung sind für die Behandlung dieser Erkrankungen von entscheidender Bedeutung. Die Behandlung umfasst häufig eine Kombination aus Medikamenten wie Antidepressiva oder Stimmungsstabilisatoren und Psychotherapie, einschließlich kognitiver Verhaltenstherapie (CBT) oder zwischenmenschlicher Therapie (IPT). Auch Änderungen des Lebensstils, wie regelmäßige Bewegung, eine gesunde Ernährung und ein konsistenter Schlafplan, können eine wichtige Rolle bei der Behandlung der Symptome spielen.

Für Menschen mit affektiven Störungen ist es wichtig zu wissen, dass sie nicht allein sind und dass wirksame

Behandlungsmöglichkeiten zur Verfügung stehen. Mit den richtigen Unterstützungs- und Managementstrategien können Menschen mit Stimmungsstörungen ein erfülltes und produktives Leben führen. Sich selbst und andere über diese Erkrankungen aufzuklären, kann auch Stigmatisierung reduzieren und ein mitfühlenderes und unterstützenderes Umfeld für die Betroffenen schaffen.

Stimmungsstörungen können die Lebensqualität eines Erwachsenen tiefgreifend beeinträchtigen und sich auf seine Beziehungen, seine Arbeit und seine täglichen Aktivitäten auswirken. Das Erkennen der Anzeichen und die genaue Diagnose dieser Störungen ist für eine wirksame Behandlung und Behandlung von entscheidender Bedeutung.

Symptome von Stimmungsstörungen

Erwachsene mit Stimmungsstörungen zeigen häufig eine Vielzahl von Symptomen, die emotionaler, kognitiver oder körperlicher Natur sein können. Zu den emotionalen Symptomen gehören typischerweise anhaltende Traurigkeit, Gefühle der Hoffnungslosigkeit und ein Mangel an Interesse oder Freude an einstmals angenehmen Aktivitäten. Diese emotionalen Veränderungen können bei einer bipolaren Störung zu starken Stimmungsschwankungen, Reizbarkeit oder sogar intensiven Phasen der Euphorie führen.

Kognitive Symptome äußern sich häufig in Konzentrationsschwierigkeiten, Unentschlossenheit oder wiederkehrenden Todes- oder Selbstmordgedanken. Einem Erwachsenen, der mit einer Stimmungsstörung zu kämpfen hat, fällt es möglicherweise schwer, Entscheidungen zu treffen oder sich an Details zu erinnern, was sich auf seine Leistung bei der Arbeit oder seine Fähigkeit, tägliche Pflichten zu bewältigen, auswirken kann.

Auch körperliche Symptome kommen häufig vor. Dazu können Veränderungen im Schlafverhalten wie Schlaflosigkeit oder übermäßiges Schlafen sowie ein erheblicher Gewichtsverlust oder eine erhebliche Gewichtszunahme aufgrund von Appetitveränderungen gehören. Bei manchen Menschen kann es zu unerklärlichen Schmerzen oder einem Mangel an Energie kommen, was selbst die einfachsten Aufgaben entmutigend erscheinen lässt.

Diagnose von Stimmungsstörungen

Der Prozess der Diagnose von Stimmungsstörungen bei Erwachsenen erfordert eine umfassende Beurteilung durch eine medizinische Fachkraft, typischerweise einen Psychiater oder Psychologen. Diese Beurteilung beginnt mit einem gründlichen klinischen Gespräch, bei dem der Gesundheitsdienstleister sich nach der Krankengeschichte der Person, der familiären Vorgeschichte von psychischen Problemen und den spezifischen Symptomen erkundigt, unter denen sie leidet.

Stimmungsstörungen weisen häufig überlappende Symptome mit anderen psychischen Erkrankungen wie Angststörungen oder Persönlichkeitsstörungen auf, was eine genaue Diagnose zu einem komplexen Prozess macht. Um dabei zu helfen, verwenden Kliniker standardisierte Diagnosekriterien aus dem Diagnostic and Statistical Manual of Mental Disorders (DSM-5). Dieses Handbuch enthält detaillierte Beschreibungen von Stimmungsstörungen, einschließlich schwerer depressiver Störungen und bipolarer Störungen, und hilft Ärzten, spezifische Muster und Schweregrade der Symptome zu identifizieren.

Ein wichtiger Teil des Diagnoseprozesses besteht darin, andere mögliche Ursachen für die Symptome auszuschließen. Dazu gehören häufig körperliche Untersuchungen und Labortests, um Erkrankungen wie Schilddrüsenerkrankungen oder neurologische Probleme auszuschließen, die Symptome einer Stimmungsstörung nachahmen können. Darüber hinaus werden Substanzkonsumbewertungen durchgeführt, um festzustellen, ob Alkohol- oder Drogenmissbrauch zu den Stimmungsschwankungen der Person beitragen könnte.

Fallbeispiele

Es gab einen Fall von Kate, einer 35-jährigen Marketingleiterin, die bemerkte, dass sich ihr einst beherrschbarer Arbeitsstress in überwältigende Traurigkeit und Müdigkeit verwandelte. Obwohl sie mehr schlief als sonst, fühlte sie sich erschöpft und hatte Mühe, sich auf ihre Aufgaben zu konzentrieren. Ihr Hausarzt erkannte diese Symptome und überwies sie an einen Psychiater. Durch ein ausführliches klinisches Interview und die Anwendung der DSM-5-Kriterien wurde bei Kate eine schwere depressive Störung diagnostiziert. Ihr

Behandlungsplan umfasste eine Kombination aus Medikamenten und kognitiver Verhaltenstherapie, die ihr nach und nach dabei half, ihre Energie und Motivation wiederzugewinnen.

In einem anderen Fall erlebte John, ein 42-jähriger Lehrer, extreme Stimmungsschwankungen, die von Phasen intensiver Produktivität und Euphorie bis hin zu schwächenden Depressionen reichten. Diese Schwankungen hatten erhebliche Auswirkungen auf seine Lehrleistung und sein Privatleben. Nachdem John diese Symptome mehrere Monate lang ertragen musste, suchte er Hilfe um Hilfe. Nach einer umfassenden Untersuchung, einschließlich einer Familienanamnese, die ähnliche Probleme bei nahen Verwandten ergab, wurde bei John eine bipolare Störung diagnostiziert. Seine Behandlung umfasste Stimmungsstabilisatoren und Psychotherapie, was seine Lebensqualität und seine Fähigkeit, mit seiner Erkrankung umzugehen, deutlich verbesserte.

Bedeutung einer frühzeitigen Diagnose und Behandlung

Eine frühzeitige Diagnose und Intervention sind für die wirksame Behandlung von Stimmungsstörungen von entscheidender Bedeutung. Unbehandelt können diese Störungen schwerwiegende Folgen haben, darunter Beziehungsstörungen, verringerte Arbeitsproduktivität und ein erhöhtes Risiko für Drogenmissbrauch und Selbstmord. Eine frühzeitige Behandlung lindert die Symptome und verhindert, dass sich die Erkrankung mit der Zeit verschlimmert.

Wir betonen oft, wie wichtig es ist, beim ersten Anzeichen einer Stimmungsstörung Hilfe zu suchen. Auf diese Weise können Einzelpersonen von verschiedenen Therapiemöglichkeiten profitieren, darunter Medikamente, Psychotherapie, Änderungen des Lebensstils und Selbsthilfegruppen. Diese Interventionen können die Fähigkeit eines Einzelnen, ein erfülltes und produktives Leben zu führen, erheblich verbessern.

Stimmungsstörungen bei Erwachsenen sind komplex und vielschichtig und erfordern ein gründliches Verständnis ihrer Symptome und einen sorgfältigen Ansatz bei der Diagnose. Durch das Erkennen der emotionalen, kognitiven und körperlichen Anzeichen und die frühzeitige Suche nach professioneller Hilfe können Einzelpersonen ihre Beschwerden effektiv bewältigen und ihr allgemeines Wohlbefinden verbessern. Mit einer geeigneten Behandlung und Unterstützung können Betroffene von Stimmungsstörungen Stabilität erlangen und die Kontrolle über ihr Leben zurückgewinnen.

Der Umgang mit Stimmungsstörungen bei Erwachsenen erfordert eine Kombination aus Strategien und Behandlungen, die auf die individuellen Bedürfnisse zugeschnitten sind. Stimmungsstörungen wie Depressionen und bipolare Störungen können das tägliche Leben erheblich beeinträchtigen, aber mit dem richtigen Ansatz können Menschen ihre Symptome in den Griff bekommen und ein erfülltes Leben führen.

Eine wirksame Strategie zur Behandlung von Stimmungsstörungen ist die Etablierung einer Routine. Kontinuierliche tägliche Aktivitäten wie das gleichzeitige Aufwachen, Essen und Schlafengehen tragen zur Regulierung der Stimmung und des Energieniveaus bei. Diese Struktur kann für Stabilität und Vorhersehbarkeit sorgen, was besonders für Menschen mit Stimmungsschwankungen von Vorteil ist. Anna, eine 34-jährige Lehrerin mit bipolarer Störung, stellte beispielsweise fest, dass die Aufrechterhaltung eines konsistenten Schlafplans ihre manischen Episoden deutlich reduzierte und ihre allgemeine Stimmungsstabilität verbesserte.

Medikamente sind oft ein Eckpfeiler der Behandlung von Stimmungsstörungen. Antidepressiva, Stimmungsstabilisatoren und Antipsychotika können dabei helfen, Gehirnchemikalien auszugleichen, die die Stimmung beeinflussen. Es ist wichtig, eng mit einem Psychiater zusammenzuarbeiten, um das richtige Medikament und die richtige Dosierung zu finden, da die individuellen Reaktionen auf Medikamente unterschiedlich sein können.

Die Therapie ist ein weiterer entscheidender Bestandteil bei der Behandlung von Stimmungsstörungen. Die kognitive Verhaltenstherapie (CBT) ist besonders wirksam, da sie Einzelpersonen dabei hilft, negative Gedankenmuster, die zu ihren Stimmungsstörungen beitragen, zu erkennen und zu ändern. Durch CBT lernen Menschen Bewältigungsmechanismen, um mit Stress umzugehen und Rückfälle zu verhindern.

Auch Änderungen des Lebensstils spielen eine wichtige Rolle bei der Behandlung von Stimmungsstörungen. Regelmäßige körperliche Aktivität wie Spazierengehen, Joggen oder Yoga kann die Stimmung heben und Angstzustände reduzieren. Durch körperliche Betätigung werden Endorphine freigesetzt, die natürliche Stimmungsaufheller sind. Eine ausgewogene Ernährung mit Omega-3-Fettsäuren, Vitaminen und Mineralstoffen unterstützt die Gesundheit des Gehirns und die Stimmungsregulierung. Um eine stabile Stimmung aufrechtzuerhalten, ist es wichtig, ausreichend Flüssigkeit zu sich zu nehmen und übermäßigen Koffein- und Alkoholkonsum zu vermeiden.

Die Unterstützung von Familie und Freunden kann einen entscheidenden Puffer gegen die Herausforderungen affektiver Störungen darstellen. Eine offene Kommunikation über den eigenen Zustand kann das Verständnis fördern und das Gefühl der Isolation verringern. Selbsthilfegruppen, ob persönlich oder online, bieten einen sicheren Raum, um Erfahrungen auszutauschen und Erkenntnisse von anderen zu gewinnen, die vor ähnlichen Herausforderungen stehen.

Achtsamkeits- und Entspannungstechniken wie Meditation und Atemübungen können helfen, mit Stress und Ängsten umzugehen, die häufig mit Stimmungsstörungen einhergehen. Diese Praktiken fördern die Konzentration auf den gegenwärtigen Moment und reduzieren die Auswirkungen negativer Gedanken und Emotionen. Die Integration von Achtsamkeit in den Alltag kann ein Gefühl der Ruhe schaffen und die emotionale Belastbarkeit verbessern.

Es ist wichtig zu erkennen, dass die Behandlung von Stimmungsstörungen ein fortlaufender Prozess ist. Regelmäßige Kontrollen bei Gesundheitsdienstleistern, die ständige Information über neue Behandlungsmethoden und die Bereitschaft, Strategien bei Bedarf anzupassen, sind von entscheidender Bedeutung.

KAPITEL 4: SCHIZOPHRENIE

Schizophrenie ist eine komplexe und oft missverstandene psychische Störung, die sich auf das Denken, Fühlen und Verhalten einer Person auswirkt. Es geht nicht darum, eine gespaltene oder multiple Persönlichkeit zu haben, wie gemeinhin fälschlicherweise angenommen wird. Stattdessen geht die Schizophrenie mit einer Reihe von Symptomen einher, zu denen Halluzinationen, Wahnvorstellungen, desorganisiertes Denken und Funktionsstörungen gehören können. Um Schizophrenie zu verstehen, müssen diese Mythen entlarvt und die Realität des Lebens mit dieser Erkrankung erkannt werden.

Die Symptome der Schizophrenie werden typischerweise in drei Kategorien eingeteilt: positiv, negativ und kognitiv. Zu den positiven Symptomen gehören Erfahrungen wie Halluzinationen (Sehen oder Hören von Dingen, die nicht da sind) und Wahnvorstellungen (stark vertretene falsche Überzeugungen). Negative Symptome wie mangelnde Motivation, verminderter emotionaler Ausdruck und sozialer Rückzug beeinträchtigen die Fähigkeiten der

Person. Kognitive Symptome beeinträchtigen Gedächtnis, Aufmerksamkeit und Entscheidungsfähigkeit. Diese Symptome können in ihrer Schwere und ihren Auswirkungen auf das tägliche Leben sehr unterschiedlich sein.

Die Diagnose einer Schizophrenie erfordert eine gründliche Untersuchung durch einen Psychologen, einschließlich einer detaillierten Anamnese und einer Reihe von Beurteilungen. Das Diagnostic and Statistical Manual of Mental Disorders (DSM-5) beschreibt spezifische Kriterien für die Diagnose, wie z. B. das Vorhandensein von zwei oder mehr Kernsymptomen (Wahnvorstellungen, Halluzinationen, unorganisierte Sprache, unorganisiertes oder katatonisches Verhalten und negative Symptome) über einen erheblichen Zeitraum über mindestens einen Monat. Eine genaue Diagnose ist entscheidend für die Entwicklung eines wirksamen Behandlungsplans und die Bewältigung der Störung.

Die Behandlung einer Schizophrenie umfasst häufig eine Kombination aus antipsychotischen Medikamenten und Psychotherapie. Antipsychotika helfen, die Symptome zu lindern, indem sie die Neurotransmitter im Gehirn beeinflussen, wodurch Halluzinationen und Wahnvorstellungen reduziert werden können. Psychotherapie, insbesondere kognitive Verhaltenstherapie (CBT), unterstützt den Einzelnen dabei, mit den Symptomen umzugehen, seinen Zustand zu verstehen und Strategien zur Verbesserung seiner Funktionsfähigkeit zu entwickeln. Regelmäßige Therapiesitzungen können wertvolle Unterstützung und Orientierung bieten.

Soziale Unterstützung und gemeinschaftliche Ressourcen spielen eine entscheidende Rolle bei der Behandlung von Schizophrenie. Die Unterstützung durch Familie, Freunde und Selbsthilfegruppen kann für emotionale Stabilität sorgen und das Gefühl der Isolation verringern. Gemeinschaftsressourcen wie psychiatrische Kliniken, Berufsausbildung und Wohnhilfe können Einzelpersonen dabei helfen, ein unabhängigeres und erfüllteres Leben zu führen. Die Integration dieser Ressourcen in den Behandlungsplan kann die allgemeine Lebensqualität von Menschen mit Schizophrenie verbessern.

Wir können die von dieser herausfordernden Störung Betroffenen besser unterstützen, wenn wir verstehen, was Schizophrenie ist und die Bedeutung einer umfassenden Behandlung und Unterstützung erkennen.

Schizophrenie ist eine der am meisten missverstandenen und stigmatisierten psychischen Störungen. Dennoch ist es nach wie vor eine der am wichtigsten zu verstehenden Erkrankungen, insbesondere im Erwachsenenalter, wo sich die Symptome oft allmählich und unauffällig entwickeln. In den Jahren meiner engen Zusammenarbeit mit Menschen, die an dieser Krankheit leiden, habe ich gelernt, dass Schizophrenie keine singuläre Erfahrung ist, sondern ein komplexes Spektrum, das Gedanken, Wahrnehmung, Emotionen und Verhalten auf zutiefst persönliche Weise beeinflusst.

Im Gegensatz zu vielen öffentlichen Missverständnissen bedeutet Schizophrenie nicht, dass man eine „gespaltene Persönlichkeit" hat oder ständig den Bezug zur Realität verliert. Dabei geht es tatsächlich um einen Zusammenbruch der Art und Weise, wie das Gehirn Informationen verarbeitet. Bei Menschen können Halluzinationen, Wahnvorstellungen, desorganisiertes Denken und emotionale Dysregulation auftreten, nicht als Zeichen von Schwäche oder moralischem Versagen, sondern als Ergebnis struktureller und chemischer Veränderungen im Gehirn. Diese Veränderungen wirken sich darauf aus, wie Menschen sich selbst und die Welt um sie herum verstehen.

Bei den meisten Erwachsenen mit Schizophrenie treten die ersten Anzeichen im späten Teenager- bis frühen Dreißigeralter auf, obwohl die frühen Symptome subtil sein und leicht falsch zugeordnet werden können. Ein junger Erwachsener kann beginnen, sich sozial zurückzuziehen, zunehmend paranoid zu werden oder unlogische oder unzusammenhängende Gedanken zu äußern. Familienmitglieder bemerken möglicherweise Veränderungen im Schlaf, beim Sprechen oder in der Hygiene. Auf den ersten Blick können diese Verhaltensweisen wie Stress, Depression oder sogar Burnout erscheinen. Aber mit der Zeit, wenn die Symptome ohne Intervention fortschreiten, stören sie den Alltag und führen zu Verwirrung, Angst und in vielen Fällen zu Krisen.

Eines der wichtigsten Dinge, die ich sowohl Patienten als auch Betreuern beibringe, ist, dass Schizophrenie unterschiedliche Dimensionen hat. Positivsymptome sind Erfahrungen, die zur Realität einer Person hinzugefügt werden, wie Halluzinationen oder Wahnvorstellungen. Negativsymptome spiegeln den Verlust oder das Fehlen normaler Funktionen wider, wie z. B. verminderte Motivation, flache Affekte oder sozialen Rückzug. Und dann gibt es noch kognitive Symptome, die das Gedächtnis, die Aufmerksamkeit und die exekutiven Funktionen beeinträchtigen. Das Verständnis dieser Unterschiede ermöglicht es uns, maßgeschneiderte Behandlungspläne zu erstellen und gefährliche Verallgemeinerungen zu vermeiden, die die Genesung oft beeinträchtigen.

Das Leben mit Schizophrenie hat nichts mit ständiger Psychose zu tun. Viele Erwachsene erleben Phasen der Stabilität, insbesondere wenn die Behandlung konsequent und unterstützend ist. Aber womit sie oft weiter zu kämpfen haben, manchmal noch mehr als mit der Krankheit selbst, ist die gesellschaftliche Ablehnung und Angst, die ihnen folgt. Menschen hören das Wort „Schizophrenie" und gehen oft von Unvorhersehbarkeit,

Aggressivität oder Handlungsunfähigkeit aus. Diese Annahmen sind nicht nur falsch, sondern auch zutiefst schädlich. Sie treiben die Menschen noch weiter in die Isolation und verhindern, dass sie Hilfe erhalten, die ihr Leben wiederherstellen könnte.

Meiner klinischen Erfahrung nach kommt einer der eindringlichsten Momente, wenn ein Erwachsener mit Schizophrenie beginnt, seine Identität von seiner Diagnose zu trennen. Wenn sie sagen: „Ich habe Schizophrenie" statt „Ich bin schizophren", beginnen sie, ihre Persönlichkeit zurückzugewinnen. Sie erkennen, dass die Erkrankung Teil ihres Lebens ist, aber sie definiert nicht, wer sie sind oder welche Fähigkeiten sie haben. Dieser sprachliche Wandel mag klein erscheinen, aber seine psychologischen und emotionalen Auswirkungen sind enorm.

Der Schlüssel zum Umgang mit Schizophrenie liegt in der Früherkennung, einer konsequenten Behandlung und einem zutiefst mitfühlenden Unterstützungssystem. Ohne diese Elemente kann die Störung schwerwiegender, isolierender und schwieriger zu behandeln werden. Allerdings verbessert sich die Prognose erheblich, wenn diese Unterstützung vorhanden ist und eine Person Zugang zu Therapie, Medikamenten, sozialen Diensten und vertrauensvollen Beziehungen hat. Ich habe gesehen, wie Erwachsene zur Schule zurückkehrten, eine feste Anstellung fanden, zerrüttete Familienbeziehungen wiederherstellten und mit Zuversicht und Frieden lebten. Solche Fortschritte machen keine Schlagzeilen, aber sie passieren täglich.

Es ist auch wichtig, sich mit der emotionalen Belastung auseinanderzusetzen, die eine Diagnose mit sich bringt. Bei vielen Erwachsenen kann die Aussage, dass sie an Schizophrenie leiden, Trauer, Angst oder Verleugnung auslösen. Manche machen sich Sorgen darüber, wie andere sie behandeln werden. Andere haben Angst davor, was ihre Zukunft bringen könnte. Hier kommt der mitfühlenden Erziehung eine entscheidende Rolle zu. Ich sitze oft mit Patienten und ihren Familien zusammen und erkläre ihnen, was diese Erkrankung bedeutet, wie sie funktioniert und welche Instrumente zur Behandlung verfügbar sind. Dieses erste Gespräch kann einer der wichtigsten

Momente im Heilungsprozess sein. Denn Klarheit ersetzt Verwirrung. Wissen ersetzt Angst.

Lassen Sie mich ein Beispiel nennen, das mir immer noch in Erinnerung bleibt. Ein Patient, den ich hatte, ein 34-jähriger namens Michael, wurde fast ein Jahrzehnt lang nicht diagnostiziert. Er radelte in Krankenhäusern hin und her, verlor seinen Arbeitsplatz und drohte mit der Zwangsräumung. Seine Familie ging davon aus, dass er mit Sucht oder Stress zu kämpfen hatte. Als wir schließlich eine umfassende Untersuchung abgeschlossen und eine Schizophrenie-Diagnose bestätigt hatten, sagte Michael etwas, das ich nie vergessen werde: „Ich dachte, ich würde den Verstand verlieren, aber jetzt weiß ich, dass mein Verstand einfach krank war." Diese Erkenntnis hat alles verändert. Er nahm die Behandlung an. Er beschäftigte sich wieder mit seinem Unterstützungssystem. Und langsam begann sich sein Leben wieder aufzubauen, nicht perfekt, aber stetig.

Schizophrenie mag ein lebenslanger Zustand sein, sie ist jedoch keine lebenslange Haftstrafe für Funktionsstörungen oder Verzweiflung. Mit der richtigen

Kombination aus antipsychotischen Medikamenten, Psychotherapie, Interventionen zum Kompetenzaufbau und Unterstützung durch die Gemeinschaft können Erwachsene ein sinnvolles, vernetztes Leben führen. Sie können Ziele verfolgen, Beziehungen pflegen und trotz der Herausforderungen einen Sinn finden.

Wenn Sie dies lesen und Sie oder jemand, den Sie lieben, mit Symptomen zu kämpfen haben, die mit Schizophrenie in Zusammenhang stehen, wissen Sie Folgendes: Sie sind nicht allein. Du bist nicht gefährlich. Du bist nicht gebrochen. Es gibt Behandlung, es gibt Unterstützung und es gibt einen Weg nach vorne. Es mag anders aussehen, als Sie es sich vorgestellt haben, aber es kann dennoch voller Würde, Stabilität und Hoffnung sein.

Was wir brauchen, was wir jedem Erwachsenen schulden, der an Schizophrenie leidet, ist nicht Angst, sondern Verständnis. Keine Ablehnung, sondern Respekt. Und nicht Stille, sondern Stimmen, die sagen: „Du bist wichtig. Wir sehen dich. Und wir sind hier, um mit dir zu gehen."

Schizophrenie ist eine komplexe psychische Störung, die sich durch eine Vielzahl von Symptomen äußert, die grob in positive, negative und kognitive Symptome eingeteilt werden. Zu den positiven Symptomen kommen abnormale Erfahrungen wie Halluzinationen und Wahnvorstellungen hinzu. Halluzinationen beinhalten oft das Hören von Stimmen oder das Sehen von Dingen, die nicht vorhanden sind, während Wahnvorstellungen falsche Überzeugungen sind, die auch dann bestehen bleiben, wenn Beweise dagegen sprechen. Diese Symptome können die Realität verzerren und es für den Einzelnen schwierig machen, die Realität zu erkennen.

Negative Symptome spiegeln eine Verringerung oder einen Verlust normaler Funktionen wider. Den Betroffenen kann es an Motivation, vermindertem emotionalem Ausdruck und sozialem Rückzug mangeln. Aktivitäten, die einst Freude bereiteten, erscheinen möglicherweise nicht mehr attraktiv und die Pflege von Beziehungen kann schwierig werden. Diese Symptome können manchmal mit Faulheit oder Depression verwechselt werden, sie sind jedoch Teil der Störung und erfordern besondere Aufmerksamkeit und Behandlung.

Kognitive Symptome der Schizophrenie beeinträchtigen das Gedächtnis, die Aufmerksamkeit und exekutive Funktionen wie Planung und Entscheidungsfindung. Diese Symptome können zu Konzentrationsschwierigkeiten, Schwierigkeiten beim Befolgen von Anweisungen und beim Erledigen von Aufgaben führen. Menschen mit Schizophrenie haben möglicherweise Schwierigkeiten, ihre Gedanken zu ordnen und Informationen zu verstehen, was die Alltags- und Arbeitsleistung erheblich beeinträchtigen kann. Kognitive Symptome sind oft weniger auffällig als positive Symptome, können aber ebenso schwächend sein.

Die alleinige Diagnose einer Schizophrenie erfordert eine umfassende Beurteilung durch einen Psychologen. Der Prozess beginnt mit einer detaillierten Anamnese und einer Reihe von Untersuchungen, um andere Erkrankungen auszuschließen, die ähnliche Symptome verursachen könnten. Das Diagnostic and Statistical Manual of Mental Disorders (DSM-5) beschreibt die

Kriterien für Schizophrenie, zu denen das Vorhandensein von zwei oder mehr Kernsymptomen – wie Wahnvorstellungen, Halluzinationen, desorganisierte Sprache, desorganisiertes oder katatonisches Verhalten und negative Symptome – über einen erheblichen Zeitraum während eines Monats gehört. Darüber hinaus muss es zu einer spürbaren Verschlechterung der Leistungsfähigkeit bei der Arbeit, zwischenmenschlichen Beziehungen oder bei der Selbstfürsorge kommen.

Der Diagnoseprozess berücksichtigt auch die Dauer der Symptome. Für die Diagnose einer Schizophrenie müssen die Symptome mindestens sechs Monate anhalten, einschließlich eines Monats mit aktiven Symptomen. Dieses Kriterium der Dauer hilft dabei, Schizophrenie von kurzzeitigen psychotischen Störungen oder anderen psychischen Erkrankungen zu unterscheiden, die über einen kürzeren Zeitraum ähnliche Symptome hervorrufen könnten.

Ein wesentlicher Aspekt der Diagnose ist die Unterscheidung zwischen Schizophrenie und anderen psychischen Störungen wie der bipolaren Störung oder der schizoaffektiven Störung, bei denen sich die Symptome überschneiden können. Diese Differenzierung ist entscheidend, da sie den Behandlungsansatz leitet. Während beispielsweise Antipsychotika ein Eckpfeiler bei der Behandlung von Schizophrenie sind, können sich die Therapiestrategien und zusätzlichen Medikamente bei bipolaren Störungen erheblich unterscheiden.

Eine wirksame Diagnose und Behandlung erfordert die Zusammenarbeit zwischen Gesundheitsdienstleistern, Patienten und ihren Familien. Das Verständnis des gesamten Spektrums der Symptome und der strengen Diagnosekriterien trägt dazu bei, sicherzustellen, dass der Einzelne eine angemessene und rechtzeitige Versorgung erhält. Eine frühzeitige Intervention kann die Ergebnisse erheblich verbessern und Einzelpersonen dabei helfen, ihre Symptome in den Griff zu bekommen und ein erfüllteres Leben zu führen.

Die Komplexität dieser Symptome und die Einhaltung standardisierter Diagnosekriterien sind wesentliche Schritte zur Bereitstellung angemessener Pflege und Unterstützung für Menschen mit Schizophrenie. Indem sie die Diagnose mit Präzision und Einfühlungsvermögen angehen, können Fachkräfte für psychische Gesundheit Patienten dabei helfen, ihre Herausforderungen zu meistern und ihre Lebensqualität zu verbessern.

Eine wirksame Behandlung von Schizophrenie erfordert eine Kombination aus Medikamenten, Therapie und starken Unterstützungssystemen. Antipsychotika sind oft die erste Behandlungslinie, da sie dabei helfen, Symptome wie Halluzinationen und Wahnvorstellungen zu kontrollieren. Diese Medikamente wirken, indem sie die Wirkung von Neurotransmittern im Gehirn verändern und dadurch die Stimmung und Wahrnehmung stabilisieren. Es gibt zwei Haupttypen von Antipsychotika: typische und atypische. Atypische Antipsychotika sind neuer und werden im Allgemeinen aufgrund ihres geringeren Risikos schwerer Nebenwirkungen bevorzugt. Das Finden des richtigen Medikaments und der richtigen Dosierung kann ein Prozess des Versuchs und Irrtums sein, der eine genaue Überwachung durch medizinisches Fachpersonal erfordert.

Neben Medikamenten spielt die Psychotherapie eine entscheidende Rolle bei der Behandlung von Schizophrenie. Die kognitive Verhaltenstherapie (CBT) ist besonders wirksam, wenn es darum geht, Menschen dabei zu helfen, verzerrte Denkmuster und Verhaltensweisen zu erkennen und zu ändern. CBT bietet Werkzeuge zur Bewältigung alltäglicher Herausforderungen, zur Stressbewältigung und zur Verbesserung sozialer Fähigkeiten. In regelmäßigen Sitzungen lernen Einzelpersonen, frühe Warnzeichen für einen Rückfall zu erkennen und Strategien zu entwickeln, um diesen entgegenzuwirken. Dieser proaktive Ansatz kann die Häufigkeit und Schwere der Symptome erheblich reduzieren und so die allgemeine Lebensqualität verbessern.

Ein weiterer wertvoller therapeutischer Ansatz ist die unterstützende Psychotherapie, die sich auf den Aufbau einer starken therapeutischen Beziehung und die Bereitstellung praktischer Ratschläge für die Bewältigung des täglichen Lebens konzentriert. Diese Therapie kann Einzelpersonen dabei helfen, ihre Kommunikationsfähigkeiten zu verbessern, ihre Fähigkeit, sozial zu funktionieren, zu verbessern und ihr Selbstwertgefühl zu steigern. Gruppentherapie ist ebenfalls von Vorteil und bietet Einzelpersonen eine

Plattform, um Erfahrungen auszutauschen und Erkenntnisse von anderen zu gewinnen, die vor ähnlichen Herausforderungen stehen. Diese therapeutischen Interventionen funktionieren am besten, wenn sie auf die Bedürfnisse des Einzelnen unter Berücksichtigung seiner spezifischen Symptome und Umstände zugeschnitten sind.

Soziale Unterstützung und gemeinschaftliche Ressourcen sind unverzichtbare Bestandteile eines umfassenden Behandlungsplans für Schizophrenie. Die Unterstützung durch Familie und Freunde kann für emotionale Stabilität und Ermutigung sorgen und es einfacher machen, Behandlungspläne einzuhalten und den Alltagsstress zu bewältigen. Familienmitglieder können davon profitieren, über die Störung aufgeklärt zu werden, zu lernen, wie sie wirksame Unterstützung anbieten können, und zu verstehen, wie wichtig ihre Rolle im Behandlungsprozess ist. Peer-Selbsthilfegruppen bieten auch erhebliche Vorteile, da sie es Einzelpersonen ermöglichen, mit anderen in Kontakt zu treten, die ihre Erfahrungen verstehen und Empathie und Rat geben können.

Gemeinschaftsressourcen wie psychiatrische Kliniken, Berufsausbildungsprogramme und Wohnhilfe sind von entscheidender Bedeutung, um Menschen mit Schizophrenie dabei zu helfen, ein unabhängiges und erfülltes Leben zu führen. Diese Ressourcen können auf koordinierte Weise den Zugang zu notwendigen Dienstleistungen wie Medikamentenmanagement, Therapie und sozialen Diensten ermöglichen. Auf Menschen mit psychischen Erkrankungen zugeschnittene Beschäftigungsprogramme können ihnen dabei helfen, einen Arbeitsplatz zu finden und zu behalten, und so das Gefühl von Zielstrebigkeit und Leistung fördern. Darüber hinaus ist der Zugang zu sicherem und stabilem Wohnraum für die Schaffung eines Umfelds, das die Genesung begünstigt, von wesentlicher Bedeutung.

Die Integration dieser Elemente in einen zusammenhängenden Behandlungsplan erfordert die Zusammenarbeit zwischen Gesundheitsdienstleistern, Patienten und Unterstützungsnetzwerken. Regelmäßige Kommunikation und Koordination stellen sicher, dass alle Aspekte der Gesundheit und des Wohlbefindens des

Einzelnen berücksichtigt werden. Frühzeitiges Eingreifen und nachhaltige Unterstützung können bei der Behandlung von Schizophrenie einen erheblichen Unterschied machen, die Auswirkungen der Symptome verringern und die langfristigen Ergebnisse verbessern.

Eine wirksame Behandlung der Schizophrenie erfordert eine Kombination aus antipsychotischen Medikamenten, therapeutischen Interventionen wie CBT und starken sozialen Unterstützungssystemen. Jedes Element ist entscheidend, um Einzelpersonen dabei zu helfen, ihre Symptome zu bewältigen, ihre Lebensqualität zu verbessern und ihre persönlichen Ziele zu erreichen. Wenn wir einen ganzheitlichen Behandlungsansatz verfolgen, können wir Menschen mit Schizophrenie die notwendigen Werkzeuge und Unterstützung bieten, damit sie erfolgreich sein können.

Wenn wir über die Behandlung psychischer Störungen bei Erwachsenen sprechen, kann es leicht passieren, dass wir uns auf Therapiesitzungen, Medikamente oder diagnostische Hinweise konzentrieren. Obwohl all diese Dinge wichtig sind, habe ich im Laufe meiner Karriere festgestellt, dass es bei der Heilung nie nur darum geht, was auf einem Rezeptblock steht oder in einer klinischen Akte dokumentiert ist. Eine ordnungsgemäße und dauerhafte Genesung hängt oft von einem entscheidenden und manchmal übersehenen Faktor ab: der Verbindung. Soziale Unterstützung und Ressourcen der Gemeinschaft sind keine optionalen Ergänzungen zur Behandlung. Sie sind Grundpfeiler, die Erwachsenen helfen, mit psychischen Problemen umzugehen, sich zu stabilisieren und sogar zu gedeihen.

Lassen Sie mich damit beginnen, etwas zu sagen, was ich meinen Patienten bei der Erstbeurteilung oft sage: „Sie sind nicht dazu bestimmt, das alleine zu tragen." Diese Aussage überrascht die Leute normalerweise. Viele

Erwachsene, insbesondere solche aus marginalisierten Gemeinschaften, in Berufen mit hohem Druck oder in Pflegeberufen, haben den Glauben verinnerlicht, dass es eine Schwäche sei, um Hilfe zu bitten. Mit der Zeit kann dieser Glaube zu emotionaler Isolation führen, selbst wenn die Person weiterhin als Elternteil, Angestellter oder Partner fungiert. Aber das Funktionieren gedeiht nicht. Erwachsene brauchen ein Netzwerk, das über die Grenzen einer Klinik oder Therapeutenpraxis hinausgehen muss.

Soziale Unterstützung bedeutet mehr als nur die Nähe von Menschen. Es geht darum, die richtigen Leute um sich zu haben, die ohne Urteil zuhören, Ihre Erfahrungen bestätigen und in allen Höhen und Tiefen präsent bleiben. Unterstützende Beziehungen geben Erwachsenen mit psychischen Erkrankungen das Gefühl, gesehen, verstanden und wertgeschätzt zu werden. Untersuchungen haben wiederholt gezeigt, dass diese Art der emotionalen Sicherheit als Puffer gegen Stress wirkt, die Rückfallquote senkt und sogar die Behandlungsergebnisse bei Erkrankungen wie

Angstzuständen, Depressionen, bipolaren Störungen und Schizophrenie verbessert.

Doch wie sieht diese Unterstützung im wirklichen Leben aus? Es variiert. Für einige könnte es ein Ehepartner sein, der lernt, frühe Anzeichen von emotionalem Stress zu erkennen und ihn sanft dazu ermutigt, Bewältigungsstrategien zu üben. Für andere kann es ein Geschwisterkind sein, das wöchentlich Check-in-Anrufe macht, oder Freunde, die bei der Planung von Ausflügen auf sensorische Bedürfnisse eingehen. Es kann sich um eine Selbsthilfegruppe handeln, in der Menschen mit gemeinsamen Diagnosen zusammenkommen, um frei und ohne Angst vor einem Urteil zu sprechen. Obwohl diese Momente oberflächlich betrachtet klein sind, werden sie bei emotionalen Stürmen zu Rettungsinseln.

Und diese Art von Verbindung entsteht nicht einfach so. Es muss bewusst kultiviert werden. Ein Teil meiner Arbeit als Psychiater besteht darin, Patienten dabei zu helfen, herauszufinden, wer in ihrem Leben eine sichere und beständige Quelle der Unterstützung ist. Nicht jeder ist es. Manche Erwachsene leben in einer Umgebung, in der ihre psychischen Probleme heruntergespielt, falsch interpretiert oder sogar verspottet werden. Andere haben einen kulturellen oder religiösen Hintergrund, in dem psychische Erkrankungen als Tabu gelten. In solchen Fällen suchen wir außerhalb des unmittelbaren Kreises nach Peer-Support-Programmen, glaubensbasierten Diensten für psychische Gesundheit, kommunalen Zentren für psychische Gesundheit oder Wellness-Gruppen am Arbeitsplatz. Ziel ist immer, sicherzustellen, dass kein Erwachsener diesen Weg alleine gehen muss.

Lassen Sie uns nun über Community-Ressourcen sprechen, die oft die Lebensader für diejenigen sind, die nicht über starke persönliche Netzwerke verfügen. Zu diesen Ressourcen können strukturierte Programme wie psychosoziale Rehabilitation, Berufsausbildung, Wohnunterstützung und Transportdienste gehören. Dazu gehören Krisenreaktionsteams, Helplines, Nahrungsmittelhilfeprogramme und Wiederherstellungszentren. Diese Unterstützung ist besonders wichtig für Erwachsene, die sich in finanziellen Schwierigkeiten, Arbeitslosigkeit, Obdachlosigkeit oder rechtlichen Problemen aufgrund einer unbehandelten psychischen Erkrankung befinden.

Wenn ein Erwachsener durch meine Betreuung in Behandlung kommt, versuche ich immer, ihn mit mindestens einer gemeindebasierten Unterstützung zu verbinden. Dies könnte bedeuten, sie mit NAMI (National Alliance on Mental Illness) zu verbinden, wo sie Zugang zu Bildungsworkshops und von Gleichaltrigen geleiteten Gruppen haben. Das könnte bedeuten, sie an Assertive Community Treatment (ACT)-Teams zu verweisen, multidisziplinäre Gruppen, die Menschen mit schweren psychischen Erkrankungen rund um die Uhr betreuen. In städtischen Gebieten können mobile Kriseneinheiten die Menschen in Echtzeit erreichen und so die Notwendigkeit von Polizeieinsätzen oder Krankenhausaufenthalten reduzieren. In ländlichen Gebieten werden Telemedizin-Selbsthilfegruppen bahnbrechend, insbesondere für diejenigen, die keinen Zugang zu lokalen Diensten haben.

Ein Paradebeispiel stammt von einer meiner Patientinnen, Eliza, einer 53-jährigen Frau, die an einer schweren depressiven Störung leidet. Nach zwei stationären Aufenthalten und Jahren schwankender Medikamenteneinhaltung wurde uns klar, dass uns nicht nur ein besserer Medikamentenplan fehlte; Es war ein Unterstützungsplan. Sie lebte allein, arbeitslos und ohne Verbindung zu ihrer Gemeinschaft. Ich verwies sie an ein örtliches Tagesprogramm mit Gruppentherapie, Kunstkursen und gemeinsamen Mahlzeiten. Sie begann auch, an einer Peer-Selbsthilfegruppe für Frauen mit Depressionen teilzunehmen. Mit der Zeit brachten diese Verbindungen wieder Rhythmus und Bedeutung in ihre Tage. Ihre Stimmung stabilisierte sich, sie nahm ihre Teilzeitarbeit wieder auf und begann, sich mit neuem Ziel um sich selbst zu kümmern. Was sie veränderte, war nicht nur die klinische Betreuung; Das Netz sozialer Verbindungen hielt sie an Ort und Stelle.

Der Zugang zu diesen Community-Ressourcen ist jedoch nicht immer gleichberechtigt. Viele Erwachsene fallen aufgrund von Sprachbarrieren, Stigmatisierung, Transportbeschränkungen oder mangelndem Bewusstsein immer noch durch das Raster. Hier kommt die

Interessenvertretung ins Spiel. Gesundheitsdienstleister, Familienmitglieder und Patienten können dabei helfen, diese Lücke zu schließen. Ich rate Betreuern und Fachleuten oft dazu, eine Arbeitsliste mit lokalen und nationalen Organisationen zu führen, die Unterstützungsdienste, Hotlines und Bildungsressourcen anbieten. Diese Werkzeuge können den Unterschied zwischen Überleben und Stabilisierung ausmachen.

Lassen Sie mich auch die Bedeutung der Unterstützung am Arbeitsplatz und in der Einrichtung betonen. Erwachsene verbringen einen erheblichen Teil ihres Lebens im beruflichen Umfeld, und dennoch haben viele aufgrund möglicher Diskriminierung Angst davor, ihre psychischen Erkrankungen offenzulegen. Wir brauchen Arbeitgeber, die Richtlinien zur psychischen Gesundheit einführen, Mitarbeiterhilfsprogramme (EAPs) anbieten, Tage zur psychischen Gesundheit anbieten und Kulturen schaffen, in denen Verletzlichkeit nicht bestraft, sondern unterstützt wird. Der Arbeitsplatz sollte kein Ort sein, an dem die psychische Gesundheit verborgen bleibt; Es sollte ein Ort sein, an dem das Wohlbefinden geschützt ist.

Auch Glaubens- und Kulturgemeinschaften spielen eine einzigartige Rolle. In vielen Fällen sind sie die erste Anlaufstelle für jemanden, der sich in einer emotionalen Notlage befindet. Wenn Pastoren, Imame, Rabbiner und spirituelle Führer über psychische Gesundheit aufgeklärt werden und mit klinischen Fachleuten zusammenarbeiten, können sie spirituellen Trost und fundierte Empfehlungen geben. Ich habe mit Kirchen zusammengearbeitet, die Messen zur psychischen Gesundheit veranstalteten. Diese Moscheen öffneten ihre Türen für Therapeuten und Gemeindezentren, die Familienbildungsgruppen leiteten und so zu früherer Intervention und besseren Ergebnissen beitrugen.

Digitale Communities bieten nun eine zusätzliche Ebene der Unterstützung. Mit dem Aufkommen virtueller Therapieplattformen, Online-Selbsthilfegruppen und Foren zur psychischen Gesundheit können Erwachsene auf Kontakt und Beratung zugreifen, auch wenn keine physische Anwesenheit möglich ist. Auch wenn digitale Unterstützung niemals die professionelle Betreuung ersetzen sollte, kann sie diese ergänzen, insbesondere für diejenigen, die sich in ihrem unmittelbaren Umfeld isoliert oder stigmatisiert fühlen. Dennoch warne ich Patienten davor, moderierte, seriöse Plattformen aufzusuchen, da Fehlinformationen und Negativität manchmal mehr schaden als nützen können.

In jedem Aspekt der Behandlung und Unterstützung müssen wir Erwachsenen eine einfache, aber tiefgreifende Botschaft vermitteln: Sie sind nicht allein. Es gibt eine Community für Sie. Manche Menschen verstehen, was Sie klinisch, emotional und spirituell durchmachen. Heilung ist kein Einzelfall. Es ist eine gemeinsame Erfahrung, die auf Mitgefühl, Empathie und konsequenter Fürsorge basiert.

Ich betone hier, dass Heilung oft nichtlinear verläuft. Erwachsene werden Rückschläge erleiden. Die Symptome können wieder auftreten. Lebensstressoren können den Fortschritt beeinträchtigen. Aber mit einem starken Unterstützungsnetzwerk und Zugang zu den richtigen Ressourcen wird die Genesung zu einem Prozess der Belastbarkeit und nicht der Perfektion. Das Ziel besteht nicht darin, den Kampf zu beseitigen. Das Ziel besteht darin, ein Leben aufzubauen, in dem Schwierigkeiten mit Stärke, Stabilität und Unterstützung begegnet werden können.

Die psychische Gesundheit der Gemeinschaft muss auf allen Ebenen Vorrang haben, von der Bundesfinanzierung bis hin zu lokalen Programmen, Schulberatern und Stadtplanern. Wir können psychische Erkrankungen nicht isolieren und von den Menschen erwarten, dass sie heilen. Wir müssen physische und emotionale Räume schaffen, in denen Menschen so willkommen sind, wie sie sind, und in denen sie dabei unterstützt werden, zu dem zu werden, was sie sein möchten.

Ich möchte jeden Erwachsenen, der dies liest, dazu ermutigen, darüber nachzudenken, wer und was sein Wohlbefinden unterstützt. Wen rufst du an, wenn es schwierig wird? In welchen Räumen fühlen Sie sich gesehen und sicher? Wenn Sie niemanden oder irgendetwas nennen können, bedeutet das nicht, dass Sie versagt haben. Das bedeutet, dass Sie noch nicht verbunden waren und die Verbindung trotzdem möglich ist. Beginnen Sie mit einem Gespräch. Wenden Sie sich an eine Organisation. Melden Sie sich bei einer Selbsthilfegruppe. Manchmal reicht das aus, um eine Gemeinschaft rund um Ihre Genesung aufzubauen.

Und an meine Kollegen und Betreuer: Setzen Sie sich weiterhin für eine zugängliche, kulturell kompetente und personenzentrierte Pflege ein. Machen Sie es sich zur Aufgabe, Ihren Patienten mehr als nur Medikamente zu bieten. Verbinden Sie sie mit Sinn, Gemeinschaft und Hoffnung.

Da Heilung relational ist, lebt sie von der Unterstützung. Und es ist immer, immer möglich.

KAPITEL 5: STIGMATISIERUNG ABBAUEN

Im Laufe meiner Praxis habe ich herausgefunden, dass eines der hartnäckigsten Hindernisse für die Genesung der psychischen Gesundheit nicht die Diagnose selbst ist; es ist die Stille, die es umgibt. Stigmatisierung in all ihren subtilen und offensichtlichen Formen hält viel zu viele Erwachsene davon ab, die Hilfe zu suchen, die sie brauchen. Es prägt die Art und Weise, wie die Gesellschaft psychische Erkrankungen betrachtet, wie Familien auf in Not geratene Angehörige reagieren und wie Einzelpersonen über sich selbst denken. Um in der psychischen Gesundheitsversorgung wirklich Fortschritte zu machen, müssen wir mehr tun, als nur Behandlungen anzubieten; Wir müssen die Mauern aus Missverständnissen, Angst und Scham abbauen, die Menschen daran hindern, darauf zuzugreifen.

Stigmatisierung zeigt sich in alltäglichen Gesprächen und institutionellen Richtlinien. Es schleicht sich durch veraltete Überzeugungen in Familien ein. Es dringt durch unausgesprochene Regeln in die Arbeitsplätze ein. Es existiert in Gesundheitssystemen, in denen Menschen mit psychischen Erkrankungen oft als Patienten zweiter Klasse behandelt werden. Und tragischerweise zeigt es sich im inneren Dialog der meisten Menschen, die Unterstützung brauchen. Ich habe unzähligen Erwachsenen gegenüber gesessen, die ihre Symptome wie Geständnisse flüstern, aus Angst, dass schon die Nennung ihres Zustands ihre Wahrnehmung verändern könnte. Sie fragen oft: „Werden die Leute mich für gefährlich halten?" oder „Werde ich meinen Job verlieren?" oder, noch schmerzhafter: „Bin ich schwach, weil ich mich so fühle?"

Die Antwort auf all diese Fragen ist ein klares Nein. Aber Antworten allein reichen nicht aus. Wir brauchen einen kollektiven Wandel in der Art und Weise, wie wir über psychische Erkrankungen sprechen, wie wir darauf reagieren und wie wir diejenigen, die damit leben, in jeden Aspekt des Lebens einbeziehen. Der Abbau von Stigmatisierung ist nicht nur eine soziale Angelegenheit; Es ist eine Priorität der öffentlichen Gesundheit.

Sprache ist eines unserer mächtigsten Werkzeuge. Die Worte, die wir verwenden, haben Gewicht. Wenn wir sagen, dass jemand „bipolar" ist, anstatt zu sagen, dass er

„eine bipolare Störung hat", verwandeln wir eine Krankheit in eine Identität. Wenn wir jemanden beiläufig als „verrückt" bezeichnen oder seine Probleme als „alles in seinem Kopf" abtun, verstärken wir schädliche Stereotypen. Diese Art von Sprache nährt eine Kultur der Scham, ob beabsichtigt oder nicht. Als Fachkräfte im Bereich der psychischen Gesundheit, Betreuer, Pädagogen und Anwälte müssen wir bewusst Worte verwenden, die die Würde respektieren und Empathie widerspiegeln.

Bildung ist eine weitere wesentliche Strategie. Viele Erwachsene wissen immer noch nicht, was psychische Erkrankungen sind. Sie verlassen sich auf das, was sie in Filmen oder sozialen Medien gesehen haben, und konsumieren oft übertriebene oder ungenaue Darstellungen. Je mehr wir durch Bücher, Seminare, Schulungen am Arbeitsplatz und Gespräche in der Gemeinschaft aufklären, desto mehr ersetzen wir Mythen durch Fakten. Wenn Menschen erfahren, dass fast 20 % der Erwachsenen von Angststörungen betroffen sind oder dass Schizophrenie eine neurobiologische Krankheit und kein Charakterfehler ist, beginnen sie die Realität hinter dieser Bezeichnung zu verstehen.

Persönliche Geschichten haben die einzigartige Kraft, die Wahrnehmung zu verändern. Ich habe aus erster Hand miterlebt, wie sich Stigmatisierung auflöst, wenn jemand mutig in eigenen Worten über seine Reise mit Depressionen, posttraumatischen Belastungsstörungen oder Schizophrenie berichtet. Diese Geschichten vermenschlichen die Statistiken. Sie erinnern uns daran, dass hinter jeder Diagnose ein Mensch mit Träumen, Ängsten, Stärken und Werten steht. Wenn Erwachsene über ihre gelebten Erfahrungen sprechen, insbesondere diejenigen in Führungspositionen, öffentlichen Positionen oder Pflegeberufen, erlauben sie anderen, dasselbe zu tun. Verletzlichkeit wird in diesem Sinne zu einem Akt des Widerstands. Und Mut wird ansteckend.

Das Stigma betrifft jedoch nicht nur die öffentliche Meinung; es hat auch sehr reale Auswirkungen auf die Behandlungsergebnisse. Erwachsene, die Angst davor haben, abgestempelt zu werden, verzögern oft die Suche nach Hilfe oder vermeiden es ganz. Manche brechen die

Einnahme von Medikamenten ab, weil sie Angst vor einem Urteil haben. Andere geben den Ärzten ihre Symptome nicht bekannt, was zu Fehldiagnosen oder mangelnder Pflege führt. Wieder andere isolieren sich und verbergen ihren Kampf vor Freunden und Familie. Das Ergebnis ist eine Verschlechterung der Symptome, unnötiges Leiden und manchmal sogar der Verlust von Menschenleben. Deshalb geht es bei der Überwindung des Stigmas nicht nur darum, die Meinung zu ändern, sondern auch Leben zu retten.

Vor allem Unternehmen müssen sich der stillen Stigmatisierung der Arbeitnehmer stärker bewusst werden. Leistungsfähige Fachkräfte mit Depressionen oder Angstzuständen erhalten oft keine Unterstützung, weil ihre Leistung ihre Schmerzen verdeckt. Tage der psychischen Gesundheit werden selten angeboten oder respektiert. Offenlegung ist riskant. Das muss sich ändern. Arbeitgeber müssen Kulturen schaffen, in denen emotionales Wohlbefinden neben Produktivität Vorrang hat. Das Angebot von Schulungen zur psychischen Gesundheit für Manager, die Sicherstellung vertraulicher

Unterstützung durch Mitarbeiterhilfsprogramme und die Normalisierung von Gesprächen über Burnout und Stress sind Schritte zum Aufbau eines sichereren und integrativeren Arbeitsumfelds.

Auch Familien und Gemeinschaften spielen eine entscheidende Rolle. Ich habe mit vielen Erwachsenen gearbeitet, deren Genesung erst einsetzte, nachdem ein Elternteil, Ehepartner oder Geschwister vom Urteilsvermögen zum Mitgefühl übergegangen war. Ein Patient, ein Mann mittleren Alters mit bipolarer Störung, erzählte mir einmal, dass seine Heilung erst an dem Tag begann, an dem sein Bruder sagte: „Ich verstehe nicht ganz, was Sie durchmachen, aber ich glaube Ihnen. Und ich bin hier." Diese einfache Aussage, ohne Rat, Korrektur oder Skepsis, war wirksamer als jedes Rezept.

Auch Glaubensgemeinschaften, Kulturgruppen und soziale Institutionen können zu Vorreitern werden. Indem sie Bildung, Zuhörerräume und integrative Nachrichtenübermittlung anbieten, können sie als Brücke zwischen psychiatrischen Diensten und denen dienen, die sonst vielleicht zögern würden, sich zu engagieren. Viele

Erwachsene finden Stärke in der spirituellen oder kulturellen Identität, und wenn diese Identitäten die psychische Gesundheitsversorgung befürworten statt abzulehnen, wird der Heilungsprozess gestärkt.

Natürlich sind Politik und Interessenvertretung entscheidende Teile des Puzzles. Wir müssen weiterhin auf Versicherungsparität, eine Aufstockung der Finanzierung kommunaler psychischer Gesundheitsdienste und einen besseren Zugang zur Versorgung in unterversorgten Gebieten drängen. Wir müssen uns für eine Forschung einsetzen, die unterschiedliche Bevölkerungsgruppen und Behandlungsmodelle widerspiegelt, die den gesamten Menschen und nicht nur seine Diagnose berücksichtigen. Beim Abbau von Stigmatisierung geht es nicht nur um Freundlichkeit. Es geht um Gerechtigkeit.

Als Kliniker weiß ich, wie wichtig es ist, selbst nicht-stigmatisierendes Verhalten zu modellieren. Wenn ein Patient meine Praxis betritt, sehe ich nicht nur seine Symptome; Ich sehe ihre ganze Geschichte. Ich spreche respektvoll und kooperativ. Ich beziehe sie in Behandlungsentscheidungen ein. Ich bitte um ihre

Einsicht und ihren Input. Dies ist nicht nur eine gute Praxis; Es ist Teil der Stigmatisierung in Echtzeit. Jede Interaktion kann die Scham entweder verstärken oder abbauen.

Jeder Erwachsene, der dies liest und jemals das Gefühl hatte, verurteilt zu werden, weil er Hilfe suchte, missverstanden zu werden, weil er Probleme hatte, oder abgestempelt zu werden, weil er mit seiner Diagnose zu kämpfen hatte, möchte bitte wissen, dass seine Erfahrung berechtigt ist. Dein Schmerz ist real. Und Ihr Wert wird niemals durch Ihren Zustand definiert. Du bist nicht „weniger als". Du bist nicht „zu viel". Sie verdienen Respekt, Fürsorge und Heilung.

Und an alle Betreuer, Anbieter, Pädagogen oder Fürsprecher: Stellen Sie weiterhin die kleinen Kommentare, die leichtfertigen Entlassungen und die veralteten Überzeugungen in Frage. Sprechen Sie, wenn andere schweigen. Schaffen Sie am Tisch Platz für alle Erwachsenen mit psychischen Problemen. Sie sind keine Außenseiter; sie sind wir. Wir brauchen einander, um eine Welt zu schaffen, in der Heilung möglich ist, Scham unnötig ist und Stigmatisierung endlich der Vergangenheit angehört.

Wenn wir das Stigma brechen, schaffen wir Raum für Wahrheit, Fürsorge und für eine Gesellschaft, die psychische Gesundheit nicht als Tabu, sondern als grundlegenden Bestandteil des menschlichen Wohlbefindens betrachtet.

Das Stigma rund um die psychische Gesundheit stellt nach wie vor ein erhebliches Hindernis für Erwachsene dar, die Hilfe suchen. Dies äußert sich oft in negativen Stereotypen und falschen Vorstellungen über Menschen, die unter psychischen Erkrankungen leiden. Dieses Stigma kann zu Diskriminierung, sozialer Ausgrenzung und mangelnder Unterstützung führen, was die Herausforderungen für diejenigen, die mit psychischen Problemen zu kämpfen haben, nur noch verschärft. Wenn die Gesellschaft psychische Erkrankungen als persönliches Versagen oder Zeichen von Schwäche ansieht, schafft sie ein Umfeld, in dem sich der Einzelne schämt oder Angst davor hat, seine Probleme anzuerkennen.

Die Auswirkungen der Stigmatisierung auf Menschen sind tiefgreifend. Es kann dazu führen, dass man negative Wahrnehmungen verinnerlicht, was zu Scham-, Schuldgefühlen und einem geringen Selbstwertgefühl führt. Dieses verinnerlichte Stigma kann Menschen davon abhalten, die Hilfe zu suchen, die sie brauchen, weil sie entweder Angst vor einem Urteil haben oder glauben, dass sie ihre Probleme selbst in den Griff bekommen sollten. Diese Zurückhaltung, Hilfe zu suchen, führt häufig zu längerem Leiden und kann dazu führen, dass Menschen keinen Zugang zu potenziell lebensrettenden Behandlungen erhalten.

Stigmatisierung wirkt sich auch darauf aus, wie am Arbeitsplatz mit der psychischen Gesundheit umgegangen wird. Mitarbeiter haben möglicherweise Angst, ihre psychischen Erkrankungen offenzulegen, weil sie Bedenken hinsichtlich der Arbeitsplatzsicherheit haben oder von Kollegen und Vorgesetzten unterschiedlich behandelt werden. Dies kann zu einem Mangel an Unterkünften oder Unterstützung führen, wodurch es für Menschen mit psychischen Problemen schwieriger wird, effektive Leistungen zu erbringen und ihren Arbeitsplatz zu behalten. Unternehmen, die es versäumen, ein integratives Umfeld zu fördern, laufen Gefahr, wertvolle Mitarbeiter zu verlieren und eine Kultur des Schweigens über die psychische Gesundheit zu schaffen.

Die Bekämpfung von Stigmatisierung erfordert konzertierte Anstrengungen sowohl auf individueller als auch auf gesellschaftlicher Ebene. Öffentliche Aufklärungskampagnen, die genaue Informationen über psychische Erkrankungen liefern, können dazu beitragen, Mythen zu zerstreuen und Ängste abzubauen. Diese Kampagnen sollten hervorheben, dass psychische Probleme weit verbreitet und behandelbar sind, und die Menschen dazu ermutigen, ohne Scham Hilfe zu suchen. Persönliche Geschichten von Menschen, die ihre psychischen Probleme erfolgreich bewältigt haben, können ebenfalls eine entscheidende Rolle dabei spielen, die Wahrnehmung zu verändern und Empathie zu fördern.

Es ist von entscheidender Bedeutung, einen offenen Dialog über psychische Gesundheit in verschiedenen Umgebungen, einschließlich am Arbeitsplatz, in Schulen und in Gemeinden, zu führen. Die Ermutigung zu diesen Gesprächen trägt dazu bei, psychische Probleme zu normalisieren und verringert die Angst, die mit der Diskussion darüber verbunden ist. Schulungsprogramme für Arbeitgeber und Arbeitnehmer können auch eine integrativere Arbeitsplatzkultur fördern und sicherstellen, dass sich Menschen mit psychischen Erkrankungen unterstützt und wertgeschätzt fühlen.

Letztendlich ist die Rolle der Stigmatisierung bei der psychischen Gesundheit eine erhebliche Hürde, die angegangen werden muss, um das Wohlbefinden von Erwachsenen mit psychischen Erkrankungen zu verbessern. Dieser Wandel kommt Menschen mit psychischen Problemen zugute und bereichert die breitere Gemeinschaft durch die Förderung von Mitgefühl und Inklusivität.

Täglich kommen Erwachsene aus allen Gesellschaftsschichten durch meine Bürotüren und tragen Lasten, die sie nicht immer benennen können. Einige haben mit Angstzuständen, Depressionen, bipolaren Störungen oder Schizophrenie zu kämpfen. Andere versuchen einfach, mit überwältigendem Stress oder emotionalem Burnout umzugehen. Aber unabhängig von ihrem Zustand zieht sich oft ein gemeinsamer Faden durch ihre Geschichten: die schwere Last der Stigmatisierung.

Wenn es um die psychische Gesundheit geht, ist Stigmatisierung mehr als nur ein negatives Etikett; Es ist eine unsichtbare Kraft, die prägt, wie Erwachsene sich selbst wahrnehmen und wie die Welt auf ihren Schmerz reagiert. Es kann laut und grausam oder leise und heimtückisch sein. Es kann aus der Gesellschaft, den Familien, dem Arbeitsplatz und, was am schmerzhaftesten ist, von innen kommen. Und der Schaden, den es anrichtet, geht oft tiefer als die Erkrankung selbst.

Ich habe mit Erwachsenen gearbeitet, die Jahre, manche sogar Jahrzehnte gewartet haben, bevor sie Hilfe suchten.

Nicht weil ihre Symptome nicht schwerwiegend waren, sondern weil sie Angst hatten, was es bedeuten würde, Hilfe zu bekommen. Eine Patientin, eine 41-jährige Krankenschwester, erzählte mir: „Ich wusste, dass ich an Depressionen leide, aber ich wollte nicht, dass es jemand am Arbeitsplatz erfährt. Sie würden anfangen, meine Kompetenz in Frage zu stellen." Eine andere, eine Lehrerin und Mutter von drei Kindern, sagte: „Ich hatte Angst, dass meine Kinder mir weggenommen würden, wenn ich zugeben würde, dass es mir nicht gut geht." Diese Ängste sind nicht irrational. Sie haben ihre Wurzeln in echten Geschichten, echter Diskriminierung und sehr realen Konsequenzen, mit denen viel zu viele Erwachsene konfrontiert wurden.

Die inneren Auswirkungen der Stigmatisierung sind besonders herzzerreißend. Wenn jemand anfängt zu glauben, dass er fehlerhaft, schwach oder „verrückt" ist, weil er psychische Probleme hat, beginnt sein Selbstwertgefühl zu schwinden. Sie stellen möglicherweise ihre Fähigkeiten in Frage, sind von anderen isoliert oder haben sogar das Gefühl, dass sie weder Liebe noch Erfolg verdienen. Dieses Selbststigma führt nicht nur dazu, dass sich die Menschen schlechter fühlen; es beeinträchtigt aktiv die Genesung. Es kann Menschen davon abhalten, Medikamente einzunehmen, Therapietermine abzusagen oder ehrlich zu ihren Gesundheitsdienstleistern zu sein. Es erzeugt Scham, Heimlichkeit und Schweigen, nichts fördert jedoch die Heilung.

Und doch sieht Stigmatisierung nicht immer wie Grausamkeit aus. Manchmal trägt es ein höfliches Gesicht. Es ist der Freund, der das Thema wechselt, wenn Sie Ihre geistige Gesundheit zur Sprache bringen. Es ist der Arbeitgeber, der über Ihre Offenlegung lächelt, Sie dann aber stillschweigend bei Chancen übergeht. Das Familienmitglied fordert Sie auf, „stärker zu beten" oder „sich einfach auf das Positive zu konzentrieren", anstatt zuzuhören. Diese Momente mögen nicht bösartig erscheinen, aber sie senden dennoch eine klare Botschaft: Ihre geistige Gesundheit ist unangenehm, unbequem oder nicht gültig.

Bei Erwachsenen aus marginalisierten Gemeinschaften wird die Stigmatisierung oft durch kulturelle, rassische oder religiöse Narrative verstärkt. In vielen Kulturen werden psychische Erkrankungen als spirituelles Versagen, als familiäre Schande oder als etwas angesehen, das um jeden Preis verborgen bleiben muss. Ich habe unzählige Gespräche mit Klienten aus Minderheiten geführt, denen von Kindheit an beigebracht wurde, stark zu sein, durchzuhalten und sich von niemandem zusehen zu lassen, wie sie kämpfen. Obwohl diese Botschaften schützend wirken sollen, können sie zu Käfigen werden, die leidende Menschen schweigend halten.

Der Arbeitsplatz ist ein weiterer wichtiger Bereich, in dem Stigmatisierung Schaden anrichtet. Erwachsene haben möglicherweise Angst, ihren Arbeitsplatz zu verlieren, ihren Ruf zu schädigen oder von Kollegen anders behandelt zu werden, wenn sie eine Diagnose preisgeben. Und in manchen Fällen sind diese Befürchtungen berechtigt. Trotz wachsendem Bewusstsein und Antidiskriminierungsgesetzen gibt es immer noch Diskriminierung bei Einstellungen, Beförderungen und der Dynamik am Arbeitsplatz. Solange die psychische Gesundheit nicht mit der gleichen Ernsthaftigkeit und

Sensibilität behandelt wird wie die körperliche Gesundheit, werden viele Erwachsene ihre Probleme weiterhin hinter erzwungenem Lächeln und Überarbeitung verbergen.

Auch Beziehungen können leiden. Stigmatisierung kann Partner daran hindern, offene Gespräche über psychische Gesundheit zu führen, was zu Missverständnissen, Groll oder emotionaler Distanz führt. Ich habe erlebt, dass Ehen scheiterten, weil ein Ehepartner nicht wusste, wie er den anderen unterstützen sollte, oder weil sich der Partner mit einer psychischen Erkrankung als Belastung fühlte. Freundschaften können angespannt werden. Eltern interpretieren die Symptome ihrer erwachsenen Kinder möglicherweise fälschlicherweise als Faulheit, Verantwortungslosigkeit oder Trotz, ohne zu bemerken, dass sie Zeuge eines echten psychischen Kampfes sind.

In schwereren Fällen kann Stigmatisierung sogar lebensrettende Eingriffe verhindern. Erwachsene, die mit Suizidgedanken zu kämpfen haben, sagen es vielleicht niemandem, weil sie befürchten, ins Krankenhaus eingeliefert oder verurteilt zu werden. Sie haben möglicherweise das Gefühl, keinen sicheren Raum zu haben, um zuzugeben, was sie durchmachen. Wenn Schweigen zur Norm wird, steigt das Krisenrisiko.

Aber trotz alledem habe ich die Macht dessen gesehen, was passiert, wenn Stigmatisierung in Frage gestellt wird. Wenn Erwachsenen geglaubt, unterstützt und umarmt wird, nicht trotz ihrer psychischen Probleme, sondern unter Einbeziehung dieser, beginnen sie anders zu heilen. Sie hören auf, sich zu verstecken. Sie beginnen zu sprechen. Sie treten mit neuem Selbstvertrauen und neuer Klarheit in ihr eigenes Leben ein. Und auch die Menschen um sie herum beginnen sich zu verändern.

Einer meiner Patienten, ein 48-jähriger leitender Angestellter, der jahrelang mit Panikattacken zu kämpfen hatte, erzählte es schließlich seinem Team, nachdem er wiederholt die Arbeit verpasst hatte. Zu seiner Überraschung kam ein Kollege unter Tränen in sein Büro und sagte: „Ich habe mit der gleichen Sache zu kämpfen, aber ich hätte nie gedacht, dass ich es laut aussprechen könnte." So einfach es auch war, dieser Moment löste an ihrem Arbeitsplatz eine Welle der Offenheit und Empathie aus. Eine Stimme schuf Raum für viele weitere.

So sieht es aus, Stigmatisierung zu überwinden: Es sind nicht immer große, tiefgreifende Veränderungen, aber ehrliche Gespräche, stille Taten des Mutes und die Verpflichtung, die psychische Gesundheit mit dem Mitgefühl zu behandeln, das sie verdient.

Wenn Sie ein Erwachsener sind, der den Stich der Stigmatisierung gespürt hat, wenn Sie jemals abgewiesen, falsch eingeschätzt oder das Gefühl bekommen haben, dass Ihre geistige Gesundheit „schlechter als" ist, müssen Sie sich das anhören: Sie sind nicht Ihre Diagnose. Sie sind nicht allein. Und dein Schmerz macht dich nicht schwach; es macht dich menschlich.

Und wenn Sie jemand sind, der die Macht hat, Raum zu schaffen, sich zu äußern oder andere zu unterstützen, dann tun Sie es. Seien Sie der Kollege, der ohne Urteil zuhört. Seien Sie der Freund, der präsent bleibt, wenn es unangenehm wird. Seien Sie das Familienmitglied, das Empathie dem Rat vorzieht. Ihre Antwort könnte sein, warum jemand beschließt, weiterzumachen, Hilfe zu suchen oder wieder an sich selbst zu glauben.

Es gibt einen Moment, den ich in meiner klinischen Arbeit immer wieder gesehen habe. Ein Patient betritt den Raum, zögert einen Moment, atmet dann schließlich aus und sagt: „Ich hätte früher kommen sollen." Und hinter diesem einzigen Satz verbirgt sich eine Geschichte von Monaten, manchmal Jahren stillen Leidens. Warum die Verzögerung? In vielen Fällen ging es nicht um Zugang oder Kosten. Es war ein Stigma. Diese mächtige, unsichtbare Mauer überzeugt Erwachsene dazu, ihren Schmerz herunterzuspielen, ihre Kämpfe zu verbergen und ihre Pflegewürdigkeit in Frage zu stellen.

Stigmatisierung beeinflusst nicht nur die Einstellung von Menschen zu psychischen Erkrankungen; es gestaltet aktiv, ob und wie sie Hilfe suchen. Wenn Erwachsene die Scham über ihr emotionales Wohlbefinden verinnerlichen, kann sich der Gedanke, um Unterstützung zu bitten, wie ein Eingeständnis des Scheiterns anfühlen. Es wird einfacher, ruhig zu bleiben, auf ungesunde Weise mit sich selbst umzugehen oder zu warten, bis die Symptome einen

Bruchpunkt erreichen. Ich habe mit Führungskräften gesprochen, die befürchteten, dass es zu beruflichen Konsequenzen kommen würde, wenn sie ihre Ängste offenlegen würden. Ich habe alleinerziehende Eltern beraten, die befürchteten, sie könnten als untauglich eingestuft werden, wenn sie depressive Episoden eingestehen würden. Und ich habe unzählige andere getroffen, die nicht glaubten, dass ihre Schmerzen „schwer genug" seien, um eine Behandlung zu rechtfertigen.

Diese Überzeugungen sind kein Zufall. Sie sind durch jahrelange kulturelle Botschaften, familiäre Einstellungen und gesellschaftliche Missverständnisse absorbiert. Wenn Sie in dem Glauben erzogen wurden, dass psychische Erkrankungen Schwäche bedeuten, dass Therapie nur etwas für „verrückte Menschen" ist oder dass Medikamente Sie abhängig machen, ist es keine Überraschung, dass sich der Gang in die Praxis eines Psychiaters wie das Überschreiten feindlicher Grenzen anfühlt. Selbst in der heutigen Welt, in der wir offener über psychische Gesundheit sprechen, bleiben diese

Stigmata bestehen, manchmal in subtilerer oder raffinierterer Sprache, aber genauso schädlich.

Eine Verzögerung der Pflege hat reale Konsequenzen. Aus klinischen Erkenntnissen wissen wir, dass eine frühzeitige Intervention die langfristigen Ergebnisse bei Erkrankungen wie Depression, bipolarer Störung und Schizophrenie erheblich verbessern kann. Je früher wir unterstützen können, desto effektiver ist die Reaktion. Wenn Erwachsene warten, können sich die Symptome verfestigen, Beziehungen können sich belasten oder zerbrechen und die Fähigkeit des Gehirns, sich zu erholen, kann nachlassen. Ich habe mit Erwachsenen gearbeitet, die, wenn sie früher Hilfe gesucht hätten, einen Krankenhausaufenthalt, den Verlust des Arbeitsplatzes oder eine tiefe Isolation hätten vermeiden können. Und hier geht es nicht um Schuld. Es geht darum zu erkennen, wie Stigmatisierung jemanden stillschweigend vom Wohlbefinden abhält.

Selbst wenn Erwachsene sich melden, kann Stigmatisierung sie bis in den Behandlungsprozess hinein begleiten. Manche fühlen sich möglicherweise unwohl, wenn sie im Wartezimmer eines Therapeuten gesehen werden. Andere lehnen möglicherweise Medikamente ab, weil sie befürchten, wie sie von Partnern, Arbeitgebern oder sogar ihren Kindern wahrgenommen werden. Ich hatte einmal einen Patienten, der sein Antidepressivum absetzte, weil ein Kollege beiläufig bemerkte: „Menschen, die diese Pillen einnehmen, verschleiern nur echte Probleme." Diese beiläufige Bemerkung machte wochenlange Fortschritte zunichte. Und das ist die subtile Gefahr der Stigmatisierung; Es muss nicht immer angeschrien werden, um effektiv zu sein. Ein Hauch von Zweifel reicht oft aus.

Auch die Unterstützungssysteme sind stark betroffen. Wenn in einer Familie oder Gemeinschaft Stigmatisierung herrscht, fühlen sich Erwachsene mit psychischen Problemen möglicherweise nicht in der Lage, sich den Menschen anzuvertrauen, die ihnen am nächsten stehen. Anstelle von Ermutigung stoßen sie möglicherweise auf Entlassung, spirituelle Plattitüden oder den Vorwurf, dramatisch zu sein. Ohne Validierung ist die Wahrscheinlichkeit, dass Einzelpersonen eine Behandlung fortsetzen oder fortführen, weitaus geringer. Es ist nicht ungewöhnlich, dass Patienten sagen: „Ich glaube nicht, dass es irgendjemand verstehen würde" oder noch schlimmer: „Es würde niemanden interessieren." Diese Aussagen sind kein Zeichen von Selbstmitleid. Sie sind Symptome eines Systems, das es versäumt hat, ihre Erfahrungen zu bestätigen.

Lassen Sie uns auch über geschlechtsspezifische Stigmatisierung sprechen. Vor allem Männer tragen oft eine zusätzliche Belastung. Soziale Normen rund um Männlichkeit verhindern Verletzlichkeit und emotionalen Ausdruck. Sätze wie „Männer hoch" oder „Echte Männer weinen nicht" mögen veraltet klingen, sind aber immer noch tief in unserer Kultur verankert. Infolgedessen meiden viele Männer eine Therapie gänzlich und greifen stattdessen auf ungesunde Bewältigungsstrategien, Substanzkonsum, Wutausbrüche oder emotionalen Rückzug zurück. Als einige von ihnen meine Praxis erreichen, haben sie nicht nur mit psychischen Erkrankungen zu kämpfen; Sie haben auch eine tiefe Angst davor, als unzulänglich angesehen zu werden.

Arbeitsplätze fügen eine weitere Ebene der Komplexität hinzu. Obwohl in den letzten Jahren Fortschritte erzielt wurden, wird die psychische Gesundheit in vielen Berufsfeldern immer noch als Belastung betrachtet. Mitarbeiter befürchten, bei Beförderungen übergangen, ins Abseits gedrängt oder als instabil angesehen zu werden, wenn sie eine Diagnose preisgeben. Andere befürchten, dass die Personalabteilungen nicht in der Lage sind, vertraulich und respektvoll mit Unterkünften umzugehen. Das Ergebnis? Schweigen. Erwachsene kämpfen mit depressiven Episoden, Panikattacken oder sogar Selbstmordgedanken weiter und glauben, dass es sicherer ist, „stark" zu wirken, als Hilfe zu suchen.

Es gibt auch rassische und kulturelle Dimensionen der Stigmatisierung, die nicht ignoriert werden dürfen. In farbigen Gemeinschaften werden Diskussionen über psychische Gesundheit oft von Misstrauen gegenüber dem medizinischen System, spirituellen Erwartungen oder einer langen Geschichte generationsübergreifender Traumata überschattet. Viele Erwachsene haben mir erzählt, dass sie Angst davor hatten, aufgrund ihrer Rasse oder ethnischen Zugehörigkeit abgestempelt, institutionalisiert oder missverstanden zu werden. Diese Angst ist nicht unbegründet. Implizite Voreingenommenheit im Gesundheitswesen ist real und hält gefährdete Bevölkerungsgruppen zusätzlich davon ab, Unterstützung in Anspruch zu nehmen.

Die Auswirkungen der Stigmatisierung sind zwar tiefgreifend, aber nicht irreversibel. Jedes Mal, wenn jemand offen über seine Erfahrungen spricht, jedes Mal, wenn eine Familie Mitgefühl der Verleugnung vorzieht und jedes Mal, wenn ein Arbeitsplatz Gespräche über psychische Gesundheit normalisiert, wird ein Stein von dieser Mauer entfernt. Ich habe gesehen, wie Erwachsene ihre Laufbahn völlig änderten, sobald sie sich sicher fühlten. Ich habe beobachtet, wie sie die Therapie annahmen, Medikamente ohne Scham ausprobierten und sogar selbst zu Fürsprechern wurden. Wenn Scham durch Verständnis ersetzt wird, wird Hilfe zu einem Weg statt zu einer Hürde.

Wie schaffen wir also ein Umfeld, in dem Erwachsene ohne Angst eine Behandlung in Anspruch nehmen können? Wir beginnen damit, ohne Annahmen, Unterbrechungen oder Urteile zuzuhören. Wir machen Informationen in einer medizinisch korrekten und emotional respektvollen Sprache zugänglich. Wir drängen auf Richtlinien, die Einzelpersonen vor Diskriminierung schützen und einen gleichberechtigten Zugang zu psychiatrischen Diensten gewährleisten. Vor allem modellieren wir, wie es aussieht, psychische Erkrankungen mit der gleichen Sorgfalt und Ernsthaftigkeit zu behandeln wie jeden anderen Gesundheitszustand.

An den Erwachsenen, der aufgrund der Meinung anderer zögert, Hilfe zu suchen: Ihr Wohlbefinden ist wichtiger als Ihr Missverständnis. Du bist nicht schwach. Du reagierst nicht über. Und Sie sind sicherlich nicht allein. Eine Behandlung ist kein Zeichen eines Scheiterns. Es ist ein mutiger, proaktiver Schritt, um Ihren Frieden, Ihre Funktion und Ihre Zukunft zurückzugewinnen.

Und an die Betreuer, Freunde und Kollegen, die dies lesen: Möglicherweise werden Sie nie wissen, welche Auswirkungen Ihre Reaktion haben könnte. Ein einfaches „Ich glaube dir" oder „Wie kann ich dich unterstützen?"

kann der Moment sein, in dem jemand eine Behandlung dem Schweigen vorzieht. Sie müssen nicht alle Antworten kennen. Ihre Anwesenheit, Freundlichkeit und Verständnisbereitschaft reichen aus, um einen Unterschied zu machen.

Je wahrheitsgemäßer wir sprechen, mitfühlender zuhören und mit Absicht handeln, desto weniger Platz bleibt der Stigmatisierung. Und so öffnen wir Türen zur Heilung, zur Verbindung und zu einer Welt, in der die Unterstützung der psychischen Gesundheit kein Risiko, sondern ein Recht ist.

Die Bekämpfung der Stigmatisierung der psychischen Gesundheit erfordert mehr als nur Sensibilisierung. Es erfordert bewusstes, nachhaltiges Handeln, persönlich, beruflich und systemisch. Für viele Erwachsene ist Stigmatisierung nicht nur eine Vorstellung, die ihnen begegnet ist; Es ist etwas, das sie jahrelang verinnerlicht, verinnerlicht und privat gerungen haben. Wenn wir über die Reduzierung von Stigmatisierung sprechen, müssen wir ebenso strategisch wie mitfühlend vorgehen. Wir verändern nicht nur die Denkweise anderer; Wir helfen Einzelpersonen dabei, ihre eigenen inneren Erzählungen neu zu schreiben.

Der erste und wirkungsvollste Ausgangspunkt ist die Bildung. Fehlinformationen schüren Stigmatisierung. Erwachsene, die nie Zugang zu klaren, wissenschaftlich fundierten Erklärungen für psychische Erkrankungen hatten, stützen sich möglicherweise auf veraltete Mythen oder angstbasierte Annahmen. Hier kommt unsere Verantwortung als Fachleute und Gemeindemitglieder ins Spiel. Wir müssen die Menschen dort treffen, wo sie sind, mit klarer Sprache, Empathie und Geduld. Es geht nicht darum, Vorträge zu halten. Es geht darum, sichere, urteilsfreie Räume zu schaffen, in denen Erwachsene schwierige Fragen stellen, Bedenken äußern und beginnen können, psychische Erkrankungen durch eine Linse der Biologie, Psychologie und gelebten Erfahrung zu verstehen, nicht durch Angst oder moralisches Urteilen.

Bildung ist nicht auf Klassenzimmer oder Kliniken beschränkt. Es passiert in alltäglichen Gesprächen, Teambesprechungen, Buchclubs, Kirchen, Friseurläden, Familienessen und Social-Media-Plattformen. Ein Erwachsener, der seine Geschichte klar und selbstbewusst erzählt, kann einen anderen dazu inspirieren, Hilfe zu suchen. Ein Manager, der die Tage der psychischen Gesundheit normalisiert, kann die Kultur eines gesamten Teams beeinflussen. Jeder kleine Moment der Fürsprache trägt zu einer viel größeren Veränderung bei. Ich habe meinen Patienten oft gesagt: „Sie brauchen keine Plattform, um Stigmatisierung zu bekämpfen. Sie brauchen nur Ihre Stimme.“

Eine weitere wichtige Strategie ist die Neuformulierung der Sprache. Die Worte, die wir verwenden, prägen unsere Realität. Wenn wir sagen, dass jemand „an Schizophrenie leidet", werfen wir ein passives, tragisches Licht auf ihn. Aber wenn wir sagen, dass sie „mit Schizophrenie leben", erkennen wir Entscheidungsfreiheit und Belastbarkeit an. Sprache ist wichtig. Es verstärkt entweder das Stigma oder baut es ab. Ermutigen Sie andere, eine persönliche Ausdrucksweise zu verwenden, also Formulierungen, die den Einzelnen vor die Diagnose stellen. Und am wichtigsten: Modellieren Sie es selbst. Unsere Rede spiegelt unsere Überzeugungen wider, und je bewusster wir sind, desto respektvoller und präziser werden unsere Diskussionen sein.

Auch Rollenmodellierung und Sichtbarkeit sind von entscheidender Bedeutung. Wenn Erwachsene sehen, dass andere, insbesondere Persönlichkeiten des öffentlichen Lebens, Fachkräfte und Führungskräfte, offen über ihre psychischen Probleme sprechen, normalisiert das die Erfahrung. Es sendet eine klare Botschaft: Eine psychische Erkrankung definiert Sie nicht und disqualifiziert Sie auch nicht vom Erfolg. Ich habe mit Ärzten, CEOs, Künstlern und Eltern zusammengearbeitet, die einst befürchteten, dass die Anerkennung ihrer Erkrankung ihre Glaubwürdigkeit beeinträchtigen würde. Doch oft ist das Gegenteil der Fall. Verletzlichkeit schafft, wenn sie nachdenklich geteilt wird, Vertrauen und schafft Stärke.

Auch Peer-Support-Programme spielen eine wesentliche Rolle. In einem Raum zu sein, in dem sich Ihre Geschichte in anderen widerspiegelt, kann transformativ sein. Erwachsene, die an von Gleichaltrigen geleiteten Gruppen teilnehmen, beschreiben es oft als das erste Mal, dass sie das Gefühl hatten, „gesehen" zu werden, ohne beurteilt zu werden. Es geht nicht darum, sich gegenseitig zu reparieren; Es geht darum, einander daran zu erinnern, dass man nicht allein ist. Und manchmal ist das die stärkste Medizin, die wir anbieten können.

Auf kommunaler Ebene kann Stigmatisierung durch Partnerschaften und Öffentlichkeitsarbeit bekämpft werden. Messen für psychische Gesundheit, Workshops, offene Foren und Kooperationen zwischen Gesundheitsdienstleistern und lokalen Organisationen können Ressourcen für psychische Gesundheit direkt in die Gemeinden bringen. Diese Veranstaltungen bieten auch die Möglichkeit, unterschiedliche Stimmen und kulturelle Perspektiven zu präsentieren. Psychische Gesundheit ist keine Einheitslösung. Durch die Anpassung der Unterstützung an die Achtung kultureller Werte und Praktiken wird die Versorgung leichter zugänglich und Stigmatisierung leichter zu überwinden.

Auch Glaubensgemeinschaften können starke Verbündete sein. Wenn Geistliche, Laienführer und Gemeinden geschult und offen dafür sind, die psychische Gesundheit in spirituelle Diskussionen zu integrieren, entsteht eine weitere wichtige Brücke zur Pflege. Pastoren haben Themen der psychischen Gesundheit in ihre Predigten integriert, und Kirchen haben Dienste für psychische Gesundheit eingerichtet, die Selbsthilfegruppen, Überweisungssysteme und sichere Zuhörerräume umfassen. Diese Ansätze ersetzen keine klinische Versorgung, sondern bieten emotionale und spirituelle Bestätigung, die viele Erwachsene als Heilung empfinden.

Wir müssen auch die Stigmatisierung auf politischer Ebene bekämpfen. Erwachsene suchen weitaus seltener Hilfe, wenn psychosoziale Dienste schwer zugänglich, schlecht finanziert oder mit bürokratischem Aufwand verbunden sind. Das Eintreten für die Gleichstellung der psychischen Gesundheit, bei der psychische Gesundheitsleistungen ebenso abgedeckt werden wie die körperliche Gesundheit, ist ein großer Fortschritt. Ebenso wird auf die Finanzierung von Krisenreaktionsteams, Fachkräften für psychische Gesundheit in Schulen und am Arbeitsplatz sowie auf den Ausbau der Telegesundheit gedrängt. Wenn Richtlinien Zugang und Schutz in den Vordergrund stellen, beginnt die Stigmatisierung an Bedeutung zu verlieren.

Eine der am meisten übersehenen, aber äußerst wirksamen Strategien ist das einfache Zuhören. Aktives Zuhören. Ohne Unterbrechung, ohne Korrekturversuche und ohne Urteil. So viele Erwachsene sagen mir, dass der wirkungsvollste Teil der Therapie nicht die Technik ist; Es ist die Chance, vollständig gehört zu werden. Wenn jemand sagt: „Ich fühle mich gebrochen" und Sie antworten: „Sie sind nicht gebrochen, Sie sind ein Mensch", bekämpfen Sie bereits Stigmatisierung in ihrer stärksten Form.

Und vergessen wir nicht, wie wichtig es ist, das Stigma in uns selbst herauszufordern. Selbst als Fachkräfte, Betreuer oder Anwälte sind wir nicht immun gegen verinnerlichte Botschaften. Wir müssen ständig unsere eigenen Vorurteile überprüfen, über unsere Reaktionen nachdenken und ehrlich sein, was die Annahmen betrifft, die wir immer noch vertreten. Es ist in Ordnung zuzugeben, dass wir lernen. Wachstum ist Teil dieses Prozesses, und wenn man diese Demut vorlebt, hilft man anderen, das Gleiche zu tun.

Ich ermutige alle Erwachsenen, die dies lesen, einen Bereich zu finden, in dem sie dazu beitragen können, das Stigma zu überwinden. Es könnte sich um einen Freund handeln. Lesen einer Abhandlung von jemandem mit Lebenserfahrung. Sich in einer Besprechung äußern. Sich an jemanden wenden, der zurückgezogen ist. Online-Veröffentlichung von Ressourcen zur psychischen Gesundheit. Oder seien Sie einfach freundlicher zu sich selbst, wenn Ihre geistige Gesundheit das nächste Mal ins Stocken gerät. Egal wie klein, jede Aktion wird Teil der größeren Bewegung hin zu einer verständnisvolleren und unterstützenderen Welt.

Stigmatisierung wird nicht über Nacht verschwinden. Aber mit stetigem, mitfühlendem Einsatz können wir die Grundlagen zerstören, bis wir an ihrer Stelle etwas Besseres aufgebaut haben. In dieser Kultur wird mit Würde über die psychische Gesundheit gesprochen, wo die Suche nach Hilfe eine Stärke ist und wo kein Erwachsener jemals das Bedürfnis verspürt, still zu leiden.

Aufklärungs- und Sensibilisierungskampagnen sind von entscheidender Bedeutung, um die gesellschaftliche Einstellung zur psychischen Gesundheit zu ändern. Ziel dieser Kampagnen ist es, die Öffentlichkeit über psychische Erkrankungen zu informieren, mit Mythen aufzuräumen und Verständnis und Empathie zu fördern. Aufklärungs- und Sensibilisierungsbemühungen können die Stigmatisierung erheblich verringern und Menschen dazu ermutigen, ohne Angst vor einem Urteil Hilfe zu suchen, indem sie genaue Informationen bereitstellen und falsche Vorstellungen widerlegen.

Eine der Schlüsselstrategien dieser Kampagnen besteht darin, die Gemeinsamkeit psychischer Gesundheitsprobleme hervorzuheben. Psychische Erkrankungen betreffen einen erheblichen Teil der Bevölkerung, dennoch fühlen sich viele Menschen in ihren Kämpfen isoliert. Kampagnen, die die Prävalenz dieser Erkrankungen hervorheben, können dazu beitragen, die Diskussion über psychische Gesundheit zu normalisieren. Wenn Menschen erkennen, dass psychische Probleme weit verbreitet sind und jeden treffen können, wird es einfacher, offen über ihre Erfahrungen zu sprechen und Unterstützung zu suchen.

Die Einbeziehung realer Geschichten und Erfahrungsberichte ist ein weiterer wirkungsvoller Aspekt wirksamer Aufklärungs- und Sensibilisierungskampagnen. Persönliche Geschichten finden beim Publikum großen Anklang und machen abstrakte Themen greifbar und nachvollziehbar. Von der Reise einer anderen Person mit der psychischen Gesundheit zu hören, kann für diejenigen, die vor ähnlichen Herausforderungen stehen, Trost und Ermutigung sein. Diese Erzählungen humanisieren auch psychische Erkrankungen, brechen Stereotypen und fördern Empathie. Persönliche Geschichten können die öffentliche Wahrnehmung tiefgreifend beeinflussen, unabhängig davon, ob sie über soziale Medien, Videos, Blogs oder öffentliche Vortragsveranstaltungen geteilt werden.

Schulen und Arbeitsplätze sind für die Sensibilisierung und Aufklärung ihrer Gemeinschaften von entscheidender Bedeutung. Durch die Integration der Aufklärung über psychische Gesundheit in die Schullehrpläne können Schüler bereits in jungen Jahren mit dem Wissen und den Fähigkeiten ausgestattet werden, mit denen sie ihre psychische Gesundheit verwalten können. Schulungsprogramme, die Mitarbeiter über psychische Gesundheit informieren, können ein unterstützenderes und integrativeres Umfeld am Arbeitsplatz schaffen. Arbeitgeber können Workshops, Seminare und Ressourcen anbieten, die sich mit Themen der psychischen Gesundheit befassen, und so dazu beitragen, eine Kultur zu schaffen, in der die psychische Gesundheit Priorität hat und unterstützt wird.

Auch das Engagement der Gemeinschaft ist für den Erfolg von Aufklärungs- und Sensibilisierungskampagnen von entscheidender Bedeutung. Die Zusammenarbeit mit lokalen Organisationen, Gesundheitsdienstleistern und Interessengruppen kann die Reichweite und Wirkung dieser Bemühungen verstärken. Gemeinschaftsveranstaltungen wie Messen zur psychischen Gesundheit, öffentliche Vorträge und Treffen von Selbsthilfegruppen ermöglichen es den Menschen, mehr über psychische Gesundheit zu erfahren und sich mit Ressourcen zu vernetzen. Diese Veranstaltungen können das Gemeinschaftsgefühl und die kollektive Verantwortung für die psychische Gesundheit fördern.

Ein bemerkenswertes Beispiel für eine erfolgreiche Sensibilisierungskampagne ist die Initiative „Time to Change" im Vereinigten Königreich. Diese Kampagne nutzte eine Kombination aus Medienwerbung, Community-Events und persönlichen Geschichten, um das Stigma rund um die psychische Gesundheit zu bekämpfen. Es förderte offene Gespräche und stellte Ressourcen für Hilfesuchende bereit. Die Wirkung der Kampagne war erheblich und führte zu einem stärkeren öffentlichen Bewusstsein, einer unterstützenderen Haltung und einer größeren Bereitschaft der Einzelnen, über ihre psychische Gesundheit zu sprechen.

Die Nutzung digitaler Plattformen und sozialer Medien ist eine weitere wirksame Strategie für Aufklärungs- und Sensibilisierungskampagnen. Mit Online-Kampagnen können Sie schnell und kostengünstig ein breites Publikum erreichen. Social-Media-Plattformen bieten einen Raum zum Austausch von Informationen, persönlichen Geschichten und Ressourcen. Interaktive Kampagnen, die Benutzer durch Herausforderungen, Hashtags und Live-Diskussionen einbeziehen, können einen dynamischen und partizipativen Ansatz für die Aufklärung über psychische Gesundheit schaffen.

Aufklärungs- und Sensibilisierungskampagnen sind wirksame Instrumente zur Veränderung der gesellschaftlichen Einstellungen zur psychischen Gesundheit. Die Bereitstellung präziser Informationen, der Austausch persönlicher Geschichten, die Einbindung von Communities und die Nutzung digitaler Plattformen können Stigmatisierung abbauen und Verständnis und Unterstützung fördern. Eine gut informierte Öffentlichkeit ist besser in der Lage, Empathie und Hilfe anzubieten und so eine integrativere und mitfühlendere Gesellschaft zu fördern.

Jemanden sagen zu hören: „Ich war dort", ist etwas unglaublich Kraftvolles." Was die psychische Gesundheit angeht, durchdringen persönliche Geschichten den Lärm von Statistiken und klinischen Beschreibungen. Sie bieten das, was Fakten allein nicht können: Empathie, Bestätigung und Hoffnung. Ich habe miterlebt, was passiert, wenn Menschen ihre Geschichten nicht mehr schweigend tragen, sondern ihre Stimme als Werkzeug zur Heilung nutzen, sowohl für sich selbst als auch für andere.

Ich erinnere mich an Ada, eine 52-jährige Lehrerin, die über ein Jahrzehnt lang mit einer generalisierten Angststörung zu kämpfen hatte. Äußerlich wirkte sie souverän und gelassen, leitete Klassenräume und betreute neue Pädagogen. Doch hinter verschlossenen Türen kämpfte sie täglich mit Panikattacken und anhaltenden Selbstzweifeln. „Ich dachte, ich wäre nur schwach", erzählte sie mir in unserer ersten Sitzung. Ihr Wendepunkt kam während eines Wellness-Treffens der Mitarbeiter, bei dem ein Lehrerkollege kurz über seine

Erfahrungen mit der Therapie berichtete. Dieser kleine Moment öffnete die Tür für Ada einen Spaltbreit. Sie begann mit der Therapie, lernte Erdungstechniken und begann, offen mit ihren erwachsenen Kindern darüber zu sprechen, wie Angst aussieht. Heute behandelt sie nicht nur ihre Symptome, sondern leitet auch Veranstaltungen zur Sensibilisierung für psychische Gesundheit in ihrem Schulbezirk. Ihre Geschichte erinnert daran, dass Heilung oft mit dem Mut eines anderen beginnt.

Dann ist da noch Jake, 38, Vater von zwei Kindern und ehemaliger Feuerwehrmann, der jahrelang mit einer nicht diagnostizierten bipolaren Störung lebte. Er kam zu mir, nachdem ihn ein impulsiver Kaufrausch in finanzielle Schwierigkeiten gebracht und ihn beinahe seine Ehe gekostet hätte. Was mir auffiel, war nicht nur die Intensität seiner Symptome, sondern auch die immensen Schuldgefühle, die er trug. „Ich soll der Starke sein", sagte er. Durch konsequente Behandlung, stimmungsstabilisierende Medikamente und offene Gespräche mit seiner Familie fand Jake Stabilität und, was noch wichtiger ist, Selbstvergebung. Jetzt engagiert er sich ehrenamtlich in einem lokalen Peer-Support-Netzwerk für Ersthelfer und teilt seine Reise, um anderen zu helfen, sich auf ihrer Reise weniger allein zu fühlen.

Laura, 29, hatte seit Anfang Zwanzig mit Depressionen zu kämpfen, konnte diese jedoch gut verbergen. Sie war eine Leistungsträgerin, die in einem schnelllebigen Technologieumfeld arbeitete, in dem Burnout wie ein Ehrenzeichen getragen wurde. Sie kam zu mir, nachdem sich ein Kollege das Leben genommen hatte, ein Ereignis, das sie zutiefst erschütterte. In der Therapie konnte Laura jahrelange verinnerlichte Stigmatisierung auspacken, lernte, ihre emotionalen Auslöser zu identifizieren und entwickelte Grenzen, die ihr dabei halfen, Ruhe und Verbindung in den Vordergrund zu stellen. Eines Tages sagte sie zu mir: „Ich wusste nicht, dass ich mich so klar, ruhig und präsent fühlen könnte." Sie schreibt jetzt einen Blog über psychisches Wohlbefinden an Arbeitsplätzen mit hohem Druck und hofft, dass ihre Ehrlichkeit Veränderungen bewirken wird.

Smith, ein 45-jähriger Mann, bei dem in seinen frühen Dreißigern Schizophrenie diagnostiziert wurde, erzählte mir einmal, dass er an dem Tag, als er seine Diagnose erhielt, das Gefühl hatte, sein Leben sei „auf Eis gelegt". Seine Halluzinationen und ungeordneten Gedanken hatten zu mehreren Krankenhausaufenthalten geführt und er war überzeugt, dass er niemals ein „normales" Leben führen würde. Doch durch den konsequenten Einsatz antipsychotischer Medikamente, eine strukturierte Routine und die Unterstützung der Gemeinschaft begann Smith mit dem Wiederaufbau. Er kehrte in Teilzeit zur Schule zurück, begann wieder zu malen und schloss sich einer Selbsthilfegruppe an, wo er schließlich ein Peer-Mentor wurde. Seine Geschichte beweist, dass Genesung auch dann möglich ist, wenn der Weg lang und unvorhersehbar ist und dass die Freude unerwartet zurückkehren kann.

Jene, eine 36-jährige alleinerziehende Mutter, kam in Behandlung, nachdem sie jahrelang mit posttraumatischem Stress und Depressionen zu kämpfen hatte. Sie wuchs in einem Haushalt auf, in dem über psychische Erkrankungen nie gesprochen wurde, und fürchtete, als ungeeignete Mutter abgestempelt zu werden. „Ich dachte, wenn ich um Hilfe bat, bedeutete das, dass ich versagte", sagte sie. Doch durch traumafokussierte Therapie, Achtsamkeitstraining und Unterstützung durch eine örtliche Eltern-Interessenvertretung fand Jene nicht nur Heilung, sie entdeckte auch ihre Stimme. Heute leitet sie Elternworkshops und setzt sich für kultursensible psychische Gesundheitsdienste in unterversorgten Gemeinden ein. Ihre Geschichte verkörpert die Kraft, die entstehen kann, wenn das Schweigen gebrochen wird.

Diese Personen sind keine Ausnahmen; sie sind Beispiele. Ihre Geschichten verdeutlichen die Komplexität der psychischen Gesundheit von Erwachsenen und die immense Kraft von Unterstützung, Information und Selbstmitgefühl. Sie erinnern uns daran, dass psychische Erkrankungen nicht diskriminierend sind. Es betrifft Menschen jeden Alters, Berufes, jeder Kultur und Herkunft. Sie zeigen uns aber auch, was möglich ist, wenn Menschen die Fürsorge, Anerkennung und den Raum erhalten, die sie verdienen.

Ich sage oft, dass Genesung kein geradliniger Weg ist. Es bedeutet nicht immer, dass die Symptome vollständig verschwinden. Manchmal bedeutet es, zu lernen, gut mit ihnen zu leben. Manchmal bedeutet es, zu lernen, um Hilfe zu bitten, bevor die Dinge auseinanderfallen. Manchmal bedeutet es einfach zu wissen, dass man nicht allein ist, dass auch andere diesen Weg gegangen sind und dass ihre Schritte einen Weg für einen geebnet haben.

Wenn Sie dies lesen und immer noch darüber nachdenken, ob Sie sich zu Wort melden, sich behandeln lassen oder Ihre eigene Geschichte erzählen sollen, möchte ich, dass Sie Folgendes wissen: Ihre Erfahrung ist wichtig. Dein Schmerz ist wichtig. Und Ihre Stimme kann eine Lebensader für jemand anderen sein, der noch im Dunkeln tappt.

Heilung ist nicht nur etwas, was wir für uns selbst tun. Es ist etwas, das wir weitergeben. Das ist das Schöne am Zeugnis; Es verwandelt Wunden in Weisheit, Angst in Ermächtigung und Stille in Stärke.

Die Förderung offener Gespräche über psychische Gesundheit unter Erwachsenen ist für die Förderung einer unterstützenden und verständnisvollen Gesellschaft von entscheidender Bedeutung. Diese Diskussionen tragen dazu bei, psychische Probleme zu normalisieren, Stigmatisierung abzubauen und ein Umfeld zu schaffen, in dem sich Einzelpersonen sicher fühlen, ihre Erfahrungen auszutauschen und Hilfe zu suchen. Indem wir die psychische Gesundheit zu einem regelmäßigen Gesprächsthema machen, können wir Barrieren abbauen und eine Kultur der Empathie und Unterstützung fördern.

Eine wirksame Möglichkeit, diese Gespräche zu fördern, besteht darin, mit Verletzlichkeit zu führen. Wenn Einzelpersonen, insbesondere Führungskräfte oder Influencer, ihre Erfahrungen mit der psychischen Gesundheit offen teilen, ist das ein starkes Beispiel. Es signalisiert anderen, dass es in Ordnung ist, über ihre Probleme zu sprechen und dass sie nicht allein sind. Dies kann sich besonders am Arbeitsplatz auswirken, wo die

Angst vor einem Urteil die Mitarbeiter oft davon abhält, über ihre psychische Gesundheit zu sprechen. Führungskräfte, die offen über ihre Fortschritte im Bereich der psychischen Gesundheit sprechen, erzeugen eine positive Wirkung und ermutigen andere, dasselbe zu tun.

Die Schaffung sicherer und unterstützender Räume ist für die Erleichterung offener Gespräche über psychische Gesundheit von entscheidender Bedeutung. Dies kann durch Selbsthilfegruppen, Gemeinschaftsveranstaltungen oder sogar lockere Zusammenkünfte erreicht werden, bei denen psychische Gesundheit ein willkommenes Thema ist. In diesen Räumen können Einzelpersonen ihre Erfahrungen teilen, ohne Angst vor Urteil oder Stigmatisierung haben zu müssen. Das Gemeinschaftsgefühl und das Verständnis, das sich in solchen Situationen entwickelt, können unglaublich heilsam und stärkend sein. Regelmäßig geplante Treffen oder Foren können dazu beitragen, diese Gespräche aufrechtzuerhalten und die psychische Gesundheit zu einem kontinuierlichen und sich weiterentwickelnden Dialog zu machen.

Aufklärungs- und Sensibilisierungskampagnen spielen ebenfalls eine entscheidende Rolle bei der Förderung offener Gespräche über psychische Gesundheit. Diese Kampagnen können wertvolle Informationen über psychische Erkrankungen, Behandlungsmöglichkeiten und Bewältigungsstrategien liefern. Indem wir das Bewusstsein schärfen und die Öffentlichkeit aufklären, können wir mit Mythen aufräumen und die Angst vor psychischen Problemen verringern. Kampagnen mit persönlichen Geschichten und Erfahrungsberichten können die Informationen nachvollziehbarer und wirkungsvoller machen. Darüber hinaus stellt die Integration der Aufklärung über psychische Gesundheit in die Lehrpläne und Ausbildungsprogramme am Arbeitsplatz sicher, dass Einzelpersonen bereits in jungen Jahren und während ihres gesamten Berufslebens informiert sind.

Der Einsatz von Technologie und sozialen Medien kann auch dazu beitragen, offene Gespräche über psychische

Gesundheit anzuregen. Online-Plattformen bieten einen Raum, in dem Menschen ihre Geschichten teilen, auf Ressourcen zugreifen und sich mit anderen vernetzen können, die ihre Erfahrungen verstehen. Hashtags, Online-Selbsthilfegruppen und Influencer für psychische Gesundheit können dazu beitragen, ein Gemeinschaftsgefühl zu schaffen und Diskussionen über psychische Gesundheit zu normalisieren. Diese Plattformen bieten auch Anonymität, was es manchen Menschen leichter machen kann, offen über ihre psychischen Probleme zu sprechen.

Die Kampagne „Bell Let's Talk" in Kanada ist ein Beispiel für die Förderung offener Gespräche über psychische Gesundheit. Diese Initiative ermutigt Menschen, ihre Geschichten über psychische Gesundheit in den sozialen Medien mit dem Hashtag #BellLetsTalk zu teilen. Jedes Jahr nehmen Millionen von Menschen daran teil und erzeugen so ein breites Bewusstsein und Unterstützung. Die Kampagne hat die Stigmatisierung erheblich verringert und landesweit Diskussionen über psychische Gesundheit gefördert.

Eine weitere wirksame Strategie ist die Einbindung psychischer Gesundheitschecks in den Tagesablauf. Ob in der Familie, am Arbeitsplatz oder in sozialen Gruppen: Die Frage, wie andere sich fühlen, kann einen großen Unterschied machen. Diese Check-ins zeigen, dass psychische Gesundheit geschätzt wird und Unterstützung verfügbar ist. Sie ermöglichen es Einzelpersonen auch, ihre Gefühle auszudrücken und bei Bedarf Hilfe zu suchen.

Wenn wir offene Gespräche über psychische Gesundheit unter Erwachsenen fördern, ist dies für die Schaffung einer unterstützenden und verständnisvollen Gesellschaft von wesentlicher Bedeutung. Indem wir im Umgang mit Verletzlichkeit vorangehen, sichere Räume schaffen, die Öffentlichkeit aufklären, Technologie nutzen und regelmäßige Check-ins integrieren, können wir eine Kultur fördern, in der die psychische Gesundheit offen diskutiert und priorisiert wird. Diese Bemühungen kommen nicht nur den Menschen zugute, die mit psychischen Problemen zu kämpfen haben, sondern stärken auch das Gesamtgefüge unserer Gemeinschaften.

KAPITEL 6: LEBENSSTILWAHLEN UND IHRE AUSWIRKUNGEN AUF DIE Psychische GESUNDHEIT

Es lässt sich nicht leugnen, dass die Biologie bei psychischen Erkrankungen eine Schlüsselrolle spielt. Genetik, Neurochemie und frühe Entwicklungsfaktoren sind entscheidend. Aber wir würden die halbe Gleichung verpassen, wenn wir nicht bedenken würden, wie sich tägliche Entscheidungen auf das langfristige psychische Wohlbefinden auswirken. Psychische Gesundheit ist nicht vom Körper oder der Umwelt isoliert; Es ist mit jeder Wahl, jedem Rhythmus und jedem Input, den wir in unser System zulassen, verflochten. Ich habe in meiner Praxis immer wieder erlebt, dass nachhaltige Heilung nicht nur auf dem Rezeptblock geschieht; Es erfordert eine bewusste Änderung des Lebensstils, eine Entscheidung nach der anderen.

Beginnen wir mit dem unbestreitbaren Zusammenhang zwischen körperlicher Gesundheit und psychiatrischer Stabilität. Stellen Sie sich das Zentralnervensystem als ein hochsensibles Kommunikationsnetzwerk vor. Dieses

Netzwerk gerät ins Wanken, wenn der Körper durch schlechte Ernährung, Bewegungsmangel, unregelmäßigen Schlaf oder chronische Dehydrierung vernachlässigt wird. Der Cortisolspiegel steigt. Serotonin und Dopamin geraten aus dem Gleichgewicht. Bei Patienten mit Stimmungsstörungen treten häufig verstärkte Symptome auf, wenn der Schlaf gestört ist oder körperliche Krankheiten nicht behandelt werden. Im klinischen Umfeld bezeichnen wir dies als psychosomatisches Feedback. Aber für diejenigen, die es täglich leben, hat es das Gefühl, dass sich ihr Gehirn in einem ständigen Abwehrzustand befindet und nie die Möglichkeit hat, sich zurückzusetzen. Eine meiner Patientinnen beschrieb ihre unbehandelte Schlaflosigkeit einmal als „eine offene Wunde im Geist". Dieses Maß an Verletzlichkeit schwächt die emotionale Regulierung, beeinträchtigt die kognitiven Funktionen und macht Menschen weitaus anfälliger für depressive Episoden und Angstschübe.

Und dann ist da noch der moderne Elefant im Raum: unsere digitale Welt. Die Überreizung durch ständige Benachrichtigungen, algorithmengesteuerte Vergleiche und nächtliches Scrollen ist nicht nur ein gesellschaftliches Ärgernis; Es ist ein psychologisches Gift. Die Forschung bestätigt weiterhin einen starken Zusammenhang zwischen übermäßiger Bildschirmbelastung und erhöhter Angst, Schlafstörungen, Aufmerksamkeitsstörungen und sogar Selbstmordgedanken, insbesondere bei jüngeren Erwachsenen. In der Praxis bin ich Patienten begegnet, die ihr Selbstwertgefühl unwissentlich an kuratierte Online-Personas knüpfen und sie so in einem ständigen Zustand der wahrgenommenen Unzulänglichkeit zurücklassen. Das Gehirn unterscheidet nicht gut zwischen tatsächlicher sozialer Interaktion und oberflächlichem digitalen Engagement. Das emotionale Ergebnis sind jedoch sehr reale Gefühle der Isolation, Ablehnung und des Versagens. Deshalb ist die Entwicklung digitaler Hygiene einer der nicht verhandelbaren Punkte in meinen Behandlungsplänen. Wir verbieten keine Bildschirme, sondern lehren Grenzen, weil Grenzen psychologische Sicherheit schaffen.

Work-Life-Konflikte sind ein weiterer Bereich, in dem sich im Stillen psychische Belastungen anhäufen. In der heutigen leistungsorientierten Kultur tragen Erwachsene oft Erschöpfung als Ehrenzeichen. Aber hinter dieser Hektik steckt ein Nervensystem, das auf Hochtouren läuft. Chronischer Stress ist neurotoxisch. Es beeinträchtigt die Gedächtniskonsolidierung, stört die Schlafarchitektur und verändert die HPA-Achse, das primäre Stressreaktionssystem des Körpers. Wenn dies nicht angegangen wird, kann es zu einem Burnout führen, bei dem es sich nicht nur um Müdigkeit handelt. Es ist ein Zustand emotionaler Distanzierung und Desillusionierung. Wenn ich mit Firmenkunden oder Klinikern spreche, die in einem Umfeld mit hohem Druck arbeiten, betone ich das Konzept der psychischen Belastung. Es ist nicht nur die Anzahl der geleisteten Arbeitsstunden, sondern auch das Ausbleiben einer emotionalen Erholung, die Menschen in psychische Krisen stürzt. Erholung erfordert keine langen Ferien; Es kann in Mikromomenten, 15 Minuten Einsamkeit, einem Morgenspaziergang oder einem Abendessen ohne Stromzufuhr gefunden werden. Das Ziel besteht darin, die Entscheidungsfreiheit wiederherzustellen, sodass

Einzelpersonen das Gefühl haben, einen Teil ihres Zeitplans und ihrer Stimmung kontrollieren zu können.

Lassen Sie uns nun über die therapeutische Kraft der Natur und den kreativen Ausdruck sprechen. Das Gehirn reagiert von Natur aus auf Rhythmus, Farbe und Klang. Wenn sich Patienten mit Kunst, Musik oder auch einfacher Gartenarbeit beschäftigen, stellen wir häufig Verbesserungen bei der emotionalen Regulierung, dem Selbstausdruck und der exekutiven Funktion fest. Dies ist keine Anekdote, sondern wird durch Beweise in der Neurorehabilitation und Traumawiederherstellung gestützt. Ein Spaziergang im Grünen kann die Aktivierung der Amygdala verringern. Das Hören Ihrer bevorzugten Musik kann den Dopaminweg stimulieren. Zeichnen oder Malen hilft dabei, interne Konflikte zu externalisieren. Ich erinnere mich an einen Patienten mittleren Alters, bei dem eine schwere depressive Störung diagnostiziert wurde und der in seiner Genesungsphase mit dem Aquarellieren begann. Er beschrieb es als „eine sichere Art zu sprechen, wenn ihm die Worte fehlen". Das ist die Art von Heilung, die kein Medikament allein erreichen kann.

Für Betreuer und Fachkräfte besteht die Herausforderung darin, Erwachsene nicht nur zur Symptombehandlung, sondern auch zur Anpassung ihres Lebensstils anzuleiten. Das bedeutet, ihnen beizubringen, auf die Signale ihres Körpers zu hören, zu erkennen, welche Umgebung sie antreibt oder welche sie auslaugt, und bewusste Entscheidungen darüber zu treffen, was sie konsumieren, nicht nur in Bezug auf Essen, sondern auch durch Informationen, Beziehungen und Routinen. Es bedeutet auch, schwierigere Fragen zu stellen. Welche Glaubenssysteme sorgen dafür, dass sie überlastet werden? Welche Ängste halten sie davon ab, den Stecker zu ziehen? Welche Scham hindert sie daran, sich auszuruhen? Oft werden diese Überzeugungen aus der Kindheit oder aus vergangenen Traumata verinnerlicht. Die Bewältigung dieser Probleme ist für die Förderung eines Lebensstils, der die psychische Gesundheit unterstützt und nicht sabotiert, von entscheidender Bedeutung.

Erwähnenswert ist auch, dass eine nachhaltige Verhaltensänderung eine mitfühlende Verantwortung erfordert. Erwachsene brauchen keine Vorträge. Sie brauchen Klarheit, Struktur und Unterstützungssysteme, die mit ihren Werten übereinstimmen. Als Kliniker können wir dies vorleben, indem wir in unseren Leitlinien transparent, in unseren Erwartungen realistisch und in der Nachsorge konsequent sind. Eine meiner Regeln in der Klinik: Fortschritt wird an der Anstrengung gemessen, nicht an Perfektion. Wenn ein Patient, der früher ans Bett gefesselt war, jetzt täglich 10 Minuten läuft, ist das ein Fortschritt. Wenn jemand, der früher offline in Angstzustände verfiel, jetzt eine zweistündige Pause von den sozialen Medien einlegen kann, ist das ein Fortschritt. Wir müssen diese Momente feiern, denn mentale Widerstandsfähigkeit wird durch angesammelte Siege aufgebaut, nicht durch plötzliche Durchbrüche.

Als Fachleute müssen wir auch unsere Rolle bei der Gestaltung dieser Lifestyle-Narrative untersuchen. Fragen wir unsere Patienten mit der gleichen Dringlichkeit nach ihrem Schlaf und der Bildschirmnutzung wie nach

Suizidgedanken? Erkunden wir in unseren Pflegeplänen kreative Möglichkeiten oder verschreiben wir nur auf der Grundlage der Pharmakologie? Bewerten wir in unseren Beurteilungen die Heilkraft von Bewegung, Ernährung, Natur und gemeinschaftlicher Unterstützung? Diese Fragen sind nicht rhetorisch, sie sollten Teil unserer laufenden Praxisprüfungen sein. Das Gehirn ist aus Plastik, ja. Doch sein Wachstum hängt nicht nur von der Medizin ab. Es hängt davon ab, wie wir leben, wie wir uns ausruhen und wie wir uns wieder mit dem verbinden, was uns menschlich macht.

Lebensstil ist im tiefsten Sinne sowohl Prävention als auch Behandlung. Es geht nicht nur um Gewohnheiten; Es geht um das emotionale und physische Ökosystem, das wir um uns herum aufbauen möchten. Und auch wenn die Genetik und die Umstände möglicherweise nicht in unserer Kontrolle liegen, bleibt der Lebensstil ein Bereich, in dem Empowerment immer möglich ist.

Wenn ich einem Patienten gegenübersitze, der mit Angstzuständen, Depressionen oder einer anderen psychiatrischen Erkrankung zu kämpfen hat, ist einer der ersten Bereiche, die ich erforsche, seine körperliche Gesundheit, nicht weil ich den Fokus von der psychologischen Seite verschiebe, sondern weil ich aus jahrelanger klinischer Erfahrung weiß, dass Körper und Geist keine getrennten Systeme sind. Sie stehen in ständiger Kommunikation. Als Psychiater habe ich verstanden, dass die geistige Widerstandsfähigkeit nicht aufrechterhalten werden kann, wenn der Körper nicht unterstützt wird. Wenn der Körper vernachlässigt wird, verschlimmern sich die psychischen Symptome häufig sowohl in ihrer Intensität als auch in ihrer Dauer.

Die neurobiologischen Mechanismen, die unsere Emotionen steuern, werden direkt von physischen Faktoren wie Schlafqualität, Trainingshäufigkeit, Ernährung, Flüssigkeitszufuhr und sogar dem Hormonhaushalt beeinflusst. Beginnen wir mit dem

Schlaf, der für die emotionale Regulierung von grundlegender Bedeutung ist. Schlafentzug beeinträchtigt den präfrontalen Kortex, den Bereich des Gehirns, der für Entscheidungsfindung, Impulskontrolle und logisches Denken verantwortlich ist. Wenn dieser Bereich beeinträchtigt ist, werden die emotionalen Reaktionen übertrieben. Erwachsene mit Stimmungsstörungen, insbesondere einer bipolaren Störung und einer schweren Depression, sind besonders anfällig für schlafbedingte Rückfälle. Im klinischen Umfeld klassifizieren wir Schlafstörungen sowohl als Symptom als auch als Auslöser. Sie können die Depression behandeln, aber wenn der zirkadiane Rhythmus des Patienten chaotisch bleibt, wird die Remission instabil.

Bewegung ist eine weitere Säule, die ernsthafte Aufmerksamkeit verdient, nicht als Anregung, sich „besser zu fühlen", sondern als gezielte Intervention. Aerobe Aktivität fördert die Freisetzung von Endorphinen, erhöht aber auch den Spiegel des aus dem Gehirn stammenden neurotrophen Faktors (BDNF), einem Protein, das das Überleben von Neuronen und das Wachstum neuer

Gehirnzellen unterstützt, insbesondere im Hippocampus, der maßgeblich an der Stimmungsregulation beteiligt ist. Es gibt immer mehr Hinweise darauf, dass strukturierte körperliche Aktivität die Ergebnisse für Personen mit generalisierter Angststörung, Panikstörung und Dysthymie verbessert. Was ich meinen Patienten sage, ist Folgendes: Bewegung ist nicht nur gut für Ihr Herz oder Ihre Taille, sie ist auch gut für Ihren Geist. Sie benötigen keine Mitgliedschaft im Fitnessstudio. Ein flotter 20-minütiger Spaziergang jeden Morgen kann den Cortisolspiegel regulieren, Entzündungsmarker senken und Ihren gesamten neurochemischen Zustand neu kalibrieren.

Und dann ist da noch Diät. Während sich die Psychiatrie seit langem auf Neurochemie und Psychopharmakologie konzentriert, können wir das aufstrebende Gebiet der Ernährungspsychiatrie nicht ignorieren. Die Darm-Hirn-Achse, unser Verständnis darüber, wie das Magen-Darm-System mit dem Gehirn kommuniziert, ist nicht mehr theoretisch. Dies wird durch klinische Daten gestützt. Es ist mittlerweile bekannt, dass Entzündungen, oxidativer Stress und Insulinresistenz zu Stimmungsinstabilität und kognitivem Verfall beitragen. Eine Ernährung mit einem hohen Anteil an verarbeitetem Zucker und einem niedrigen Anteil an essentiellen Fettsäuren wird mit einer erhöhten Häufigkeit von Depressionen und Angstzuständen in Verbindung gebracht. Ein Patient, der fünfmal pro Woche Fast Food konsumiert, bringt seine emotionale Volatilität möglicherweise nicht mit seinen Ernährungsgewohnheiten in Verbindung, aber wir als Ärzte müssen dies tun. Ich habe mit Erwachsenen zusammengearbeitet, die strategische Änderungen an ihrer Ernährung vorgenommen haben, indem sie Omega-3-reiche Lebensmittel, Blattgemüse und Vollkornprodukte eingeführt haben, und über mehrere Wochen hinweg eine deutliche Verbesserung ihrer Stimmung, Konzentration und ihres Schlafes festgestellt haben. Das sind keine Zufälle. Sie sind biologische Reaktionen auf verbesserten Kraftstoff.

Auch chronische Krankheiten spielen eine stille, aber kraftvolle Rolle. Erkrankungen wie Diabetes,

Bluthochdruck, Autoimmunerkrankungen und chronische Schmerzsyndrome stellen eine psychische Belastung dar, die oft übersehen wird. Die psychische Belastung durch die Bewältigung einer Langzeiterkrankung, insbesondere wenn Schmerzen oder Müdigkeit damit einhergehen, kann depressive Episoden auslösen oder bestehende Ängste verstärken. Hier gibt es auch eine tiefere Ebene: Patienten mit chronischen körperlichen Erkrankungen verinnerlichen häufig ein Narrativ der Einschränkung. Sie beginnen zu glauben, dass psychisches Wohlbefinden für sie unerreichbar ist. Eine meiner Aufgaben besteht darin, diesen Glauben abzubauen. Beim psychischen Wohlbefinden geht es nicht darum, krankheitsfrei zu sein. Es geht darum, interne Systeme aufzubauen, die eine emotionale Erholung ermöglichen, selbst bei körperlicher Belastung.

Flüssigkeitszufuhr mag zu grundlegend erscheinen, um sie zu erwähnen, aber ich tue sie, weil selbst eine leichte Dehydrierung die Konzentration, die Stimmung und das Energieniveau beeinträchtigt. Ich sehe oft Patienten, die über „Gehirnnebel", Reizbarkeit oder Müdigkeit berichten und einfach nicht genug Wasser trinken. Das Gehirn besteht zu 75 % aus Wasser. Seine elektrischen und hormonellen Funktionen hängen von diesem Gleichgewicht ab. Dennoch kommt es häufig vor, dass Erwachsene einen ganzen Arbeitstag ohne ausreichende Flüssigkeitszufuhr verbringen. Was wir oft als geistige Erschöpfung interpretieren, kann ein physiologisches Signal für ein Ungleichgewicht sein.

Ich hoffe, Sie ziehen daraus den Schluss, dass die körperliche Gesundheit nicht nur die geistige Gesundheit beeinflusst, sondern dass die Beziehung dynamisch, kontinuierlich und klinisch bedeutsam ist. Sie verdient das gleiche Maß an Beurteilung und Intervention wie jede pharmakologische Strategie. Bei der Behandlung von Erwachsenen mit psychischen Problemen ist es ein klinisches Versehen, ihre körperliche Gesundheit zu ignorieren. Ich ermutige Sie, ob Sie Pfleger, Therapeut oder Arzt sind, den Körper als Ihren Verbündeten bei der Wiederherstellung der psychischen Gesundheit zu betrachten. Fragen Sie jedes Mal nach ihrem Schlaf. Überprüfen Sie ihre Ernährung aufrichtig und nicht als

Checkliste. Empfehlen Sie Bewegung als Therapie, nicht als Lifestyle-Füllung. Und wenn nötig, koordinieren Sie die Pflege mit Hausärzten, Ernährungsberatern und Schlafspezialisten.

Psychiatrische Heilung ist am nachhaltigsten, wenn sie systemisch erfolgt und wir den ganzen Menschen behandeln, nicht nur die Störung. Körperliche Gesundheit ist keine Voraussetzung für die geistige Genesung, sondern Teil des Weges nach vorne.

Wir leben in einer Zeit, in der Technologie uns in Sekundenschnelle verbindet und uns auf viel schwerer zu bemerkende Weise trennt. Als Experte für psychische Gesundheit habe ich beobachtet, wie digitale Umgebungen, insbesondere solche, die unstrukturiert oder überbeansprucht sind, zu stillen Störungen des psychischen Gleichgewichts geworden sind. Die meisten Erwachsenen erkennen die subtile Erosion ihres geistigen Wohlbefindens nicht, weil Bildschirmzeit, ständige Benachrichtigungen und digitales Multitasking normalisiert wurden. Aus klinischer Sicht wissen wir jedoch jetzt, dass diese Normalisierung Konsequenzen hat, die sowohl Aufmerksamkeit als auch Intervention erfordern.

Digitale Überstimulation beeinflusst mehrere wichtige Gehirnsysteme, insbesondere diejenigen, die für die emotionale Regulierung, Aufmerksamkeit und Belohnungsverarbeitung verantwortlich sind. Erwachsene, die regelmäßig Online-Aktivitäten, insbesondere soziale

Medien, betreiben, leiden häufig unter erhöhter Angst, Reizbarkeit, fragmentiertem Schlaf und schlechter Stimmung. Besorgniserregend ist, dass viele von ihnen den Zusammenhang zwischen ihren digitalen Mustern und ihren psychischen Symptomen nicht erkennen. Das Gehirn, insbesondere das limbische System, reagiert auf wahrgenommene soziale Bewertungen im Internet genauso wie auf persönliche Ablehnung oder Zustimmung. Der Unterschied besteht darin, dass das digitale Engagement nie wirklich endet. Es gibt keine natürliche Pause. Das Nervensystem bleibt in einem schwachen Alarmzustand und sucht nach Updates, Likes, Antworten oder wahrgenommenen Bedrohungen.

Ich erkläre das meinen Patienten oft: Der Geist war nie darauf ausgelegt, eine so große Menge an Informationen in so kurzen, sich wiederholenden Abständen zu verarbeiten. Diese kognitive Überlastung kann sich in Konzentrationsschwierigkeiten, Schlafstörungen und emotionaler Dysregulation äußern. Ich habe gesehen, wie Einzelpersonen von intensiven Episoden vergleichender Traurigkeit oder Scham berichteten, nachdem sie nur zwanzig Minuten lang durch kuratierte Beiträge gescrollt hatten. Dieser emotionale Absturz ist nicht oberflächlich, er ist neurochemisch. Es spiegelt eine Dopamin-Dysregulation, sensorische Ermüdung und eine Überstimulation der Belohnungskreise wider, insbesondere bei Erwachsenen, die bereits zu Stimmungsschwankungen oder geringem Selbstwertgefühl neigen.

Die Schlafqualität, eine der am meisten unterschätzten Säulen des geistigen Wohlbefindens, ist ein weiteres Opfer unzureichender digitaler Grenzen. Das von Bildschirmen ausgestrahlte blaue Licht unterdrückt die Melatoninproduktion und beeinträchtigt die Fähigkeit des Gehirns, in Tiefschlafzyklen überzugehen. Über die Lichtexposition hinaus löst die mentale Stimulation durch Inhalte, Newsfeeds, Videos und Texte Stresshormone wie Cortisol aus und verzögert den natürlichen Prozess des Entspannens. Viele Erwachsene in meiner Praxis, die berichten, dass sie sich vor dem Schlafengehen „aufgeregt, aber müde" fühlen, haben abends ungesunde digitale Gewohnheiten: um 22 Uhr geschäftliche E-Mails checken, im Bett durch Kommentarbereiche scrollen oder bei laufendem Streaming-Dienst einschlafen. Mit der Zeit bringen diese Gewohnheiten das Gehirn dazu, digitale Stimulation mit Ruhe zu verknüpfen, was sowohl widersprüchlich als auch schädlich ist.

Bei Digital Wellness geht es nicht um technologiefeindliche Rhetorik. Es geht darum, Grenzen einzuführen, wo es keine gibt, und Erwachsenen dabei zu helfen, die Entscheidungsfreiheit darüber zurückzugewinnen, wie und wann sie mit ihren Geräten umgehen. Ich ermutige Betreuer und Ärzte, genauso routinemäßig nach digitalen Gewohnheiten zu fragen wie nach Schlaf oder Ernährung. Um wie viel Uhr hört der Patient normalerweise nachts auf, sein Telefon zu benutzen? Konsumieren sie Inhalte, die ihnen Energie geben oder bei ihnen ein Gefühl der Unzulänglichkeit, Aufregung oder Angst hervorrufen? Sind ihre Geräte ein Werkzeug oder eine Quelle ständigen Eindringens?

Eine meiner Patientinnen, eine 42-jährige Frau mit anhaltenden Angstzuständen, hatte eine etablierte Morgenroutine, die das Aufwachen und den sofortigen

Griff zum Telefon beinhaltete. Bevor sie sich die Zähne putzte, checkte sie E-Mails, blätterte durch Nachrichtenmeldungen und überprüfte Social-Media-Benachrichtigungen. Als sie aus dem Bett aufstand, war ihre Herzfrequenz bereits erhöht. Ihre Gedanken rasten vor Schlagzeilen und Vergleichen. Sie berichtete, dass sie sich „schon im Rückstand" fühlte, bevor der Tag überhaupt begonnen hatte. Dieses Muster hielt schon seit Jahren an und sie konnte keinen Zusammenhang zwischen ihrem digitalen Verhalten und ihren täglichen Angstschüben erkennen. Durch strukturierte digitale Hygienemaßnahmen, das Aufschieben des Telefongebrauchs am Morgen, das Ersetzen der Gewohnheit durch Dehnübungen und Flüssigkeitszufuhr sowie die Einführung einer digitalen Ausgangssperre vor dem Schlafengehen besserten sich ihre Symptome innerhalb von drei Wochen. Nicht weil wir ein neues Medikament hinzugefügt haben, sondern weil wir den Kreislauf der Überstimulation unterbrochen und ihrem Nervensystem Raum zum Atmen gegeben haben.

Wir Profis müssen erkennen, dass Digital Wellness kein Luxusthema ist. Sie ist ein zentraler Bestandteil der modernen psychischen Gesundheitsversorgung. Erwachsene sind heute an einem einzigen Tag mehr psychischen Reizen ausgesetzt als frühere Generationen in Wochen. Wenn wir nicht aktiv Grenzen lehren, Intentionalität fördern und die digitale Umgebung neu strukturieren, lassen wir einen wesentlichen Beitrag zu psychischen Gesundheitssymptomen unberücksichtigt.

Die effektivsten Digital-Wellness-Strategien sind nicht radikal, sondern konsequent. Die Förderung gerätefreier Zeitblöcke, die Förderung des Bewusstseins für Inhalte (Kunden sollen darauf achten, wie sie sich vor und nach dem digitalen Engagement fühlen) und die Betonung der Bedeutung technikfreier Zonen zu Hause sind einfach, aber transformativ. Viele Erwachsene profitieren davon, Push-Benachrichtigungen zu deaktivieren, App-Timer einzustellen oder die in ihre Telefone integrierten digitalen Wohlfühleinstellungen zu nutzen. Andere reagieren gut auf geplante Check-ins, bei denen sie gemeinsam ihre Bildschirmzeit und ihren emotionalen Zustand bewerten.

Digitale Umgebungen haben die Kraft, zu verbinden, abzulenken, aufzuklären oder zu erschöpfen. Wenn Erwachsene beginnen zu begreifen, dass sie die Wahl haben, wie sie mit der Technologie umgehen, erlangen sie allmählich geistige Klarheit zurück. Wir fordern sie nicht auf, die Nutzung ihrer Geräte einzustellen. Wir leiten sie an, sie zielgerichtet, mit Grenzen und mit Bewusstsein zu nutzen. Und damit geben wir ihnen die Werkzeuge an die Hand, um ihre Aufmerksamkeit zu schützen, ihre Stimmung zu stabilisieren und ihr allgemeines psychisches Wohlbefinden zu verbessern.

Dies ist kein optionales Gespräch. Es ist wichtig. Wenn wir Menschen bei der Bewältigung von Angstzuständen, Stimmungsstörungen und Schizophrenie unterstützen, müssen wir uns mit dem digitalen Kontext befassen, in dem diese Störungen jetzt existieren. Die Zukunft der psychischen Gesundheitsversorgung hängt nicht nur von klinischen Interventionen ab, sondern auch von unserer Fähigkeit, diese Interventionen an die Umgebungen anzupassen, die den menschlichen Geist heute prägen. Bei Digital Wellness geht es nicht darum, die Welt einzuschränken, sondern darum, den Menschen die Kontrolle über sich selbst zurückzugeben. Und das ist eine Macht, die es zu schützen gilt.

Eine der häufigsten, aber oft übersehenen Ursachen für eine schlechte psychische Gesundheit bei Erwachsenen ist ein chronisches Ungleichgewicht zwischen Arbeit und Privatleben. In fast jeder Beratung, die ich mit Erwachsenen hatte, die unter Angstzuständen, Depressionen oder Burnout-Symptomen litten, gab es einen Anflug von Überforderung, der Unfähigkeit, sich vollständig von Leistungen, Fristen oder Erwartungen zu lösen. Die Erzählung klingt oft so: „Ich versuche nur, mitzuhalten" oder „Wenn ich aufhöre, bricht alles zusammen." Mit der Zeit sind diese Gedanken nicht nur Ausdruck von Stress, sondern werden zu Grundüberzeugungen, die still und leise zu emotionaler Erschöpfung und psychischem Stress führen.

Wenn die Arbeit beginnt, die gesamte verfügbare Energie zu absorbieren, wird das, was für Beziehungen, Kreativität und Erholung übrig bleibt, minimal. Das menschliche Gehirn braucht kognitive Ruhe und emotionale Auszeiten. Ohne sie kommt es zu einem Zusammenbruch der exekutiven Funktion, beeinträchtigter

Entscheidungsfindung, verminderter Konzentrationsfähigkeit, Reizbarkeit und Schwierigkeiten beim Umgang mit Emotionen. Aus neurobiologischer Sicht aktiviert anhaltender Stress die Hypothalamus-Hypophysen-Nebennieren-Achse, was zu einem dauerhaft erhöhten Cortisolspiegel führt. Eine langfristige Cortisolerhöhung kann das Gedächtnis, die Immunfunktion und die Stimmungsregulierung beeinträchtigen. Erwachsene, die in einem anhaltenden „An"-Zustand leben, verwechseln ihre Symptome oft mit persönlichem Versagen, obwohl sie in Wirklichkeit Anzeichen eines Systems sind, das nicht lange genug pausiert hat, um sich selbst zu reparieren.

Ich erkläre oft, dass es bei der Work-Life-Balance nicht darum geht, dass man in jedem Bereich gleich viele Stunden verbringt. Es geht um einen psychologischen Übergang. Kann sich der Einzelne geistig von der Arbeit zurückziehen? Können sie zu Hause sitzen und sich nicht verpflichtet fühlen, um Mitternacht ihr Telefon zu überprüfen oder E-Mails zu beantworten? In meiner Praxis habe ich gesehen, dass die Unfähigkeit, vom beruflichen zum persönlichen Selbst überzugehen, einer der beständigsten Prädiktoren für Burnout ist. Der Geist bleibt in übermäßiger Wachsamkeit gefangen und kann sich nicht erholen. Und mit der Zeit werden selbst kleine Aufgaben überwältigend, weil es keinen Platz zum Aufladen gibt.

Bei Erwachsenen mit bereits bestehenden Stimmungsstörungen oder traumatischen Vorgeschichten steht noch mehr auf dem Spiel. Viele nutzen die Arbeit als Ablenkung vom emotionalen Schmerz. Sie investieren in Produktivität als eine Form der Vermeidung, aber irgendwann holt sie auf. Ich habe einmal einen Mann in den Fünfzigern behandelt, der eine Führungsposition innehatte und seit über einem Jahr mit vier Stunden Schlaf auskam. Er hatte aufgehört, Kontakte zu knüpfen, körperliche Ermüdungserscheinungen ignoriert und sein Verhalten als notwendig für den Erfolg rationalisiert. Als er schließlich hereinkam, war er nicht nur schwer depressiv, sondern litt auch unter kognitivem Nebel und Panikattacken. Wir arbeiteten zusammen, um seinen Zeitplan umzustellen, geschützte arbeitsfreie Stunden einzuführen und erholsame Aktivitäten wie Lesen und Gehen wiederherzustellen. Seine geistige Klarheit kehrte nicht über Nacht zurück, aber innerhalb weniger Monate konnte er sich wieder konzentrieren, länger schlafen und sich wieder auf die Menschen in seiner Umgebung einlassen. Was ihn rettete, war kein neues Medikament. Es war die Erlaubnis, ohne Schuldgefühle auszuruhen.

Gesunde Work-Life-Grenzen hängen auch eng mit dem Selbstwertgefühl zusammen. Viele Erwachsene glauben, dass ihr Wert an die Leistung gebunden ist. Wenn sie nicht produzieren, fühlen sie sich weniger gültig. Dieses Glaubenssystem ist besonders gefährlich, weil es das Gehirn dazu bringt, Selbstwertgefühl mit Erschöpfung in Verbindung zu bringen. Als Betreuer und Kliniker müssen wir den Unterschied zwischen Ehrgeiz und Überforderung lehren. Es ist möglich, hart zu arbeiten und trotzdem Zeit zum Atmen zu haben. Es ist möglich, sich sehr um die eigene Karriere zu kümmern und trotzdem Nein zu sagen. Und es ist nicht nur möglich, sondern unerlässlich, der Genesung als Teil der beruflichen Exzellenz Priorität einzuräumen.

In der Therapie helfe ich Patienten dabei, zu definieren, wie Balance für sie konkret aussieht. Manche brauchen vielleicht strukturierte Rituale am Ende des Tages, so etwas Einfaches wie das Ausschalten des Arbeitstelefons und das Schließen des Laptops. Andere können von ausgewiesenen arbeitsfreien Zonen im Haus profitieren, beispielsweise wenn das Schlafzimmer frei von Bildschirmen bleibt. Ich ermutige auch dazu, Aktivitäten außerhalb der Arbeit bewusst einzuplanen. Das sind keine Luxusgüter; Sie sind Schutzfaktoren. Ein wöchentlicher Kaffee mit einem Freund, ein ruhiger Spaziergang nach der Arbeit oder eine Stunde Zeit für ein Hobby können der Puffer sein, der Rückfälle oder Burnout verhindert. Es geht nicht um Genuss. Es geht um Wartung.

Auch die Arbeitsplatzkultur spielt eine wichtige Rolle. Erwachsene, die in einer Umgebung mit hohem Druck arbeiten, in der lange Arbeitszeiten und Selbstvernachlässigung normal sind, stehen vor einem harten Kampf. Ein Teil meiner Arbeit besteht darin, Fachleute darin zu coachen, innerhalb dieser Systeme für sich selbst einzutreten. Das kann bedeuten, eine flexible

Terminplanung zu fordern, Verantwortlichkeiten zu delegieren oder Grenzen klar zu kommunizieren. Wenn Menschen das Gefühl haben, keine Stimme zu haben, wird die Verinnerlichung von Stress viel toxischer. Andererseits können selbst kleine Maßnahmen zur Wiedererlangung der Kontrolle, wie pünktliches Gehen oder eine Mittagspause, das Gefühl der Entscheidungsfreiheit wiederherstellen und das geistige Wohlbefinden schützen.

Eine gesunde Work-Life-Balance ist nicht statisch. Es wird sich mit den Lebensabschnitten, beruflichen Veränderungen, elterlichen Pflichten oder Gesundheitszuständen weiterentwickeln. Am wichtigsten ist das Bewusstsein dafür, wann die Dinge zu weit in eine Richtung kippen. Viele Erwachsene merken erst, dass sie ausgebrannt sind, wenn sie körperliche, chronische Kopfschmerzen, Verdauungsprobleme, Schlaflosigkeit oder Emotionen in Form von Apathie, Reizbarkeit oder unerklärlicher Traurigkeit zeigen. Vorbeugende Pflege in diesem Bereich bedeutet, auf die Anzeichen zu achten, bevor es zu einer Panne kommt. Es bedeutet, Ruhe in

Ihren Zeitplan einzubauen, so wie Sie es bei einer Besprechung oder einem Termin tun würden.

Die Wahrheit ist, dass es ohne Gleichgewicht keine nachhaltige psychische Gesundheit geben kann. Und Balance finden wir nicht zufällig. Es ist etwas, das wir schützen, stärken und manchmal immer wieder neu verhandeln müssen. Als Profis müssen wir Erwachsenen beibringen, dass die Entscheidung für Ruhe kein Scheitern ist. Die Ablehnung zusätzlicher Verantwortung ist keine Faulheit. Sich zurückzuziehen, um sich zu erholen, ist keine Schwäche, sondern ein notwendiger Akt der Selbstachtung.

Wenn Erwachsene in ihrem Leben Raum für Besinnung, Freude und Ruhe schaffen, beginnen sie, sich wieder ganz zu fühlen. Sie verbinden sich nicht nur wieder mit anderen, sondern auch mit sich selbst. Und diese Wiederverbindung ist die Grundlage für langfristiges geistiges Wohlbefinden. Ohne sie können sich selbst die besten Behandlungspläne wie eine vorübergehende Lösung anfühlen. Damit wird Heilung nicht nur möglich, sondern nachhaltig.

Es hat etwas zutiefst Erholsames, ruhig in einem Park zu sitzen, sich um einen Garten zu kümmern, einem Lied zu lauschen, das einen berührt, oder Farbe auf die Leinwand zu bringen, ohne zu urteilen. Dabei handelt es sich nicht nur um Hobbys oder Wochenendaktivitäten. Aus der Perspektive der psychischen Gesundheit handelt es sich um therapeutische Instrumente, die in der psychiatrischen Erwachsenenversorgung zu wenig genutzt, unterbewertet und leider oft unterschätzt werden. Im Laufe der Jahre habe ich gesehen, dass Natur und Kreativität keine optionalen Extras für das geistige Wohlbefinden sind. Sie sind unverzichtbare Medikamente für den überreizten und emotional erschöpften Geist.

Das erwachsene Gehirn sehnt sich nach Einfachheit und Rhythmus, besonders wenn es vom Chaos von Arbeit, Beziehungen und Technologie überwältigt wird. Die Natur verfügt über eine inhärente Struktur, die das Nervensystem sanft zur Regulierung führt. Das Rauschen des Wassers, das Schwanken der Bäume und der Rhythmus beim Gehen auf einem Wanderweg sind erdende Erlebnisse. Sie lenken den Geist von abstrakten Sorgen ab und verankern ihn in der Gegenwart. Wir haben in zahlreichen Studien gesehen, dass die Zeit, die wir in grüner Umgebung verbringen, den Cortisolspiegel senkt, die Herzfrequenz senkt und die Aktivität in der Amygdala verringert, dem Teil des Gehirns, der für die Erkennung von Bedrohungen und die Verarbeitung von Ängsten verantwortlich ist. Dies ist nicht nur für Personen von Vorteil, die mit Angstzuständen oder Stress zurechtkommen. Es ist transformativ für Menschen, die mit chronischen Stimmungsstörungen oder traumabedingten Symptomen leben.

Viele meiner Patienten berichten, dass die Natur es ihnen erlaubt, ruhig zu sein, ohne Leistung zu erbringen. Es verlangt nichts von ihnen. Es beurteilt nicht ihre Produktivität. Es bietet einfach Platz. In einer Kultur, in der Stille oft mit Faulheit gleichgesetzt wird, ist dies von entscheidender Bedeutung. Ich habe mit Erwachsenen gearbeitet, die sich von depressiven Episoden erholten und ihre ersten Momente emotionaler Klarheit nicht in einer Therapiepraxis oder während einer

Medikamentenanpassung fanden, sondern bei Sonnenaufgang auf einer Bank saßen und ohne Agenda Tagebuch schrieben oder skizzierten. Dieser Raum öffnete die Tür für den Beginn der Heilung, weil er es ihrem Nervensystem ermöglichte, sich lange genug zu beruhigen, damit Reflexion stattfinden konnte.

Kreativität funktioniert ähnlich. Die Beschäftigung mit Kunst, Musik oder Schreiben aktiviert verschiedene Nervenbahnen, Bereiche, die bei routinemäßiger Problemlösung oder verbaler Therapie oft inaktiv bleiben. Es umgeht die Logik und geht direkt in die emotionale Verarbeitung über. Dies ist besonders wichtig für Erwachsene, die Schwierigkeiten haben, ihre Gedanken zu artikulieren oder ihren Schmerz als Abwehr zu intellektualisieren. Für den kreativen Ausdruck sind keine vollständigen Sätze erforderlich. Es erfordert keine Präzision. Es ermöglicht Mehrdeutigkeit, Emotionen und Entdeckungen. Wenn wir Erwachsenen den Raum geben, ohne Regeln zu schaffen, geben wir ihnen Zugang zu Teilen von sich selbst, die vielleicht jahrelang zum Schweigen gebracht wurden.

Ich erinnere mich an eine Patientin Ende vierzig, die eine lange Geschichte emotionalen Missbrauchs überlebt hatte. Sie kämpfte mit chronischer Depression, emotionaler Taubheit und Gefühlen der Wertlosigkeit. Die verbale Therapie half ihr, ihre Muster intellektuell zu verstehen. Dennoch begann sich ihre emotionale Landschaft zu verändern, als sie begann, sich mit visuellem Journaling zu beschäftigen und abstrakte Bilder gepaart mit Farbe und Textur zu zeichnen. Sie beschrieb es als „Sprechen ohne Sprechen". Ihre Zeichnungen verbinden ihr bewusstes Verständnis und ihre vergrabene emotionale Erfahrung. Diese kreative Möglichkeit wurde zu einem integralen Bestandteil ihres Heilungsprozesses. Es gab ihr die Kontrolle über ihre Stimme.

Natur und Kreativität dienen auch als wirksame Instrumente zur Rückfallprävention. Wenn sie in das tägliche Leben integriert werden, werden sie zu Bewältigungsmechanismen, die zugänglich und nachhaltig sind. Ein fünfzehnminütiger Spaziergang in der Sonne, ein paar Zimmerpflanzen pflegen, auf dem Heimweg von der Arbeit ein Lieblingslied spielen oder einfach einen

Skizzenblock in der Nähe haben – diese Handlungen mögen klein erscheinen, aber ihre Wirkung ist größer. Sie reduzieren die psychische Starrheit, verringern die emotionale Reaktionsfähigkeit und fördern das Gefühl des Flusses, was die Regulierung von Stimmung und Aufmerksamkeit unterstützt. Sie dienen auch als nicht-pharmazeutische Interventionen, die es dem Einzelnen ermöglichen, sich aktiv an seiner eigenen Genesung zu beteiligen.

Für Betreuer und psychiatrische Fachkräfte ist es wichtig zu erkennen, dass diese Tools keine Randerscheinungen oder Ergänzungen sind. Es handelt sich um evidenzbasierte Praktiken, die die emotionale Belastbarkeit und die Gesundheit des Gehirns unterstützen. Der präfrontale Kortex, der Bereich, der für Planung, Urteilsvermögen und emotionales Gleichgewicht verantwortlich ist, profitiert von Momenten des Spiels, der Ehrfurcht und des Staunens. Erwachsene, insbesondere solche, die unter hohem Druck oder langjähriger emotionaler Unterdrückung leben, brauchen Erfahrungen, die Neugier, Präsenz und Selbstverbundenheit wecken. Natur und Kunst schaffen diesen Zugangspunkt.

In Behandlungspläne füge ich oft einfache kreative und naturbasierte Aufgaben hinzu. Das liegt nicht daran, dass ich von den Patienten erwarte, dass sie Künstler oder Wanderer werden, sondern weil ich weiß, dass tiefe psychologische Integration durch die Wiederverbindung mit ihrer Umwelt und ihrer inneren Welt entsteht. Ich bitte sie, die Farbe des Himmels wahrzunehmen, ohne Ziel zu gehen, ohne Planung zu malen oder ohne Bearbeitung zu schreiben. Diese kleinen Übungen stärken die Achtsamkeit, wecken die Sinneswahrnehmung und schaffen geistige Weite.

Es ist wichtig, sich daran zu erinnern, dass die psychische Gesundheit in einem Vakuum der Starrheit nicht gedeihen kann. Es erfordert eine Erweiterung. Es braucht Schönheit, Stille, Bewegung und Bedeutung. Natur und Kreativität laden dazu ein. Sie erinnern das Gehirn daran, dass es ein Leben außerhalb von Symptomen, außerhalb von Diagnosen und außerhalb der Anforderungen der modernen Welt gibt.

Wenn Sie beruflich mit Erwachsenen arbeiten oder als Betreuer einen geliebten Menschen bei psychischen Problemen unterstützen, ermutige ich Sie, Natur und Kreativität in das Gespräch einzubringen, nicht als Ablenkung, sondern als Interventionen. Sie sind so notwendig wie Medikamente, so wertvoll wie kognitive Hilfsmittel und manchmal sogar transformativer als Worte.

Der menschliche Geist ist nicht nur auf das Überleben ausgerichtet. Es ist darauf ausgelegt, zu fühlen, sich auszudrücken und zu verbinden. Und in der Stille des Waldes oder im Rhythmus eines Pinselstrichs beginnen wir die Rückkehr von etwas zu sehen, das in psychischen Belastungen oft verloren geht: Hoffnung.

yOu
matter

KAPITEL 7: LANGZEITMANAGEMENT UND RÜCKFALLPRÄVENTION

Anhaltende geistige Gesundheit lässt sich nicht durch kurze Fortschritte erreichen. Es wird durch langfristige Gewohnheiten, konsequente Selbstwahrnehmung und das frühe Erkennen, wenn sich unter der Oberfläche etwas zu verändern beginnt, aufrechterhalten. Als Kliniker, Betreuer und Einzelpersonen, die sich mit der psychischen Gesundheit Erwachsener befassen, geht unsere Verantwortung über die kurzfristige Symptomlinderung hinaus. Die eigentliche Arbeit besteht darin, Menschen mit den Werkzeugen und Erkenntnissen auszustatten, mit denen sie ihr Wohlbefinden ein Leben lang verwalten können.

Eines der wichtigsten Elemente der Rückfallprävention ist das Erlernen der Frühwarnzeichen. Diese Anzeichen sind nicht immer deutlich zu erkennen. Sie können subtil sein: eine Veränderung der Schlafqualität, ein Rückgang der Motivation, eine Zunahme der Reizbarkeit oder sogar ein Desinteresse an früher genossenen Routinen. Ich habe gesehen, dass viele Erwachsene es so sehr gewohnt sind, ihr Unbehagen durchzudrücken, dass sie diese ersten Signale übersehen. Sie schreiben es als schlechten Tag oder Stress bei der Arbeit ab. In der klinischen Praxis sind diese Muster jedoch wichtige Hinweise. Sie zeigen an, dass das System unter Druck steht. Und wenn wir sie ignorieren, riskieren wir eine langsame Auflösung, die hätte verhindert werden können.

Deshalb bitte ich meine Patienten, ihre emotionalen und Verhaltensrhythmen zu überwachen, so wie jemand mit einer chronischen körperlichen Erkrankung seinen Blutdruck oder seinen Blutzuckerspiegel überwachen würde. Nicht auf eine Weise, die übermäßige Wachsamkeit fördert, sondern auf eine Weise, die das Bewusstsein fördert. Ich erinnere sie daran, dass Sie umso mehr Kontrolle behalten, je früher Sie die Schicht übernehmen. Psychische Rückschläge kommen selten plötzlich. Sie bauen. Unsere Aufgabe ist es, den Menschen beizubringen, wie sie den Aufbau auffangen können, bevor er an Dynamik gewinnt.

Neben der Sensibilisierung benötigt jeder Erwachsene, der mit einer psychischen Erkrankung zu kämpfen hat, einen realistischen, personalisierten Langzeitpflegeplan. Dies ist keine starre Checkliste. Es ist ein lebendiges, anpassungsfähiges System, das auf ihre Bedürfnisse, Stressmuster und Unterstützungsstrukturen ausgerichtet ist. Ziel ist es, die Unvorhersehbarkeit zu verringern und die emotionale Sicherheit zu stärken. Dazu gehören strukturierte Routinen, einheitliche Wach- und Schlafzeiten, geplante Mahlzeiten und für einige regelmäßige Therapiekontrollen. Für andere umfasst es flexiblen Raum für kreatives Arbeiten, Einsamkeit oder Reisen. Am wichtigsten ist, dass sich der Einzelne gestärkt und nicht durch den Plan eingeschränkt fühlt.

Ich arbeite oft mit Kunden zusammen, um eine sogenannte „Stabilisierungskarte" zu erstellen, eine visuelle Aufschlüsselung dessen, was ihnen hilft, auf dem Boden zu bleiben, was sie aus der Fassung bringt und wie ihre Warnsignale aussehen. Außerdem definieren wir ihren Krisenplan klar: An wen sie sich wenden können, welche Schritte sie unternehmen müssen und wie sie sofortige Unterstützung erhalten. Es ist wie eine Wiederbelebung der psychischen Gesundheit. Wir hoffen, dass sie es nie brauchen, aber wir stellen sicher, dass sie genau wissen, wie man es benutzt.

Eine weitere Säule des langfristigen Managements ist die emotionale Anpassungsfähigkeit. Die Fähigkeit, unerwartetem Stress standzuhalten, ohne in Muster der Vermeidung oder des Zusammenbruchs zu verfallen, ist entscheidend für die Widerstandsfähigkeit. Hier kommen Fähigkeiten wie Stresstoleranz, kognitives Reframing und emotionale Regulierung ins Spiel. Besonders wertvoll sind hier Therapiemodelle wie DBT und ACT. Sie geben Erwachsenen eine strukturierte Möglichkeit, Unbehagen ohne Urteil zu ertragen und innere Erzählungen zu verschieben, die oft Hoffnungslosigkeit oder Scham schüren. In der Praxis habe ich gesehen, wie einfache Umformulierungen, bei denen „Ich versage schon wieder" in „Das ist ein Signal, kein Satz", verhindern können, dass sich die Spirale vertieft.

Es ist auch wichtig zu betonen, dass Rückschläge kein Scheitern bedeuten. Viele Erwachsene, insbesondere diejenigen, die über längere Zeit stabil waren, verspüren Schuldgefühle oder Panik, wenn sie bemerken, dass die

Symptome wieder auftreten. Sie fragen: „Warum passiert das wieder? Ich dachte, ich hätte das hinter mir." Hier müssen wir umerziehen. Das Management der psychischen Gesundheit verläuft nicht linear. Die Symptome können wieder auftreten, die erzielten Fortschritte werden dadurch jedoch nicht zunichte gemacht. Das Wiederauftreten der Symptome ist nicht dasselbe wie das Wiederauftreten der vollständigen Störung. Mit den richtigen Tools können diese Momente schnell und ohne die einst befürchtete völlige Regression bewältigt werden.

Die Unterstützung der Gemeinschaft spielt eine wichtige Rolle bei der fortlaufenden Aufrechterhaltung der psychischen Gesundheit. Den Menschen geht es besser, wenn sie verbunden sind, nicht nur sozial, sondern auch emotional. Ob durch Peer-Selbsthilfegruppen, Gruppentherapie, Gemeindezentren oder sichere Online-Räume – Erwachsene müssen wissen, dass sie nicht allein sind. Isolation ist eine der gefährlichsten Umgebungen für einen Rückfall. Verbindung hingegen schafft Verantwortung, Perspektive und Hoffnung.

Selbst mit starken Netzwerken müssen Einzelpersonen ein internes Bewältigungssystem entwickeln. Hier werden selbstberuhigende Strategien, Achtsamkeit und Erdungstechniken von unschätzbarem Wert. Sie ersetzen keine professionelle Pflege, sondern dienen als Überbrückung zwischen Sitzungen oder in Zeiten hoher Belastung. Ich unterrichte häufig Atemregulierung, sensorische Erdung und geführte Visualisierung. Wenn sie konsequent praktiziert werden, geben sie dem Einzelnen ein Gefühl der Autonomie in seinen emotionalen Reaktionen und erinnern ihn daran, dass er angesichts der Not nicht hilflos ist.

Um die Rückfallprävention wirklich zu unterstützen, müssen wir uns mit den kulturellen Erwartungen befassen, die an Erwachsene gestellt werden, um „zusammenzuhalten", egal was passiert. Dies führt oft zu Überfunktion, Stille und Scham. Ich ermutige meine Patienten und Berufskollegen, Transparenz zu fördern und emotionale Schwankungen zu normalisieren. Verletzlichkeit stellt kein Risiko dar, wenn man von den richtigen Leuten umgeben ist. Es ist eine Kraft, die die Heilung unterstützt.

Schließlich können wir die Bedeutung des kontinuierlichen Lernens nicht ignorieren. Durch Bücher, Recherchen, Podcasts, Webinare oder fortlaufende Therapien über die psychische Gesundheit informiert zu bleiben, hält den Einzelnen auf seinem Weg. Es unterstreicht, dass das Wachstum nicht nach der ersten Diagnose oder sogar nach einem Jahr der Stabilität endet. Das Wachstum geht weiter. Das Lernen geht weiter. Und damit einher geht ein tieferes Selbstvertrauen.

Bei der Rückfallprävention geht es nicht darum, eine Mauer um Ihr Leben zu errichten. Es geht darum, ein flexibles, unterstützendes System zu schaffen, das sich mit Ihnen bewegt, Ihnen Halt gibt, wenn die Dinge schwer sind, und Ihnen hilft, zu sich selbst zurückzukehren, wenn Sie sich getrennt fühlen. Langfristiges Management ist nicht nur klinisch; es ist persönlich. Es muss darauf ausgerichtet sein, wer die Person ist, was sie schätzt und wie sie funktioniert.

Als Psychiater werde ich mich immer für Medikamente einsetzen, wenn sie nötig sind, und für eine Therapie, wenn sie wirksam ist. Aber ich plädiere auch für Morgenspaziergänge, sichere Beziehungen, warme Mahlzeiten, kreative Möglichkeiten, stabile Routinen und Räume, in denen man gehört werden kann. Dies sind die unsichtbaren Beschützer des geistigen Wohlbefindens. Sie tauchen nicht immer in Diagrammen auf, aber sie tauchen in der Erholung auf, und darauf kommt es wirklich an.

Ein Rückfall kündigt sich selten durch ein lautes Klopfen an der Tür an. Stattdessen schleicht es sich leise durch die Hinterhöfe der Stimmung, des Verhaltens, der Gedanken und der Energie, bis es fest mitten im Leben eines Menschen verankert ist. Wenn die meisten Erwachsenen die volle Wucht eines psychiatrischen Rückfalls bemerken, sind die subtilen Anzeichen bereits vorhanden und deutlich sichtbar. Eines der wichtigsten Dinge, die ich Pflegekräften und Fachkräften beibringe, ist Folgendes: Wenn wir diese Anzeichen früh genug erkennen können, können wir eine vollständige klinische Verschlechterung verhindern. Dies ist keine Theorie, sondern eine klinische Tatsache.

Ein psychischer Rückfall ist nicht auf das plötzliche Wiederauftreten schwerer Symptome beschränkt. Es beginnt oft mit allmählichen, weniger auffälligen Veränderungen, die sogar normale Stressreaktionen imitieren können. Aber bei Personen mit einer Vorgeschichte von Stimmungsstörungen, Angstzuständen, Schizophrenie oder traumabedingten Erkrankungen haben diese Veränderungen weitaus größeres Gewicht. Was wie Gereiztheit, mehr Schlaf oder ein paar verpasste soziale Anrufe erscheinen mag, kann in Wirklichkeit der Beginn einer tieferen Destabilisierung sein, wenn es nicht kontrolliert wird.

Beginnen wir mit dem Verhalten. Einer der zuverlässigsten Indikatoren für einen möglichen Rückfall ist der Verhaltensentzug. Erwachsene können anfangen, Pläne zu stornieren, Telefonanrufe zu meiden oder Aktivitäten, die ihnen einst Spaß gemacht haben, abzulehnen. Manchmal reagieren sie nicht mehr auf Texte oder ihr Tonfall wird flacher und weniger ausdrucksstark. Dies wird oft mit Introversion oder vorübergehender Überforderung verwechselt, in vielen Fällen handelt es sich jedoch um den frühen Rückzug der Psyche aus der Welt. In der klinischen Sprache nennen wir dies sozialen Rückzug oder affektive Abflachung. Dies ist zunächst nicht immer offensichtlich, insbesondere wenn die Person noch arbeiten geht oder grundlegende Pflichten wahrnimmt. Für jemanden, der zuvor verlobt war, signalisiert diese subtile Verringerung der Konnektivität jedoch, dass die emotionale Energie erschöpft ist.

Veränderungen im Schlafverhalten sind ein weiteres großes Warnsignal. Schlaf ist nicht nur ein Symptom; es ist ein Biomarker. Wenn Erwachsene ohne eindeutige äußere Ursache übermäßig schlafen oder unter Schlaflosigkeit leiden, müssen wir aufmerksam sein. Bei Depressionen kommt es häufig zu Hypersomnie, während bei Manie oder erhöhter Angst ein verminderter Schlaf mit erhöhter Aktivität ein Frühindikator für eine bevorstehende Episode sein kann. Ich frage meine Patienten oft, wie viele Stunden sie schlafen und wie gut und gleichmäßig dieser Schlaf ist. Wachen sie mehrmals auf? Haben sie lebhafte, belastende Träume? Fühlen sie sich morgens ausgeruht? Diese Details sind wichtig. Das Nervensystem erzählt seine Geschichte durch den Körper; Schlaf ist einer seiner klarsten Geschichtenerzähler.

Auch kognitive Veränderungen sind aufschlussreich. Gewöhnlich können organisierte Erwachsene mitten im Gespräch anfangen, kleine Aufgaben zu vergessen oder den Fokus zu verlieren. Sie äußern möglicherweise

Schwierigkeiten, sich zu konzentrieren, Entscheidungen zu treffen oder Pläne umzusetzen. Diese Veränderungen werden häufig auf Stress oder Müdigkeit zurückgeführt, sind jedoch häufig frühe Anzeichen eines kognitiven Verfalls im Zusammenhang mit Depressionen, Angstzuständen oder sogar psychotischen Prodromen. In einigen Fällen kehren aufdringliche Gedanken zurück, Gedanken an Wertlosigkeit, Angst oder verzerrte Wahrnehmungen, mit denen die Person zuvor gelernt hatte, umzugehen. Wenn diese Gedanken nicht angesprochen werden, können sie sich schnell zu ganzen Episoden entwickeln.

Stimmungsinstabilität ist vielleicht das emotional belastendste Zeichen für den Einzelnen und seine Angehörigen. Plötzliche Stimmungsschwankungen, erhöhte Sensibilität, emotionale Taubheit oder unverhältnismäßige Reaktionen auf Stressfaktoren sind alles frühe Anzeichen. Der wichtige Unterschied hier ist Kontext und Dauer. Jeder hat freie Tage. Aber wenn sich diese emotionalen Veränderungen zu häufen beginnen, länger als ein paar Tage anhalten oder scheinbar eskalieren, ist es Zeit einzugreifen. Ich ermutige Familien und Ärzte oft, nicht nur zu beobachten, was die Person fühlt, sondern auch, wie sie damit klarkommt. Verwenden sie die Tools, die zuvor funktioniert haben? Oder sind diese Strategien plötzlich „nicht mehr genug"?

Auch Sprache und Ton bieten wertvolle Einblicke. Erwachsene im frühen Rückfallstadium beginnen möglicherweise, pessimistischer oder fatalistischer zu sprechen. Sie können Hoffnungslosigkeit zum Ausdruck bringen, vage Hinweise darauf geben, dass sie nicht da sind, oder einen plötzlichen Verlust des Interesses an Zukunftsplänen zeigen. Manche werden sarkastisch oder abweisend und verdrängen die Besorgnis. Andere werden einfach still. Ich erinnere diejenigen, die ihnen nahe stehen, daran, den Worten hinter ihnen aufmerksam zuzuhören. Ein Patient muss nicht immer sagen: „Ich breche zusammen." Manchmal bedeutet „Ich bin einfach ständig müde" dasselbe. Frühe Selbstmordgedanken können sich oft hinter Apathie oder subtilem emotionalem Rückzug verbergen.

Aus biologischer Sicht spiegeln Rückfallsymptome eine Fehlregulation der Neurotransmittersysteme Serotonin, Dopamin, Noradrenalin und GABA wider, die alle emotionale Stabilität, Motivation, Vergnügen und Wachsamkeit steuern. Wenn diese Systeme zu destabilisieren beginnen, gibt uns der Körper immer Hinweise. Das Problem ist nicht das Fehlen von Warnzeichen; Es liegt daran, dass wir selten darauf trainiert sind, danach zu suchen.

Deshalb ist Bildung unerlässlich. Ich empfehle jedem Erwachsenen mit einer psychischen Erkrankung in der Vorgeschichte, mit einem Arzt zusammenzuarbeiten, um einen personalisierten Symptom-Tracker zu erstellen. Dieses Tool sollte ihre einzigartigen Rückfallindikatoren skizzieren, sowohl intern (Gedanken, Emotionen) als auch extern (Verhalten, Schlaf, Energie). Es sollte auch ein klares Protokoll enthalten: An wen Sie sich wenden, was Sie überwachen und wann Sie handeln müssen. Dieser Plan sollte nicht in Papierkram vergraben werden. Es sollte sichtbar sein, regelmäßig überprüft und mit vertrauenswürdigen Supportsystemen geteilt werden.

Ich sage Betreuern und psychiatrischen Fachkräften: Unterschätzen Sie nicht die Kraft der Beobachtung. Eine subtile Veränderung des Augenkontakts, des Tonfalls oder der körperlichen Erscheinung kann weit mehr bedeuten, als der Patient zugibt. Vertrauen Sie Ihrem Bauchgefühl, stellen Sie direkte Fragen und machen Sie sich detaillierte Notizen. Konsistenz ist der Schlüssel. Wenn wir die Überwachung der psychischen Gesundheit mit dem gleichen Respekt normalisieren, den wir dem Blutdruck oder dem Blutzuckerspiegel entgegenbringen, beseitigen wir die Scham und ersetzen sie durch Selbstbestimmung.

Und für die Menschen, die ihre Genesung bewältigen, ist Ihr Bewusstsein Ihre größte Verteidigung. Wenn Sie beginnen, diese frühen Veränderungen zu bemerken, eine Veränderung in Ihrem Schlaf, Ihren Gedanken und Ihrer Energie, warten Sie nicht, bis sie sich verschlimmern. Greifen Sie zu. Passen Sie Ihre Routine an. Überdenken Sie Ihre Bewältigungsstrategien. Es ist viel einfacher, Symptome zu bewältigen, wenn sie sich noch im Anfangsstadium befinden, als auf den Krisenmodus zu warten. Stellen Sie sich das so vor, als würden Sie ein kleines Feuer hüten, bevor es zu einem großen Feuer wird.

Beim Erkennen von Frühwarnzeichen geht es nicht nur um Krisenprävention, sondern auch um emotionale Intelligenz. Es geht darum, die Fähigkeit zu entwickeln, die Muster Ihres Geistes wahrzunehmen, seine Grenzen zu respektieren und mit Bedacht statt mit Angst zu reagieren. Diese Fähigkeit rettet Leben, schützt den Fortschritt und unterstreicht, dass es beim Management der psychischen Gesundheit nicht um Perfektion geht; es geht um Präsenz.

Eine langfristige Genesung von psychischen Problemen erfordert mehr als Medikamente, Therapiesitzungen oder kurzfristige Bewältigungsstrategien. Es braucht Struktur. Es erfordert Flexibilität. Vor allem erfordert es einen Plan, der die einzigartigen Rhythmen, Stressfaktoren, Werte und Verletzlichkeiten des Einzelnen widerspiegelt. Ein personalisierter Langzeitpflegeplan ist keine generische Checkliste. Es ist ein lebendiges, atmendes Werkzeug, das sich an die sich entwickelnden Bedürfnisse einer Person anpasst und sie gleichzeitig in Stabilität und Sicherheit verankert. Als Kliniker habe ich festgestellt, dass diejenigen, die diesen Plan mitgestalten, tendenziell engagierter, belastbarer und in der Lage sind, mit Rückschlägen umzugehen, ohne sich aufzulösen.

Der erste Schritt ist ein tiefes Verständnis der Grundlinie des Einzelnen. Dabei geht es nicht nur um das Fehlen von Symptomen. Die Basislinie bezieht sich auf das typische Energieniveau, die Stimmungslage, die kognitiven Funktionen, die Schlafgewohnheiten, das soziale Engagement und die Fähigkeit der Person, mit dem täglichen Stress umzugehen. Dazu gehören auch ihre bekannten Schwachstellen, bestimmte Umgebungen, Verhaltensweisen oder Gedanken, die dazu neigen, sie zu destabilisieren. Ich arbeite mit meinen Kunden daran, diese Muster klar zu erkennen und aufzuschreiben. Wir nennen diesen Abschnitt das „Wellness-Profil". Es wird zum Bezugspunkt. Wenn wir beginnen, von diesem Profil abzuweichen, wissen wir, dass es Zeit ist, innezuhalten und eine Bewertung abzugeben.

Ein starker Pflegeplan ist proaktiv und nicht reaktiv. Deshalb muss es sowohl Wartungsstrategien als auch Notfallprotokolle umfassen. Erhaltungsstrategien sind die täglichen und wöchentlichen Gewohnheiten, die den Einzelnen geistig fit halten: konsistente Routinen, geplante Therapie- oder Gruppensitzungen, Medikamenteneinhaltung, Ernährungsgewohnheiten, digitale Grenzen, körperliche Aktivität und kreative oder spirituelle Praktiken. Dabei handelt es sich nicht nur um Aufgaben; Sie sind die Leitplanken, die jemanden auf dem Laufenden halten. Wenn sie konsequent durchgeführt werden, verringern sie die Wahrscheinlichkeit einer emotionalen oder verhaltensbezogenen Regression.

Aber das Leben ist nicht immer vorhersehbar, daher muss der Plan „Reaktionsprotokolle" enthalten. Darin wird genau beschrieben, was zu tun ist, wenn Warnzeichen auftreten. Wer soll kontaktiert werden? Welche Interventionen müssen aktiviert werden? Gibt es bestimmte Erdungsübungen, die gut funktionieren? Hat die Person Zugang zu ihren Medikamenten, ihren Krisennummern und ihren Betreuern? Diese Fragen müssen vor Beginn der Krise beantwortet werden, nicht während der Krise. Wenn der Geist überfordert ist, wird die Entscheidungsfindung beeinträchtigt. Ein gut ausgearbeitetes Protokoll beseitigt diese Belastung, indem es klare, bereits vereinbarte Schritte bietet.

Ich betone auch die Notwendigkeit eines Pflegeteams, einer Gruppe vertrauenswürdiger Fachleute und Laien, die verschiedene Arten von Unterstützung leisten können. Dazu können ein Psychiater, ein Therapeut, ein Allgemeinmediziner, eine Selbsthilfegruppe, Familienmitglieder oder enge Freunde gehören. Jede

Person in diesem Team sollte ihre Rolle kennen. Wer meldet sich wöchentlich? Wer bietet logistische Hilfe? Wer bemerkt Stimmungsschwankungen zuerst? Durch die Zuweisung klarer Rollen stellen wir sicher, dass der Einzelne nie die volle Last seiner Genesung alleine tragen muss.

Eine der wirkungsvollsten Komponenten eines Pflegeplans ist das, was ich als „Selbstwiederherstellungsliste" bezeichne. Dabei handelt es sich um eine personalisierte Bestandsaufnahme von Dingen, die Menschen dabei helfen, zu sich selbst zurückzukehren. Für den einen könnte es das Schreiben von Gedichten sein. Zum anderen können es Atemübungen, Musik, Kochen, Spaziergänge am Wasser oder ein Telefonat mit jemandem sein, der ohne Urteil zuhört. Dies sind keine optionalen Annehmlichkeiten. Es sind Interventionen. Sie bringen das Nervensystem wieder in die Regulierung und verbinden die Person wieder mit Sinn, Präsenz und Frieden. Ich ermutige jeden Einzelnen, mindestens zehn davon aufzulisten und sie sichtbar auf einem Nachttisch, einem Kühlschrank, einem Tagebuch oder an einem leicht zugänglichen Ort aufzubewahren, wenn sich die Dinge schwer anfühlen.

Ein weiterer wesentlicher Bereich ist das Medikamentenmanagement. Wenn die Person psychiatrische Medikamente einnimmt, sollte der Plan beinhalten, wie sie die Einhaltung sicherstellt, wie sie mit Nebenwirkungen umgeht und was zu tun ist, wenn sie eine Dosis vergessen hat. Dies sollte praktisch und einfach sein: eine Pillendose, ein täglicher Alarm, eine Apothekenerinnerung oder die Einbeziehung einer vertrauenswürdigen Unterstützungsperson. Zu viele Rückfälle werden nicht durch Lebensereignisse ausgelöst, sondern durch inkonsistente Medikamenteneinnahme, die mit besseren Systemen hätte verhindert werden können.

Flexibilität ist der Schlüssel. Das Leben verändert sich, der Arbeitsplatz verlagert sich, Beziehungen entwickeln sich und die Gesundheit schwankt. Ein Pflegeplan muss regelmäßig überprüft und bei Bedarf aktualisiert werden. Ich empfehle vierteljährliche Überprüfungen, bei denen wir uns zusammensetzen und fragen: Was funktioniert? Was ist nicht? Sind neue Auslöser aufgetaucht? Hat die

Person neue Stärken oder Bedürfnisse entwickelt? Diese Bewertungen helfen, Stagnation zu verhindern. Sie erinnern den Einzelnen daran, dass das Wachstum fortlaufend ist und dass seine Bedürfnisse und Vorlieben es verdienen, in jeder Phase berücksichtigt zu werden.

Ich habe einmal mit einer 38-jährigen Frau gearbeitet, bei der eine Bipolar-II-Störung diagnostiziert wurde. In ihren frühen Behandlungsstadien widersetzte sie sich der Idee einer strukturierten Planung. Sie hatte jahrelange Instabilität erlebt und befürchtet, dass sich Struktur wie Kontrolle anfühlen würde. Aber sie beugte sich vor, als wir den Plan als eine Form des Selbstschutzes und der Freiheit umformulierten, als eine Möglichkeit, in ihrem Leben zu bleiben, anstatt sich davon zurückzuziehen. Wir haben einen Plan erstellt, der auf ihren Lebensstil als Künstlerin zugeschnitten ist. Dazu gehörten kreative Zeitblöcke, Schlafanker, ein Krisen-SMS-Dienst und jeden Sonntagabend ein Check-in mit ihrer Schwester. Sechs Monate später, während einer besonders stressigen Jahreszeit, bemerkte sie Anzeichen von Hypoaktivität und vermindertem Schlaf. Da sie einen Plan hatte, aktivierte sie ihr Protokoll frühzeitig, passte ihre Medikamente in Zusammenarbeit mit ihrem Psychiater an und verhinderte eine vollständige manische Episode. Das ist die Kraft der Personalisierung. Wenn ein Pflegeplan die Seele des Einzelnen widerspiegelt, wird er zu etwas, das er schützen möchte.

Ich möchte, dass jeder Leser, Kliniker und Betreuer Folgendes versteht: Genesung ist kein Weg, der für alle passt. Es muss angepasst werden. Es muss respektiert werden. Und es muss regelmäßig überprüft und verfeinert werden. Ein personalisierter Langzeitpflegeplan sorgt nicht nur dafür, dass jemand gesund bleibt, er gibt ihm auch die Verantwortung für seine Heilung. Es macht sie vom passiven Patienten zum aktiven Teilnehmer. Und dieser Wandel verändert alles.

Wenn ich mit Erwachsenen spreche, die sich langfristig von ihrer psychischen Gesundheit erholen, ist emotionale Flexibilität eine der wichtigsten Fähigkeiten, die ich ihnen beim Aufbau zu helfen versuche. In der Klinik definieren wir dies oft als die Fähigkeit, ein breites Spektrum an Emotionen zu erleben, sowohl angenehme als auch unangenehme, ohne dabei überwältigt oder starr zu reagieren. Emotionale Flexibilität bedeutet nicht, dass Sie die Dinge nicht tief empfinden. Das bedeutet, dass Sie auf dem Boden bleiben können, wenn sich die Emotionen unerwartet ändern. Es bedeutet, dass Sie nicht stecken bleiben. In meiner jahrelangen Arbeit mit Erwachsenen bei verschiedenen Diagnosen, sei es Angst, Depression, bipolare Störung oder Schizophrenie, habe ich erkannt, dass emotionale Flexibilität einer der stärksten Indikatoren für psychische Belastbarkeit ist.

Beginnen wir damit, zu verstehen, was bei emotionaler Starrheit im Gehirn passiert. Wenn jemand auf emotionales Unbehagen, Enttäuschung, Scham, Wut und Unsicherheit stößt und ihm die Werkzeuge fehlen, diese zu verarbeiten, wechselt das Gehirn in den Abwehrmodus. Neuronale Bahnen, die mit vergangenen Traumata oder maladaptiven Mustern verbunden sind, werden aktiviert. Der präfrontale Kortex, der für Logik und Entscheidungsfindung verantwortlich ist, beginnt sich zu beruhigen und die Amygdala, das Alarmsystem des Gehirns, übernimmt die Leitung. Die Person kann reaktiv, zurückgezogen, impulsiv oder überfordert werden. Möglicherweise greifen sie auf bekannte, aber nicht hilfreiche Bewältigungsstrategien zurück: Substanzkonsum, Vermeidung, Grübeln, Aggression oder völliges Abschalten. Bei diesen Antworten geht es nicht um Schwäche. Es handelt sich um neurologische Gewohnheiten, die durch Wiederholung und Überleben entstehen. Und die einzige Möglichkeit, sie zu ändern, besteht darin, das Gehirn neu zu trainieren, anders zu reagieren, wenn große Emotionen aufkommen.

Hier kommt Flexibilität ins Spiel. Stellen Sie sich das so vor: Emotionale Flexibilität ist die Fähigkeit, innezuhalten, Ihre Gefühle zu benennen, das Unbehagen zu tolerieren und eine Reaktion zu wählen, anstatt impulsiv zu reagieren. Es ist der Unterschied, ob man in die Strömung hineingezogen wird oder lernt, durch sie zu schwimmen. Emotional flexible Erwachsene sind nicht weniger emotional; sie sind emotional kompetenter. Sie haben keine Angst vor harten Gefühlen. Sie respektieren sie. Sie bleiben neugierig auf sie. Und diese Neugier hält sie mit sich selbst und anderen in Verbindung.

Nun, diese Fähigkeit entwickelt sich nicht zufällig. Es muss gelehrt, geübt und verstärkt werden. Für viele Erwachsene, insbesondere diejenigen, die in emotional entkräftenden oder chaotischen Umgebungen aufgewachsen sind, ist dies möglicherweise das erste Mal, dass jemand erklärt, dass Emotionen keine Bedrohungen sind. Sie sind Boten. Wenn jemand jahrelang seine Gefühle aufgrund von Scham, Trauma oder gesellschaftlichen Erwartungen unterdrückt hat, braucht es Zeit, um neue Nervenbahnen zu schaffen, die einen emotionalen Ausdruck ohne Angst vor einem Zusammenbruch ermöglichen.

In meiner klinischen Arbeit leite ich Erwachsene durch das, was ich „emotionales Fließfähigkeitstraining" nenne.

Dieser Prozess umfasst drei Schlüsselschritte: (1) Steigerung des emotionalen Bewusstseins, (2) Erweiterung des emotionalen Vokabulars und (3) Einüben von Emotionsregulationstechniken, die es dem Einzelnen ermöglichen, zu reagieren, nicht zu reagieren. Wir beginnen damit, langsamer zu werden. Ich stelle Fragen wie: Was fühlst du gerade? Wo spürst du es in deinem Körper? Was hat es ausgelöst? Welche Geschichte verbinden Sie mit diesem Gefühl? Diese Fragen tragen dazu bei, die emotionale Erfahrung vom limbischen System (dem emotionalen Zentrum des Gehirns) zurück in den präfrontalen Kortex zu verlagern, wo Reflexion und Regulierung möglich sind.

Eines der häufigsten Muster, das ich bei Erwachsenen sehe, ist emotionale Vermeidung. Der Glaube ist, dass manche Gefühle, Trauer, Wut, Traurigkeit zu gefährlich sind, um sie zu berühren. Infolgedessen verdrängen sie sie, lenken von ihnen ab oder versuchen, sie durch Positivität zu ersetzen. Aber das funktioniert nur so lange. Letztendlich äußern sich diese unterdrückten Emotionen in körperlichen Symptomen, Migräne, Müdigkeit,

Panikattacken oder in Beziehungen, in denen emotionale Unerreichbarkeit oder Konflikte auftreten. Emotionale Flexibilität lehrt, dass alle Gefühle vorübergehend, erträglich und gültig sind. Sogar die unordentlichen. Vor allem die unordentlichen.

Lassen Sie mich Ihnen ein Beispiel geben. Eine 45-jährige Lehrerin, mit der ich zusammenarbeitete, kämpfte mit chronischen Ängsten und einer perfektionistischen Denkweise. Jeder vermeintliche Misserfolg, das Verspäten, das Vergessen von Kleinigkeiten oder der Empfang von konstruktivem Feedback würde unverhältnismäßige Schuldgefühle und Selbstkritik auslösen. Sie wusste nicht, wie sie unbequem sitzen sollte. Ihre unmittelbare Reaktion bestand darin, sich entweder zu sehr zu entschuldigen, zu überarbeiten oder sich zu isolieren. Durch die Therapie begannen wir, ihren emotionalen Flexibilitätsmuskel aufzubauen. Wir haben daran gearbeitet, das Unbehagen zu bemerken, bevor wir reagierten. Wir nannten es: „Das ist eine Schande." Wir saßen dabei. Wir haben die Quelle in Frage gestellt. Wir übten alternative Reaktionen wie Erdungstechniken, Neuformulierung und

Selbstbestätigung. Mit der Zeit wurde ihr klar, dass sie nicht jedes unangenehme Gefühl „reparieren" musste. Sie musste es einfach widerstandslos durch sich hindurchgehen lassen. Dieser Wandel war monumental. Sie ging von der Spirale nach jedem Fehler zum Innehalten, Atmen und der Rückkehr zu sich selbst über.

Bei Resilienz, die mit emotionaler Flexibilität einhergeht, geht es nicht darum, schnell wieder auf die Beine zu kommen. Es geht darum, sich mit Absicht zu erholen. Es geht darum, auf interne und externe Ressourcen zurückzugreifen, wenn das Leben unvorhersehbar wird. Resiliente Erwachsene sind nicht unzerbrechlich; sie reagieren. Sie erleben den Sturz, wissen aber, wie sie wieder aufstehen können, ohne sich dabei zu verlieren. Sie verfügen in der Regel über einige Schlüsselmerkmale: ein Gefühl für Sinn und Zweck, starke soziale Bindungen, Selbstbewusstsein, die Fähigkeit, Emotionen zu regulieren und flexibles Denken.

Zur Resilienz gehört auch das, was ich „emotionale Elastizität" nenne. Das ist die Fähigkeit, Stress zu absorbieren und sich unter Druck zu dehnen, ohne zu reißen. Denken Sie an ein Gummiband. Wenn es zu lange zu eng ist, geht es kaputt. Aber wenn es regelmäßig genutzt, ausgeruht und respektiert wird, behält es seine Stärke. Erwachsene brauchen die gleiche Elastizität. Sie brauchen Zeit, um sich nach Stress zu erholen. Sie brauchen Gewohnheiten, die ihnen helfen, sich wieder zu zentrieren. Und sie brauchen die Erlaubnis von sich selbst und anderen, um sich verletzlich zu fühlen, ohne Angst vor einem Urteil zu haben.

Was macht diese Elastizität aus? Tägliche Übungen. Mikrogewohnheiten. Kognitive Flexibilität. Soziale Unterstützung. Ausruhen. Körperliche Aktivität. Spirituelle Erdung. Therapie. Kreativer Ausdruck. Alle diese Elemente tragen zum emotionalen „Muskelgedächtnis" bei, das zur Anpassung an Stressfaktoren erforderlich ist. Erwachsene, die Resilienz entwickeln, warten nicht darauf, dass sich das Leben stabilisiert. Sie lernen, von innen heraus Stabilität zu schaffen.

Ein weiterer wichtiger Punkt besteht darin, zu lernen, Rückschläge neu zu formulieren. Resiliente Menschen interpretieren nicht jeden Fehler oder jede Herausforderung als persönliches Versagen. Sie fragen: Was kann ich daraus lernen? Wie kann ich daran wachsen? Welche Ressourcen kann ich nutzen, um voranzukommen? Diese Änderung der Denkweise ist von entscheidender Bedeutung. Denn die Realität ist, dass die Genesung der psychischen Gesundheit niemals perfekt sein wird. Es wird Auslöser geben. Es wird harte Tage geben. Wenn Einzelpersonen jedoch glauben, dass sie effektiv reagieren können, ist die Wahrscheinlichkeit einer Spirale weitaus geringer.

Ich bitte meine Kunden oft, eine sogenannte „Resilienz-Roadmap" zu erstellen. Dies umfasst vier Abschnitte: (1) Was bringt mich aus dem Gleichgewicht? (2) Was bringt mich zurück in die Mitte? (3) Wer sind meine Unterstützer? (4) Welche Gedanken helfen mir, Schwierigkeiten neu zu formulieren? Dieser Fahrplan wird zu einer Erinnerung daran, dass sie nicht machtlos sind. Es bietet Orientierung, wenn sich der Weg unklar anfühlt.

Ein Erwachsener, mit dem ich zusammenarbeitete, hatte eine Vorgeschichte von Panikstörungen. Im

Anfangsstadium glaubte sie, ihre Panikattacken seien ein Beweis dafür, dass sie gebrochen sei. Bei jeder Episode fühlte sie sich beschämt und verängstigt. Im Laufe unserer gemeinsamen Arbeit begann sie, diese Erzählung zu verändern. Sie hörte auf, die Panik als Feind zu sehen, und begann, sie als Alarmsystem zu betrachten. „Mein Körper sagt mir etwas", würde sie sagen. „Ich muss zuhören, nicht kämpfen." Allein dieser Wandel gab ihr die Kontrolle zurück. Sie lernte, auf der Welle zu reiten, anstatt sich ihr zu widersetzen. Auch heute noch leidet sie gelegentlich unter Paniksymptomen, die ihr Leben jedoch nicht mehr kontrollieren. Das ist emotionale Flexibilität. Das ist Resilienz.

Dabei ist es auch wichtig, sich mit kulturellen und geschlechtsspezifischen Dynamiken auseinanderzusetzen. Viele Erwachsene wurden aufgrund von Geschlechtererwartungen oder kulturellen Normen darauf konditioniert, Emotionen zu unterdrücken. Männern wird beigebracht, nicht zu weinen. Frauen wird gesagt, sie sollen freundlich bleiben. Von farbigen Menschen wird oft erwartet, dass sie auch unter enormem Druck stark und gelassen wirken. Diese kulturellen Skripte beeinträchtigen die emotionale Flexibilität, weil sie Erwachsenen beibringen, sich vor Ausdruck zu fürchten. In der Therapie arbeiten wir daran, diese Botschaften zu verlernen und sie durch die Erlaubnis zu ersetzen, ohne Entschuldigung zu fühlen, auszudrücken und zu heilen.

Ich erinnere alle Betreuer und Fachkräfte daran, dass es bei Resilienz nicht darum geht, „mehr zu tun". Es geht darum, es anders zu machen. Es geht darum, lange genug langsamer zu werden, um die Emotion wahrzunehmen, sie zu respektieren und bewusst den nächsten Schritt zu wählen. Es geht darum, Erwachsenen dabei zu helfen, emotionale Gewohnheiten aufzubauen, die ihr Nervensystem, ihre Beziehungen und ihre geistige Klarheit unterstützen.

Wenn wir möchten, dass es Erwachsenen langfristig gut geht, können wir nicht einfach ihre Symptome behandeln und auf das Beste hoffen. Wir müssen ihnen beibringen, ihre Gefühle sicher zu spüren. Wir müssen ihnen zeigen, wie man sich beugt, ohne zu brechen. Emotionale Flexibilität und Belastbarkeit sind keine Luxusfähigkeiten.

Es sind Überlebensfähigkeiten. Und wenn sie regelmäßig praktiziert werden, werden sie Teil der emotionalen DNA eines Menschen.

Abschließend lässt sich sagen, dass emotionale Belastbarkeit keine Eigenschaft ist, die nur wenigen Glücklichen vorbehalten ist. Es ist eine Fähigkeit, die bei jedem mit Zeit, Unterstützung und Übung kultiviert werden kann. Als Fachleute haben wir die Verantwortung, diese Widerstandsfähigkeit selbst zu modellieren, Raum für emotionale Erkundung zu schaffen und zu lehren, dass es bei mentaler Stärke nicht darum geht, niemals zu fallen, sondern darum zu lernen, wie wir jedes Mal weicher, stärker und klüger wieder aufstehen können.

Eines der häufigsten Missverständnisse, denen ich in der klinischen Arbeit begegne, ist der Glaube, dass man Resilienz nur in einer Krise nutzen kann. Eine Eigenschaft, die man „herauszieht", wenn das Leben zusammenbricht. Aber wahre Belastbarkeit ist nicht episodisch. Es ist kein Werkzeug, das man einmal benutzt und dann beiseite legt. Resilienz ist ein Lebensstil, der jeden Tag mit psychologischer Agilität, emotionalem Bewusstsein und fundierter Absicht angeht. Die Menschen, denen es auf lange Sicht am besten geht, erholen sich nicht einfach gut von der Belastung. Sie sind diejenigen, die Resilienz in die Struktur ihres täglichen Lebens integrieren.

Wie passiert das? Wie können wir etwas so Breites und Abstraktes wie Resilienz praktisch, verkörpert und konsistent machen? Als Psychiater lehre ich, dass Integration dann geschieht, wenn Belastbarkeit Teil Ihrer Routine, Denkweise und Identität wird, nicht nur etwas, das Sie praktizieren, wenn alles auseinanderfällt, sondern etwas, nach dem Sie leben.

Es beginnt mit kleinen, täglichen Gewohnheiten. Dies sind die Mikroentscheidungen, die im Laufe der Zeit zum emotionalen Gerüst werden, das Ihnen Halt gibt. Zu einer gleichbleibenden Zeit aufstehen. Zubereitung nahrhafter Mahlzeiten. Bewegen Sie Ihren Körper, auch wenn es nur ein Spaziergang ist. Engagieren Sie sich mit Menschen, die Ihr Wachstum unterstützen. Beschränken Sie den Kontakt mit Umgebungen und Gesprächen, die Sie erschöpft oder dysreguliert machen. Das sind keine dramatischen Eingriffe. Sie sind grundlegend. Und mit der Zeit formen sie das Nervensystem so, dass es Beständigkeit, Sicherheit und Fürsorge erwartet.

Ich beschreibe dies gegenüber meinen Patienten oft als „Hygiene für die psychische Gesundheit". So wie Sie Ihre Zähne putzen, um Karies vorzubeugen, entwickeln Sie auch mentale Hygieneroutinen, um emotionaler und psychischer Erosion vorzubeugen. Dazu können fünf Minuten morgendliches Atmen, Tagebuchschreiben vor dem Schlafengehen, ein wöchentlicher Check-in bei einem Therapeuten oder einer Selbsthilfegruppe oder das Festlegen von Zeitlimits für den Bildschirm gehören.

Diese kleinen Rituale trainieren das Gehirn, sich selbst zu regulieren. Sie verankern das Nervensystem in Vorhersehbarkeit und Wahlmöglichkeiten, die zwei der stabilisierendsten Kräfte für das geistige Wohlbefinden sind.

Die Integration von Resilienz bedeutet jedoch auch, zu lernen, wie man interne Stürme in Echtzeit bewältigt. Dies erfordert etwas Tieferes: emotionale Selbstregulierung. Ich habe bereits gesagt, dass emotionale Flexibilität von entscheidender Bedeutung ist und dass wir sie durch ständige Übung nachhaltig gestalten. Wenn ein unerwarteter Stressfaktor auftritt, eine schwierige E-Mail, eine auslösende Erinnerung oder ein sozialer Konflikt, unterdrückt die widerstandsfähige Person die Reaktion nicht. Sie machen eine Pause. Sie bemerken die physiologischen Anzeichen: Spannung in der Brust, flacher Atem und steigende Hitze im Gesicht. Sie erden sich, bevor sie antworten. Dies kann durch beschleunigtes Atmen, einen Schritt nach draußen, die Visualisierung von etwas Beruhigendem oder einfach durch die innere Aussage geschehen: „Das ist schwierig, aber ich komme damit zurecht.“

Dieser Prozess verdrahtet das Gehirn neu. Mit der Zeit lernt der Körper, sich sicher zu fühlen und dennoch klug zu entscheiden. Dass Emotionen das Verhalten nicht kapern müssen. Dieses Unbehagen ist beherrschbar. Dies ist die Essenz der täglichen Belastbarkeit, nicht die Abwesenheit von Stress, sondern die Fähigkeit, ihn zu bewältigen, ohne sich dabei selbst aufzugeben.

Eine weitere wirksame Möglichkeit, Resilienz in das tägliche Leben zu integrieren, ist ein wertebasiertes Leben. Wenn Erwachsene Entscheidungen im Einklang mit ihren Grundwerten treffen, erfahren sie ein tieferes Gefühl von Kohärenz und Zielstrebigkeit. In der Therapie frage ich oft: „Wofür soll Ihr Leben stehen? Was ist Ihnen wichtiger als der momentane Trost?“ Diese Fragen bringen Klarheit. Wenn sich Menschen von Werten und nicht von vorübergehenden Stimmungen oder Vermeidung leiten lassen, wird ihr Verhalten konsequenter, selbst wenn das Leben schwierig wird.

Nehmen wir an, jemand legt Wert auf Verbindung, Authentizität und Wachstum. An einem schwierigen Tag könnte ihr Instinkt darin bestehen, sich zu isolieren, über ihre Gefühle zu lügen oder eine Aufgabe aufzugeben. Aber wenn sie innehalten und sich wieder mit ihren Werten verbinden, wenden sie sich vielleicht stattdessen an einen Freund, sagen die Wahrheit über ihren emotionalen Zustand und tun eine kleine Sache, um Fortschritte zu machen. Das bedeutet nicht, dass der Tag einfach wird, aber er wird bedeutungsvoll. Werte geben dem Geist einen Kompass. Sie sorgen dafür, dass Unbehagen tolerierbar ist.

Ich habe einmal mit einem Mann mittleren Alters gearbeitet, der sich von einer Alkoholabhängigkeit erholte. Was seine Genesung veränderte, war nicht nur Nüchternheit; Es war eine Wiederbelebung des Wertes, ein verlässlicher Vater zu sein. Jeden Morgen fragte er sich: „Was würde ein gegenwärtiger Vater heute tun?" Diese eine Frage prägte seine Entscheidungen. Es beeinflusste, wie er auf Auslöser reagierte, wie er seinen Zeitplan strukturierte und wie er mit emotionalem Schmerz umging. Seine Widerstandsfähigkeit beruhte nicht nur darauf, einen Rückfall zu vermeiden. Es wurzelte darin, die Person zu werden, die er unbedingt sein wollte.

Auch in der Gemeinschaft gedeiht die tägliche Resilienz. Der Mensch ist biologisch auf Verbindung ausgelegt. Isolation verstärkt Entzündungen, reguliert Stresshormone und schwächt die Hoffnung. Aus diesem Grund pflegen resiliente Menschen Beziehungen, die ihr Wohlbefinden fördern. Sie nehmen sich Zeit für Kontakte, auch wenn es unbequem ist. Sie bilden Unterstützungskreise, die Raum für Ehrlichkeit bieten. Sie wissen, wen sie anrufen können, wenn es ihnen schwerfällt, und sind bereit, ohne Scham um Hilfe zu bitten.

Der Aufbau dieser Gemeinschaft ist Teil des Pflegeplans für diejenigen, die sich mit der Genesung ihrer psychischen Gesundheit befassen. Es kann bedeuten, dass Sie einer Selbsthilfegruppe beitreten, eine konsequente Therapie aufrechterhalten oder einfach nur die Absicht haben, wieder mit Ihren Lieben in Kontakt zu treten. In meiner Praxis ermutige ich Patienten, mindestens drei Personen zu identifizieren, denen sie vertrauen. Das sind ihre „emotionalen Anker". Menschen, die sie daran erinnern, wer sie sind, wenn ihr Verstand anfängt, sie anzulügen. Menschen, die Stärke widerspiegeln, nicht Urteilsvermögen.

Allerdings geht es bei der Integration von Resilienz nicht nur um externe Systeme. Es geht auch um die innere Erzählung. Die Geschichte, die wir uns täglich erzählen, hat tiefgreifende Auswirkungen auf unsere psychische Gesundheit. Wenn der innere Dialog einer Person auf Scham, Selbstzweifeln oder Niederlagen beruht, kann keine noch so große Unterstützung von außen sie langfristig unterstützen. Aber wenn sich diese Erzählung zu verändern beginnt, von „Ich bin kaputt" zu „Mir geht es besser", von „Ich habe versagt" zu „Ich habe etwas gelernt", von „Ich kann das nicht" zu „Ich werde es in kleinen Schritten schaffen", verankert sich Resilienz tief in der Identität.

In dieser internen Erzählung geht es nicht um toxische Positivität. Es geht nicht darum, so zu tun, als wäre alles in Ordnung. Es geht darum, die Wahrheit mit Mitgefühl zu sagen. Ich bringe meinen Klienten bei, eine fließende

Selbstbestätigung zu erlangen. Dinge zu sagen wie: „Das ist schwer und ich darf mich überfordert fühlen." „Ich muss nicht alles durchschaut haben, um Fortschritte zu machen." „Meine Vergangenheit schließt mich nicht vom Wachstum aus." Diese Aussagen sind keine Floskeln. Sie sind psychologische Werkzeuge. Sie stabilisieren das Selbst. Sie verankern den Geist in der Realität und öffnen gleichzeitig die Tür zur Möglichkeit.

Resilienz zu integrieren bedeutet auch, eine auf Erholung basierende Entscheidungsfindung in den Alltag zu integrieren. Wie sieht das aus? Es bedeutet, sich mit sich selbst auseinanderzusetzen, bevor man zu einer gesellschaftlichen Veranstaltung „Ja" sagt. Es bedeutet zu fragen: „Passt das zu meiner heutigen Energie?" Es bedeutet, dass Sie Ihren Urlaub genauso ernst nehmen müssen wie Ihre Produktivität. Es bedeutet zu erkennen, dass Wartung kein Zeichen von Schwäche ist; es ist ein Zeichen der Weisheit. Erwachsene, die mit psychischen Erkrankungen zu kämpfen haben, müssen oft vom „Alles oder Nichts"-Denken zu einem nachhaltigen Tempo übergehen. Das bedeutet, dass man nicht bis zum Burnout warten muss, um sich auszuruhen. Es bedeutet zu wissen, wie man präventive Pausen einlegt, ohne Schuldgefühle einen Schritt zurücktritt und sich ohne Angst wieder engagiert.

Ein weiterer praktischer Weg, wie Resilienz Teil des täglichen Lebens wird, ist die „mentale Probe". Hierbei handelt es sich um eine kognitiv-verhaltensbezogene Technik, bei der sich Einzelpersonen vorstellen, wie sie eine Herausforderung erfolgreich meistern, bevor sie eintritt. Sportler nutzen es. Chirurgen nutzen es. Und es ist unglaublich wirksam für die psychische Gesundheit. Ich bringe Kunden bei, Szenarien wie das Setzen von Grenzen, die Teilnahme an auslösenden Ereignissen oder die Konfrontation mit einem möglichen Rückschlag zu proben. Sie gehen es gedanklich durch: Was könnte passieren? Wie werde ich mich fühlen? Was werde ich mir sagen? Welche Tools werde ich verwenden? Diese mentale Probe verringert die Angst und erhöht die Wahrscheinlichkeit einer erfolgreichen Umsetzung. Es bestärkt auch den Glauben: „Ich schaffe das."

Schließlich bedeutet Resilienzintegration Akzeptanz. Keine Resignation, sondern radikale Akzeptanz. Man geht davon aus, dass psychische Gesundheitsprobleme zwar immer Teil der Geschichte sind, aber nicht die ganze Geschichte definieren. Wenn Erwachsene aufhören, gegen ihre Diagnose anzukämpfen und beginnen, ihre Fähigkeit zu akzeptieren, voll und ganz damit zu leben, ändert sich ihre Denkweise. Sie hören auf, darauf zu warten, „geheilt" zu werden, und beginnen, so zu leben, wie sie sind, mit Stärke, Entscheidungsfreiheit und Bewusstsein.

Ich möchte Ihnen Folgendes sagen: Belastbarkeit ist nicht nur etwas, das man bewundern kann; Es ist etwas, das Tag für Tag und Entscheidung für Entscheidung aufgebaut werden muss. Es geht nicht darum, wie stark Sie wirken. Es geht darum, wie konsequent Sie zum Kern Ihrer Persönlichkeit zurückkehren. Es geht darum, Ihre emotionalen Bedürfnisse zu berücksichtigen. Es geht darum, die unangenehme Fähigkeit des Fühlens zu üben. Und es geht darum, ein Leben aufzubauen, das überlebensfähig und sinnvoll ist.

Ganz gleich, ob Sie als Arzt andere unterstützen, als Betreuer einen geliebten Menschen begleiten oder als Einzelperson auf Ihrem eigenen Heilungsweg sind: Belastbarkeit ist nicht das Ziel. Es ist ein Rhythmus. Und sobald Sie beginnen, sich damit zu bewegen, tragen Sie es in jeden Raum, den Sie betreten, in jede Entscheidung, die Sie treffen, und in jede Herausforderung, der Sie gegenüberstehen.

Hallo Schatz,

Sie sind mit diesem Buch aus einem bestimmten Grund so weit gekommen: Ihrer Fürsorge, Neugier und Ihrem Mut. Ich möchte, dass Sie meine anderen beiden wichtigen Leitfäden zum Thema psychische Gesundheit lesen **Kinder** Und **Teenager**, sorgfältig geschrieben, um Ihnen zu helfen, jüngere Köpfe zu verstehen und zu unterstützen. Diese Bücher sind wirkungsvolle Begleiter zu diesem Buch und bieten altersspezifische Einblicke, die jeder fürsorgliche Erwachsene haben sollte.

Jeder Moment zählt. Klicken Sie jetzt auf das Cover und verändern Sie noch heute ein Leben.

KAPITEL 8: UNTERSTÜTZUNG BEI PSYCHISCHEN PROBLEMEN

Unterstützung ist nicht nur eine freundliche Geste; Es ist ein wesentlicher Teil der Heilung. Wenn Erwachsene mit psychischen Problemen konfrontiert sind, kann das Vorhandensein oder Fehlen von Unterstützung darüber entscheiden, wie sie auf die Behandlung reagieren, wie lange sie in der Pflege bleiben und sogar wie sie sich selbst sehen. Allzu oft treffe ich auf Patienten, die das Gefühl haben, sie müssten ihre Probleme alleine meistern, nicht weil sie es wollen, sondern weil sie Angst davor haben, missverstanden, abgewiesen oder anders gesehen zu werden. Deshalb ist es nicht nur notwendig, zu verstehen, wie man sinnvolle Unterstützung leisten kann, sondern auch von entscheidender Bedeutung.

Unterstützung beginnt mit Präsenz. Wird nicht repariert. Keine Beratung. Einfach da sein. Viele Erwachsene tragen tiefe emotionale Wunden, die nicht auf die Krankheit selbst zurückzuführen sind, sondern auf jahrelange Entkräftung, Zeiten, in denen sie sich bemühten und mit Herabwürdigung oder Schweigen konfrontiert wurden.

Ein offenes Ohr, das ohne Wertung oder Unterbrechung angeboten wird, kann eine der heilsamsten Kräfte sein, die es gibt. Manchmal ist das Beste, was man jemandem sagen kann, der Schwierigkeiten hat: „Ich glaube dir." Wenn dieser Satz aufrichtig vorgebracht wird, wird er zu einer Brücke zwischen Isolation und Verbundenheit.

Familie, Freunde und enge Gemeinschaften spielen eine einzigartige Rolle. Sie sind oft die ersten, die subtile Stimmungs-, Energie- oder Verhaltensänderungen bemerken. Aber zu wissen, was man sagen und was nicht, erfordert emotionale Intelligenz und Bildung. Ich habe viele Familien beraten, die unbeabsichtigt Schaden angerichtet haben, indem sie ihre Lieben dazu gedrängt haben, „damit Schluss zu machen" oder „stark für die Kinder zu sein". Diese Kommentare beruhen oft auf Angst oder Missverständnissen, nicht auf Bosheit. Dennoch hinterlassen sie Spuren. Stattdessen schafft der Ausdruck von Neugier, Empathie und Lernbereitschaft eine Umgebung, in der heilende Gespräche gedeihen können.

Zur Schaffung eines unterstützenden Umfelds gehören auch praktische Schritte. Hilfe beim Transport zu

Therapiesitzungen, Medikamentenerinnerungen, beim Einchecken nach Terminen oder das Angebot, gemeinsam einer Selbsthilfegruppe beizutreten, können Struktur und Ermutigung schaffen. Diese kleinen Aktionen verstärken die Botschaft: „Sie sind nicht allein damit." Überlegen Sie, wie in Haushalten Routinen, Verantwortlichkeiten und Stress geteilt werden. Psychisches Wohlbefinden existiert nicht im luftleeren Raum; Es wird stark von den Menschen und Systemen um es herum beeinflusst.

Professionelle Unterstützung ist ein weiterer Grundstein. Therapeuten, Berater, Psychiater, Peer-Spezialisten und Erstversorger sind Teil des Ökosystems der psychischen Gesundheitsversorgung. Der Zugriff auf die richtige Hilfe kann jedoch überwältigend sein. Ich begleite Patienten häufig dabei, Ärzte zu finden, die ihren Werten, ihrer Kultur und ihrem Kommunikationsstil entsprechen. Zur Unterstützung gehört auch, zu wissen, wann man sich für einen Anbieterwechsel einsetzen sollte, wenn die aktuelle Beziehung nicht funktioniert. Vertrauen und Sicherheit sind in jedem therapeutischen Bereich nicht verhandelbar.

Community-Ressourcen wie Selbsthilfegruppen, Hotlines und gemeinnützige Organisationen bieten zusätzliche Verbindungsebenen. Diese Räume ermöglichen es Erwachsenen, Erfahrungen mit anderen zu teilen, die es auf einer Ebene „begreifen", die selbst wohlmeinende Angehörige möglicherweise nicht verstehen. Viele Patienten, mit denen ich zusammengearbeitet habe, beschrieben ihre erste Selbsthilfegruppe als einen Wendepunkt, nicht weil jemand alle Antworten wusste, sondern weil sie sich zum ersten Mal nicht allein fühlten. Dieses Gefühl der gemeinsamen Menschlichkeit ist kraftvoll.

Wir müssen auch die Autonomie unterstützen. Eines der größten Missverständnisse ist, dass es bedeutet, jemandem zu helfen, die Kontrolle über seine Entscheidungen zu übernehmen. Aber die Wiederherstellung der psychischen Gesundheit beruht auf Zusammenarbeit und nicht auf Kontrolle. Fragen Sie, bevor Sie Lösungen anbieten. Hören Sie zu, bevor Sie reagieren. Lassen Sie die Person definieren, wie Unterstützung für sie aussieht. Ob Sie Termine wahrnehmen, bei täglichen Aufgaben helfen oder einfach nur eine Nachricht zum Einchecken senden – was hilfreich ist, kann sehr unterschiedlich sein, und die Anerkennung dieser Individualität ist der Schlüssel.

Wenn Erwachsene befähigt werden, für sich selbst einzutreten, verändert sich etwas. Sie beginnen, Entscheidungen nicht aus Angst oder Scham, sondern aus Zuversicht und Klarheit zu treffen. Die Förderung der Selbstvertretung ist eine dauerhafte Form der Unterstützung. Bringen Sie den Menschen bei, bei Arztterminen Fragen zu stellen, ihre Symptome zu verfolgen und sich zu äußern, wenn sich etwas nicht richtig anfühlt. Diese Fähigkeiten helfen nicht nur im Moment; Sie geben dem Einzelnen ein lebenslanges Gefühl der Entscheidungsfreiheit.

Auch die Resilienz wird durch Unterstützung gestärkt. Niemand wird mit unbegrenzter emotionaler Stärke geboren. Es wird in sicheren Beziehungen gefördert, in Umgebungen, in denen Fehler nicht bestraft werden und Emotionen anerkannt und nicht zum Schweigen gebracht werden. Erwachsene, die sich emotional unterstützt fühlen, versuchen es nach Rückschlägen eher noch einmal, bleiben bei der Behandlung und streben nachhaltig nach Wohlbefinden.

Ich möchte auch auf die Bedeutung von Grenzen für Menschen in Schwierigkeiten und ihre Unterstützungsnetzwerke eingehen. Jemanden zu unterstützen bedeutet nicht, dass Sie Ihre geistige Gesundheit opfern. Auch Pflegekräfte brauchen Platz. Gesunde Grenzen machen die Unterstützung nachhaltiger. Es ist in Ordnung zu sagen: „Ich bin für dich da und brauche Zeit zum Aufladen." Dieses Gleichgewicht stellt sicher, dass Unterstützung nicht zu gegenseitiger Abhängigkeit wird und dass für beide Personen in der Beziehung gesorgt wird.

Denken Sie abschließend daran, dass der Support weiterhin besteht. Die Wiederherstellung der psychischen Gesundheit verläuft nicht linear. Es wird gute und schwierigere Tage geben. Rückfälle, neue Diagnosen oder Veränderungen im Leben können neue Unterstützungsformen erfordern. Am wichtigsten ist die Konsistenz. Jemand zu sein, der im Laufe der Zeit zur

Seite steht, nicht nur in Krisenzeiten, schafft eine Vertrauensbasis, die jedem Sturm standhält.

An die Betreuer, Freunde, Partner und Fachkräfte, die dies lesen: Ihre Rolle ist wichtiger, als Ihnen vielleicht bewusst ist. Jede SMS, jeder Anruf, jede Fahrt zur Therapie, jede gemeinsame Mahlzeit oder jedes Patientengespräch trägt dazu bei, die Mauern niederzureißen, die eine psychische Erkrankung aufbauen kann. Sie bieten nicht nur Hilfe an. Du gibst Hoffnung.

Und an die Erwachsenen, die heute Probleme haben: Sie verdienen Unterstützung. Nicht weil du es „verdient" hast, indem du stark wirkst, sondern weil du ein Mensch bist. Du bist wichtig. Du bist keine Last. Und manche Menschen kümmern sich um Sie und möchten diese Reise mit Ihnen gehen, nicht vor oder hinter Ihnen, sondern an Ihrer Seite.

Lassen Sie uns weiterhin eine Welt aufbauen, in der niemand stillschweigend mit psychischen Herausforderungen umgehen muss. Lasst uns weiterhin auftauchen, uns zu Wort melden und uns gegenseitig unterstützen, ein Gespräch, ein Akt der Fürsorge, einen Tag nach dem anderen.

Der Aufbau eines Unterstützungssystems ist ein entscheidendes Element für Erwachsene, die mit psychischen Problemen konfrontiert sind. Ein starkes Unterstützungsnetzwerk kann emotionale Stabilität, praktische Hilfe und ein Zugehörigkeitsgefühl bieten — allesamt unerlässlich für das psychische Wohlbefinden. Zu diesem Netzwerk gehören in der Regel Familienangehörige, Freunde, Kollegen und Fachkräfte für psychische Gesundheit, die jeweils auf einzigartige Weise umfassende Unterstützung bieten.

Familie und enge Freunde bilden oft das Rückgrat eines Unterstützungssystems. Diese Menschen kennen Sie am besten und können Ihnen bedingungslose Liebe und Verständnis entgegenbringen. Es ist wichtig, offen mit ihnen über Ihre psychischen Probleme zu sprechen, damit sie wissen, wie sie Ihnen die beste Unterstützung bieten können. Dazu kann es gehören, regelmäßig vorbeizuschauen, ein offenes Ohr zu haben oder bei alltäglichen Aufgaben zu helfen, wenn die Dinge überwältigend werden. Offen über Ihre Bedürfnisse zu sprechen, kann Ihren Lieben helfen zu verstehen, wie sie sinnvoll für Sie da sein können.

Die Schaffung einer unterstützenden Umgebung zu Hause und am Arbeitsplatz ist ebenfalls von entscheidender Bedeutung. Dies kann bedeuten, Routinen zu etablieren, die das geistige Wohlbefinden zu Hause fördern, wie zum Beispiel regelmäßige Essenszeiten, Bewegung und Entspannungsübungen. Am Arbeitsplatz kann die Förderung eines Umfelds, in dem die psychische Gesundheit offen diskutiert und unterstützt wird, einen erheblichen Unterschied machen. Arbeitgeber können dazu beitragen, indem sie flexible Arbeitszeiten, Zugang zu Ressourcen für psychische Gesundheit und eine Kultur der Offenheit anbieten, in der sich Mitarbeiter sicher fühlen, über ihre psychische Gesundheit zu sprechen, ohne Angst vor Urteil oder Diskriminierung haben zu müssen.

Professioneller Support ist ein entscheidender Bestandteil eines starken Supportsystems. Die Suche nach dem richtigen Therapeuten oder Berater kann die Werkzeuge und Strategien für einen effektiven Umgang mit der psychischen Gesundheit liefern. Es ist von entscheidender

Bedeutung, dass Sie sich für einen Psychologen entscheiden, bei dem Sie sich wohl fühlen, und dass Sie therapeutische Ansätze anwenden, die bei Ihnen Anklang finden. Regelmäßige Sitzungen können Ihnen dabei helfen, Bewältigungsstrategien zu entwickeln, Ziele zu setzen und die Komplexität psychischer Herausforderungen zu bewältigen. Darüber hinaus können von einem Psychiater verschriebene Medikamente zur Behandlung bestimmter Erkrankungen erforderlich sein, und regelmäßige Nachuntersuchungen stellen sicher, dass die Behandlung wirksam bleibt.

Community-Ressourcen und Selbsthilfegruppen bieten zusätzliche Unterstützungsebenen. Der Beitritt zu einer Selbsthilfegruppe kann Sie mit anderen Menschen in Kontakt bringen, die ähnliche Herausforderungen erleben, und Ihnen ein Gefühl der Solidarität und des Verständnisses vermitteln. Diese Gruppen können eine Plattform bieten, um Erfahrungen auszutauschen, Ratschläge auszutauschen und Ermutigung von Kollegen zu erhalten, die wirklich verstehen, was Sie durchmachen. Kommunale Organisationen für psychische Gesundheit können auch Ressourcen wie Beratung, Workshops und Kriseninterventionsdienste bereitstellen.

Selbstfürsorge und Selbstvertretung sind integrale Bestandteile beim Aufbau eines Unterstützungssystems. Wenn Sie Verantwortung für Ihre psychische Gesundheit übernehmen, indem Sie Selbstfürsorgeroutinen praktizieren, können Sie Ihre Belastbarkeit und Ihr allgemeines Wohlbefinden verbessern. Dazu können Achtsamkeitsmeditation, körperliche Bewegung, eine ausgewogene Ernährung und ausreichend Schlaf gehören. Darüber hinaus stellt die Vertretung Ihrer Bedürfnisse in verschiedenen Situationen, sei es im Gesundheitswesen, am Arbeitsplatz oder in Ihren sozialen Kreisen, sicher, dass Sie die Unterstützung und die nötigen Vorkehrungen erhalten, die für einen effektiven Umgang mit Ihrer psychischen Gesundheit erforderlich sind.

Der Aufbau eines Unterstützungssystems für die psychische Gesundheit erfordert einen vielschichtigen Ansatz, der Familie, Freunde, professionelle Hilfe, gemeinschaftliche Ressourcen und Selbstfürsorge umfasst.

Die Bedeutung von Familie, Freunden und Gemeinschaft für die Unterstützung der psychischen Gesundheit kann nicht genug betont werden. Diese Beziehungen bilden die Grundlage für emotionale Stabilität, praktische Unterstützung und ein Zugehörigkeitsgefühl. Wenn Sie mit psychischen Problemen konfrontiert sind, kann ein starkes Netzwerk von Angehörigen einen erheblichen Unterschied in Ihrer Fähigkeit zur Bewältigung und Genesung machen.

Die Familie spielt im Unterstützungssystem eine entscheidende Rolle. Sie bemerken Veränderungen im Verhalten oder in der Stimmung oft als Erste und können sofort Hilfe leisten. Familienmitglieder vermitteln ein Gefühl von Sicherheit und bedingungsloser Liebe, das in schwierigen Zeiten tröstlich sein kann. Eine offene Kommunikation innerhalb der Familie über psychische Gesundheit kann dazu beitragen, Stigmatisierung zu reduzieren und ein Umfeld des Verständnisses und der Unterstützung zu schaffen. Familien können auch bei der Bewältigung der täglichen Aufgaben behilflich sein, sodass sich der Einzelne auf seine Genesung konzentrieren kann. Beispielsweise könnte eine Person, die mit einer schweren Depression zu kämpfen hat, erheblich davon profitieren, wenn Familienmitglieder bei der Hausarbeit helfen oder sie zu Arztterminen begleiten.

Freunde sind ein weiterer wichtiger Bestandteil eines Unterstützungsnetzwerks. Im Gegensatz zur Familie handelt es sich bei Freundschaften um freiwillige Beziehungen, und die von Freunden angebotene Unterstützung kann eine bemerkenswerte Stärkung sein. Freunde können eine andere Perspektive bieten und eine Quelle der Freude und Entspannung sein. Sie bieten Kameradschaft und können die Teilnahme an sozialen Aktivitäten fördern, die für die psychische Gesundheit unerlässlich sind. In schwierigen Zeiten können Freunde ein offenes Ohr haben, Ratschläge geben oder einfach nur da sein und emotionale Unterstützung bieten, die sowohl wertvoll als auch beruhigend ist.

Community-Unterstützung erweitert das Netzwerk über Familie und Freunde hinaus und umfasst breitere soziale Verbindungen und Ressourcen. Gemeinschaften können ein Gefühl der Zugehörigkeit und Identität vermitteln, was für das psychische Wohlbefinden von entscheidender Bedeutung ist. Teil einer Gemeinschaft zu sein, sei es eine Nachbarschaft, eine religiöse Gruppe oder ein Hobbyclub, trägt dazu bei, dass sich Einzelpersonen verbunden und wertgeschätzt fühlen. Community-Gruppen können durch organisierte Aktivitäten, Selbsthilfegruppen und gesellschaftliche Veranstaltungen strukturierte Unterstützung bieten. Diese Interaktionen können dazu beitragen, das Gefühl der Isolation zu reduzieren und ein Gefühl der Solidarität aufzubauen.

Ein Beispiel für die Kraft der gemeinschaftlichen Unterstützung können gemeinschaftsbasierte Programme zur psychischen Gesundheit sein. Zu diesen Programmen gehören häufig Selbsthilfegruppen, in denen Menschen ihre Erfahrungen austauschen und Ermutigung von anderen erhalten können, die vor ähnlichen Herausforderungen stehen. Solche Gruppen bieten einen sicheren Raum, um offen über psychische Gesundheit zu diskutieren, Stigmatisierung abzubauen und Heilung zu fördern. Gemeinschaftsprogramme können auch Zugang zu Ressourcen wie Beratungsdiensten, Workshops und Krisenintervention bieten, die für ein wirksames Management der psychischen Gesundheit von entscheidender Bedeutung sind.

Durch die gemeinsame Anstrengung von Familie, Freunden und der Gemeinschaft entsteht ein umfassendes Unterstützungsnetzwerk, das sich mit verschiedenen Aspekten der psychischen Gesundheit befasst. Emotionale Unterstützung durch geliebte Menschen, praktische Hilfe bei alltäglichen Aufgaben und ein Zugehörigkeitsgefühl zu einer Gemeinschaft tragen alle zu besseren Ergebnissen im Bereich der psychischen Gesundheit bei. Dieses integrierte Unterstützungssystem hilft Einzelpersonen, ihre psychischen Herausforderungen effektiver zu meistern und fördert die Widerstandsfähigkeit und Genesung.

Letztendlich sind Familie, Freunde und die Rolle der Gemeinschaft von entscheidender Bedeutung für die Unterstützung der psychischen Gesundheit. Diese Beziehungen bieten wesentliche emotionale und praktische Unterstützung und schaffen ein Umfeld, in dem sich

Menschen trotz ihrer psychischen Probleme entfalten können. Dieser ganzheitliche Ansatz kommt Ihnen zugute und stärkt das Gesamtgefüge unserer Gemeinschaften, wodurch sie widerstandsfähiger und mitfühlender werden.

Unterstützung ist nicht nur etwas, das man gibt. Es ist etwas, das Sie Tag für Tag durch Absicht, Vertrauen und Bewusstsein aufbauen. Ein wirklich unterstützendes Umfeld geht über freundliche Worte hinaus. Es ist ein lebendiger, atmender Raum, in dem Emotionen respektiert werden, sich Verletzlichkeit sicher anfühlt und die Menschen sich genau so zeigen dürfen, wie sie sind, ohne Masken, ohne Scham und ohne Angst, missverstanden zu werden.

Einer der ersten Schritte bei der Schaffung dieser Umgebung ist der Wechsel von einer reaktiven zu einer proaktiven Denkweise. Viel zu oft greift die Unterstützung erst, wenn jemand in einer Krise steckt. Doch bis dahin ist bereits großer Schaden angerichtet. Emotionale Wunden vertiefen sich in Stille und Isolation. Eine unterstützende Umgebung hingegen antizipiert Bedürfnisse. Es lädt zum offenen Dialog ein, lange bevor es zum Scheitern kommt. Nach meiner klinischen Erfahrung bitten Erwachsene mit einer sicheren emotionalen Basis eher frühzeitig um Hilfe, halten sich an

Behandlungspläne und verspüren ein Gefühl der Stabilität, selbst wenn das Leben unvorhersehbar wird.

Ein unterstützendes Zuhause oder ein unterstützender Arbeitsplatz muss nicht makellos sein. Es muss nur bewusst sein. Das bedeutet, auf Ton, Sprache und emotionale Signale zu achten. Können Menschen ihre Gefühle frei äußern, ohne dass man ihnen sagt, dass sie „überreagieren"? Haben sie das Gefühl, gesehen und gehört zu werden, oder spüren sie, dass hinter jeder verletzlichen Aussage ein Urteil schwebt? Etwas so Einfaches wie die Art und Weise, wie wir auf „Mir geht es heute nicht gut" reagieren, hinterlässt einen bleibenden Eindruck. Eine bestätigende Antwort wie: „Danke, dass Sie es mir gesagt haben; wie kann ich Sie jetzt unterstützen?" kommuniziert mehr als nur Empathie. Es schafft Vertrauen.

Auch der physische Raum spielt eine Rolle. Unaufgeräumte, chaotische oder stressige Umgebungen können zu Angstzuständen, Müdigkeit und Reizüberflutung führen, insbesondere bei Erwachsenen, die mit Depressionen, PTBS oder Stimmungsstörungen leben. Andererseits kann eine ruhige, organisierte und einladende Umgebung eine regulierende Wirkung auf das Nervensystem haben. Betrachten Sie es als psychologischen Sauerstoff: Menschen brauchen Raum zum Atmen, Nachdenken und Ausruhen, ohne überreizt oder nervös zu werden.

Ein unterstützendes Arbeitsumfeld zu schaffen bedeutet, die psychische Gesundheit in die Unternehmenskultur zu verankern und sie nicht als ein anzukreuzendes Kästchen oder einen vorübergehenden Trend zu betrachten. Dazu gehört, Tage zur psychischen Gesundheit ohne Stigmatisierung anzubieten, Führungskräfte in psychologischer Sicherheit zu schulen, Flexibilität zu ermöglichen, wenn jemand Probleme hat, und Ressourcen sichtbar und leicht zugänglich zu machen. Wenn psychisches Wohlbefinden in die Infrastruktur und nicht nur in das Mitarbeiterhandbuch integriert ist, fühlen sich die Menschen sicherer, wenn sie sich zu Wort melden. Diese Sicherheit führt direkt zu einem besseren Engagement, weniger Fehlzeiten und einer stärkeren Zusammenarbeit.

In Familien und engen Beziehungen geht es nicht immer um große Veränderungen. Das tägliche Mikroverhalten, der Augenkontakt, das echte Zuhören und ein sanfter Ton, wenn die Dinge angespannt sind, bestimmen, wie emotional sicher sich jemand fühlt. Kleine Aktionen wie das Einplanen von Zeit zum Einchecken jeden Tag, das Teilen von Mahlzeiten ohne Bildschirme oder einfach die Frage: „Wie ist Ihre Energie heute?" kann die emotionale Atmosphäre eines Zuhauses leise verändern.

Aber in einem unterstützenden Umfeld geht es nicht nur um andere. Dazu gehört auch, wie wir mit uns selbst umgehen. Ich ermutige meine Patienten oft, auch ihre innere Umgebung zu prüfen. Welche Botschaften erzählen sie sich selbst? Kritisieren sie ständig ihre Fortschritte? Ihren Schmerz minimieren? Vergleichen Sie ihre Heilungsreise mit der anderer? Eine unterstützende Umgebung beginnt mit Selbstmitgefühl. Wir müssen mit uns selbst sprechen, wie wir mit jemandem sprechen würden, den wir lieben, besonders wenn wir Schwierigkeiten haben.

Es ist auch wichtig, die Leistungsdynamik zu erkennen und anzupassen. Unterstützung kann in Pflegebeziehungen unbeabsichtigt zur Kontrolle werden, wenn Grenzen nicht respektiert werden. Das Ziel besteht nicht darin, das Leben eines Menschen zu übernehmen, sondern an seiner Seite zu gehen. Fragen Sie immer: „Ist diese Unterstützung ermächtigend oder entmächtigend?" Die Schaffung von Raum für Autonomie, auch wenn dies das Begehen von Fehlern bedeutet, ermöglicht es dem Einzelnen, seine Würde und Entscheidungsbefugnis zu bewahren. Dieses Gefühl der Eigenverantwortung ist für die Wiederherstellung der psychischen Gesundheit von Erwachsenen von entscheidender Bedeutung.

Ein weiterer wesentlicher Bestandteil ist die Vorhersehbarkeit. Erwachsene mit psychischen Störungen beschreiben ihre innere Welt oft als chaotisch. Unsicherheit kann dazu führen, dass sich die Symptome verschlimmern. Deshalb bilden Berechenbarkeit in Beziehungen, konsequentes Auftreten, das Einhalten von Versprechen und das Einhalten von Routinen ein beruhigendes Gegengewicht. Zu wissen, dass morgen noch jemand da sein wird, schafft emotionale Sicherheit, auch nach einem komplizierten Gespräch heute.

Auch eine ehrliche Kommunikation ist wichtig. Ein unterstützendes Umfeld bedeutet nicht, harte Wahrheiten zu meiden oder so zu tun, als sei alles in Ordnung. Es bedeutet, den Mut zu haben, klar und freundlich zu sprechen. Wenn sich jemand zurückzieht, müssen wir sagen: „Ich habe einige Veränderungen bemerkt und mache mir Sorgen um Sie", ohne Vorwürfe zu machen oder zu benennen. Wenn wir Grenzen setzen, sollten wir dies mit Klarheit und nicht mit Schuldgefühlen tun. In einem gesunden Umfeld geht es nicht um Perfektion, sondern um Transparenz, gegenseitigen Respekt und emotionale Sicherheit.

Lassen Sie uns die Rolle der Inklusion nicht übersehen. Viele Erwachsene mit psychischen Problemen beschreiben, dass sie sich in ihrem Umfeld „anders" fühlen, sei es aufgrund ihrer Diagnose, ihrer Medikamente oder der Tatsache, dass sie „nicht mehr die Menschen sind, die sie einmal waren". Ein unterstützendes Umfeld toleriert nicht nur Unterschiede. Es feiert sie. Es berücksichtigt unterschiedliche emotionale Bedürfnisse, Lernstile, Kommunikationsmethoden und kulturelle Hintergründe. Es lädt alle Teile einer Person dazu ein, dazuzugehören, nicht nur die Teile, die leicht zu verstehen sind.

Der Aufbau dieses Umfelds erfordert Anstrengung, Geduld und die Bereitschaft, gemeinsam mit der Person, die Sie unterstützen, zu wachsen. Aber ich versichere Ihnen, es lohnt sich. Ich habe gesehen, wie Erwachsene ihre Freude wiederentdeckten, ihr Selbstbewusstsein wiederherstellten und sich wieder mit dem Leben verbinden, einfach weil jemand einen Raum geschaffen hatte, in dem sie dies tun konnten. Diese Umgebungen heilen nicht alles, bieten aber den Boden, auf dem die Heilung endlich Wurzeln schlagen kann.

Egal, ob Sie eine Pflegekraft, ein Kliniker, ein Freund oder jemand auf Ihrem Heilungsweg sind, fragen Sie sich: Welche Art von Umgebung gestalte ich heute? Welche Signale sende ich durch meine Worte, Taten und mein Schweigen? Und wie kann ich diese Umgebung ab jetzt mitfühlender, integrativer und heilsamer gestalten?

Der Zugang zu professioneller Hilfe und Ressourcen ist ein entscheidender Schritt bei der effektiven Bewältigung psychischer Gesundheitsprobleme. Diese Ressourcen bieten das Fachwissen und die Unterstützung, die zur Bewältigung komplexer psychischer Gesundheitsprobleme erforderlich sind, und bieten maßgeschneiderte Strategien und Interventionen.

Nachfolgend finden Sie eine Übersicht über die verschiedenen Arten professioneller Hilfe und verfügbarer Ressourcen:

Therapeuten und Berater

Therapeuten und Berater sind ausgebildete Fachkräfte, die durch verschiedene Therapieformen psychologische Unterstützung leisten. Sie helfen Einzelpersonen dabei, Emotionen zu erforschen, Bewältigungsstrategien zu entwickeln und psychische Gesundheitsprobleme zu bewältigen. Die kognitive Verhaltenstherapie (CBT) beispielsweise ist wirksam zur Behandlung von Angstzuständen und Depressionen, indem sie negative

Gedankenmuster anspricht. Ein anderer Ansatz, die psychodynamische Therapie, befasst sich mit vergangenen Erfahrungen, um gegenwärtiges Verhalten zu verstehen. Für eine wirksame Behandlung ist es von entscheidender Bedeutung, einen Therapeuten zu finden, der auf die Bedürfnisse und therapeutischen Ziele einer Person eingeht.

Psychiater

Psychiater sind auf psychische Gesundheit spezialisierte Ärzte. Sie können psychische Erkrankungen diagnostizieren, Medikamente verschreiben und komplexe psychische Störungen fortlaufend behandeln. Das Medikamentenmanagement ist ein wichtiger Bestandteil der psychiatrischen Versorgung und wird häufig in Verbindung mit einer Therapie zur Behandlung von Erkrankungen wie bipolarer Störung, Schizophrenie und schwerer Depression eingesetzt. Regelmäßige Nachuntersuchungen bei einem Psychiater stellen sicher, dass die Behandlungspläne nach Bedarf angepasst werden, um die besten Ergebnisse zu erzielen.

Selbsthilfegruppen

Selbsthilfegruppen bieten Einzelpersonen eine Plattform, um ihre Erfahrungen auszutauschen und Unterstützung von anderen zu erhalten, die vor ähnlichen Herausforderungen stehen. Diese Gruppen können von Gleichaltrigen geleitet oder von einem Psychologen unterstützt werden. Die Teilnahme an einer Selbsthilfegruppe kann das Gefühl der Isolation verringern und praktische Ratschläge und Ermutigung geben. Ob persönlich oder online, Selbsthilfegruppen fördern das Gemeinschafts- und Zugehörigkeitsgefühl, das für die Genesung unerlässlich ist.

Kliniken für psychische Gesundheit

Kliniken für psychische Gesundheit bieten umfassende Betreuung, einschließlich Therapie, Medikamentenmanagement und Krisenintervention. Diese Kliniken verfügen häufig über ein multidisziplinäres Team von Fachkräften für psychische Gesundheit, das sicherstellt, dass Einzelpersonen eine ganzheitliche, auf ihre Bedürfnisse zugeschnittene Betreuung erhalten.

Kliniken können eine wertvolle Ressource für diejenigen sein, die eine koordinierte und kontinuierliche Pflege benötigen, und bieten Dienstleistungen an, die ein breites Spektrum an psychischen Gesundheitsproblemen abdecken.

Hotlines und Kriseninterventionsdienste

Hotlines für psychische Gesundheit und Kriseninterventionsdienste sind wichtige Ressourcen für Menschen in unmittelbarer Not. Diese Dienste bieten sofortige Unterstützung, Beratung und Verweise auf geeignete Ressourcen. Hotlines sind in der Regel rund um die Uhr verfügbar und bieten eine Rettungsleine für Menschen, die sich in akuten psychischen Krisen befinden. Sie können Einzelpersonen mit Notdiensten, Beratungsdiensten oder Fachkräften für psychische Gesundheit verbinden, die dringend Hilfe leisten können.

Mitarbeiterhilfsprogramme (EAPs)

Employee Assistance Programs (EAPs) sind arbeitsplatzbasierte Programme, die vertrauliche Beratung und Unterstützung für Mitarbeiter bieten, die sich mit persönlichen oder arbeitsbezogenen Problemen befassen. EAPs können kurzfristige Beratung, Überweisungen an Fachkräfte für psychische Gesundheit und Ressourcen zur Bewältigung von Stress, Angstzuständen und anderen psychischen Problemen bereitstellen. Das Anbieten dieser Dienste kann Arbeitgebern dabei helfen, ein unterstützendes Arbeitsumfeld zu schaffen, in dem das Wohlbefinden ihrer Mitarbeiter im Vordergrund steht.

Online-Therapie und Ressourcen

Mit dem Aufkommen der digitalen Gesundheit sind Online-Therapie und -Ressourcen immer zugänglicher geworden. Plattformen wie BetterHelp und Talkspace bieten virtuelle Therapiesitzungen mit lizenzierten Therapeuten an, sodass Einzelpersonen bequem von zu Hause aus Hilfe suchen können. Zahlreiche Websites und Apps bieten außerdem Selbsthilfetools, Lehrmaterialien und Achtsamkeitsübungen zur Unterstützung der psychischen Gesundheit.

Der Zugang zu professioneller Hilfe und Ressourcen ist für die wirksame Bewältigung psychischer

Gesundheitsprobleme von entscheidender Bedeutung. Therapeuten, Psychiater, Selbsthilfegruppen, Kliniken für psychische Gesundheit, Hotlines, EAPs und Online-Ressourcen bieten umfassende Unterstützung, die auf die individuellen Bedürfnisse zugeschnitten ist. Diese Ressourcen können die notwendigen Werkzeuge und Unterstützung bieten, um psychische Gesundheitsprobleme zu bewältigen und das Wohlbefinden zu fördern.

F Die Wahl des richtigen Therapeuten oder Beraters kann sich wie eine der persönlichsten Entscheidungen anfühlen, die ein Mensch jemals treffen wird, denn in vielerlei Hinsicht ist es das auch. Wenn Erwachsene eine Therapie suchen, suchen sie nicht nur jemanden, mit dem sie reden können. Sie suchen nach einem sicheren Behälter für ihre Wahrheiten, Ängste und Hoffnungen auf ein besseres Leben. Als Psychiater, der Hunderte von Erwachsenen durch diesen Prozess begleitet hat, versichere ich Ihnen, dass es auf die Passform ankommt.

Therapie ist ein zutiefst relationaler Prozess. Die Qualität der therapeutischen Allianz, das Vertrauensverhältnis, der gegenseitige Respekt und die emotionale Abstimmung zwischen Klient und Arzt sind oft der wichtigste Indikator für positive Ergebnisse. Ganz gleich, wie kompetent der Therapeut ist oder wie effektiv das Behandlungsmodell sein mag, der Fortschritt gerät ins Stocken, wenn die Person, die Ihnen gegenübersitzt, das Gefühl hat, nicht gesehen, gehört oder verstanden zu werden. Deshalb finden Sie die *Rechts* Beim Therapeuten geht es nicht nur um Qualifikationen, sondern auch um die Verbindung.

Beginnen wir mit den Grundlagen. Erwachsene, die eine Therapie suchen, sollten zunächst herausfinden, wofür sie Unterstützung benötigen. Angst? Depression? Kummer? Trauma? Schizophrenie? Sucht? Während einige Therapeuten Generalisten sind, sind andere auf bestimmte Erkrankungen oder Bevölkerungsgruppen spezialisiert. Fragen Sie sich: Möchte ich jemanden, der die einzigartigen Herausforderungen meines kulturellen Hintergrunds versteht? Mein Beruf? Meine Altersgruppe? Mein Glaube? Diese Überlegungen können dazu beitragen, Ihre Suche einzugrenzen und die Wahrscheinlichkeit zu erhöhen, jemanden zu finden, dessen Ausbildung und Lebenserfahrung Ihren Bedürfnissen entsprechen.

Zeugnisse sind natürlich wichtig. Lizenzierte Fachkräfte wie Psychologen (Ph.D. oder Psy.D.), lizenzierte professionelle Berater (LPC), klinische Sozialarbeiter (LCSW), Ehe- und Familientherapeuten (LMFT) und Psychiater (MD oder DO) bringen jeweils unterschiedliche

Stärken mit. Aber eine Lizenz allein reicht nicht aus. Vergewissern Sie sich immer, dass der Therapeut bei seiner Zulassungsbehörde einen guten Ruf hat und über eine für Ihre Anliegen relevante Ausbildung verfügt. Zögern Sie nicht zu fragen, wie lange sie schon praktizieren oder welche Therapieansätze sie anwenden.

Der therapeutische Ansatz ist ein weiteres Schlüsselelement. Es gibt viele evidenzbasierte Modalitäten: Kognitive Verhaltenstherapie (CBT), Dialektische Verhaltenstherapie (DBT), Akzeptanz- und Commitment-Therapie (ACT), Eye Movement Desensitization and Reprocessing (EMDR) und mehr. Auch wenn diese Namen klinisch klingen mögen, kommt es darauf an, wie der Ansatz zu Ihrer Persönlichkeit und Ihren Zielen passt. Wenn Sie verstehen möchten, wie sich Ihre Vergangenheit auf Ihre Gegenwart auswirkt, könnte eine psychodynamische Therapie Anklang finden. Wenn Sie strukturierte Problemlösungs- und Lernfähigkeiten bevorzugen, könnte CBT Ihr bevorzugter Stil sein. Ein guter Therapeut wird Ihnen seine Methode erklären und sie an Ihr Wohlbefinden anpassen.

Die Erstberatung ist ein entscheidender Teil des Prozesses. Viele Therapeuten bieten kurze Telefon- oder Videoberatungen an, um Ihnen das Verständnis der Beziehung zu erleichtern. Achten Sie beim ersten Kontakt darauf, wie Sie sich fühlen. Fühlen Sie sich gehetzt oder haben Sie die Möglichkeit, Fragen zu stellen? Fühlen Sie sich respektiert? Sicher? Manchmal sagt Ihnen das Nervensystem, was Worte nicht sagen können. Wenn Sie während der Interaktion nervös werden oder Zweifel haben, kann das ein Zeichen dafür sein, dass Sie weitersuchen sollten.

Ich rate meinen Patienten oft, die Therapie wie ein Date anzugehen, weil das in gewisser Weise auch so ist. Es ist in Ordnung, wenn der erste Therapeut, den Sie treffen, nicht der Richtige ist. Das bedeutet nicht, dass die Therapie bei Ihnen nicht funktioniert. Es bedeutet einfach, dass die Passform nicht vorhanden war. Erlauben Sie sich, es noch einmal zu versuchen. Wenn Sie den richtigen Therapeuten gefunden haben, werden Sie es wissen. Sie werden es an der Art und Weise spüren, wie sie Ihnen zuhören, an der

Art und Weise, wie sie Ihnen Ihre Worte klar wiedergeben und an dem Gefühl der Sicherheit, das mit der Zeit wächst.

Auch Erschwinglichkeit und Zugänglichkeit sind wichtig. Psychische Gesundheitsfürsorge sollte kein Luxus sein. Prüfen Sie, ob der Therapeut Ihre Versicherung akzeptiert oder eine Staffelung anbietet. Suchen Sie nach kommunalen Kliniken, gemeinnützigen Organisationen oder universitären Ausbildungszentren, die kostengünstige Dienstleistungen anbieten. Teletherapie ist eine weitere hervorragende Option, insbesondere für Menschen in ländlichen Gebieten oder mit eingeschränkter Mobilität. Viele Erwachsene, mit denen ich jetzt zusammenarbeite, bevorzugen die Flexibilität und Privatsphäre von Remote-Sitzungen.

Es ist auch wichtig, sich daran zu erinnern, dass Ihre Reise zur psychischen Gesundheit so ist *dein* Reise. Die Rolle eines Therapeuten besteht darin, Sie zu begleiten und Sie nicht von einer Autoritätsposition aus zu führen. Wenn Sie sich entlassen, beurteilt oder unsicher fühlen, melden Sie sich. Der richtige Therapeut freut sich über Ihr Feedback und arbeitet gemeinsam daran, sicherzustellen, dass sich der Raum für Sie richtig anfühlt. Die Therapie sollte niemals das Gefühl haben, dass Ihnen etwas angetan wird; es sollte sich anfühlen, als würde etwas getan *Zu* Du.

Die Suche nach einem Therapeuten ist kein Zeichen von Schwäche; Es ist einer der kraftvollsten Akte der Selbstvertretung, die ein Erwachsener unternehmen kann. Es bedeutet, dass Sie sich für Wachstum statt Stille, Gesundheit statt Scham und Verbindung statt Isolation entscheiden. Diese Art von Mut verdient die angemessene Unterstützung.

An Betreuer und Angehörige: Ermutigen Sie die Person, die Sie unterstützen, geduldig mit dem Prozess umzugehen. Bieten Sie ihnen an, bei der Suche nach Therapeuten zu helfen, Telefonanrufe zu tätigen oder sogar an einer ersten Sitzung teilzunehmen, wenn sie möchten. Erinnern Sie sie daran, dass sie eine Pflege verdienen, die sich richtig anfühlt und nicht nur „gut genug".

Und an den Erwachsenen, der gerade jemanden zum Reden sucht: Weitermachen. Dort *Ist* Jemand da draußen, der ohne Urteil zuhört, der Sie führt, ohne zu kontrollieren, und der Sie bei Ihrer Heilung begleitet. Der richtige Therapeut kann eine dauerhafte Transformation herbeiführen, und Sie haben nichts Geringeres verdient.

Die richtige Hilfe zur richtigen Zeit zu finden, kann auf dem Weg zur psychischen Gesundheit eines Menschen den entscheidenden Unterschied machen. Und doch bleibt der Zugang eine der größten Hürden, mit denen Erwachsene konfrontiert sind. Ganz gleich, ob es darum geht, sich bei Versicherungen zurechtzufinden, nach Anbietern zu suchen oder überhaupt zu wissen, um welche Art von Hilfe man bitten muss – der Prozess kann sich überwältigend anfühlen, insbesondere wenn jemand bereits emotional erschöpft ist. Ich möchte Sie mit Klarheit, Ehrlichkeit und Ermutigung dabei begleiten.

Beginnen wir mit der Wahrheit: Der Zugang zu psychosozialen Diensten ist nicht immer einfach. Aber es ist möglich und die Mühe lohnt sich. Viele Erwachsene, mit denen ich zusammenarbeite, fühlten sich zunächst vom Gesundheitssystem eingeschüchtert. Einige verzögerten die Hilfe, weil sie nicht wussten, wo sie anfangen sollten. Andere waren durch frühere Erfahrungen entmutigt und hatten das Gefühl, zurückgewiesen oder missverstanden zu werden. Und doch gewann ihre Heilung an Dynamik, als das richtige Unterstützungssystem entstand.

Der erste Schritt besteht in der Regel darin, den Grad der Pflegebedürftigkeit zu ermitteln. Ist es eine Gesprächstherapie einmal pro Woche? Eine psychiatrische Untersuchung auf mögliche Medikamente? Ein strukturiertes ambulantes Programm für tiefergehende Arbeit? Oder eine Krisenintervention oder einen Krankenhausaufenthalt wegen akuter Sicherheitsbedenken? Die psychiatrische Versorgung umfasst ein breites Spektrum, und ein Teil der Erstellung eines erfolgreichen Plans besteht darin, die Leistung an die aktuellen Bedürfnisse der Person anzupassen, nicht nur an ihre Diagnose.

Bei der Routineversorgung können Erwachsene zunächst mit ihrem Hausarzt sprechen. Viele sind sich dessen nicht bewusst, aber Hausärzte sind oft ein Tor zum psychischen Gesundheitssystem. Sie können Erstuntersuchungen auf Depressionen, Angstzustände oder andere Erkrankungen durchführen und Überweisungen an Psychologen, Therapeuten oder Psychiater anbieten. Wenn Ihr Arzt es nicht zur Sprache bringt, scheuen Sie sich nicht, das Gespräch zu beginnen. Ihre geistige Gesundheit verdient Priorität.

Auch Versicherungsverzeichnisse können hilfreich sein, sind aber nicht immer einfach zu interpretieren. Verwenden Sie Tools wie Psychology Today (www.psychologytoday.com) oder TherapyDen (www.therapyden.com), um Therapeuten nach Fachgebiet, Standort, Zahlungsoptionen und kulturellem Hintergrund zu suchen. In vielen Profilen wird aufgeführt, ob Anbieter Telemedizin, Abendtermine oder Staffelgebühren anbieten. Zögern Sie nicht, ein paar Therapeuten anzurufen, Fragen zu stellen und eine kurze Beratung anzufordern, bevor Sie sich verpflichten.

Gemeindezentren für psychische Gesundheit sind eine weitere unschätzbare Ressource, insbesondere für Menschen ohne Versicherung oder mit begrenztem Einkommen. Diese Zentren bieten in der Regel Dienstleistungen auf einer Staffelgebühr an und können Therapie, Medikamentenmanagement, Fallkoordination und Krisenunterstützung unter einem Dach umfassen. Zu den nationalen Organisationen mit durchsuchbaren Verzeichnissen und Hotlines gehören:

- **Nationale Allianz für psychische Erkrankungen (NAMI)**
  Webseite: www.nami.org
  Hotline: 1-800-950-NAMI (6264)

- **Verwaltung für Drogenmissbrauch und psychische Gesundheit (SAMHSA)**
  Webseite: www.samhsa.gov
  Behandlungssuche: https://findtreatment.gov

- **Mental Health America (MHA)**
  Webseite: www.mhanational.org
  Screening-Tools: www.mhascreening.org

Für diejenigen, die sich in unmittelbarer Not befinden oder über Selbstmord nachdenken, kann ich die Bedeutung von Krisentelefonen nicht genug betonen:

- **988 Suicide & Crisis Lifeline** – Wählen Sie 988 (USA)
  Rund um die Uhr verfügbar, kostenlos und vertraulich. Sie werden mit geschulten Beratern

verbunden, die Krisen deeskalieren und Ressourcen bereitstellen können.

Sprechen wir über Selbsthilfegruppen, denn professionelle Betreuung ist nur ein Teil des Puzzles. Viele Erwachsene mit psychischen Problemen profitieren enorm von der Unterstützung durch Gleichaltrige. Dies sind Räume, in denen Menschen zusammenkommen, nicht um sich gegenseitig zu reparieren, sondern um zuzuhören, sich auszutauschen und die Erfahrung des Lebens mit emotionalen und psychologischen Kämpfen zu normalisieren.

Eine andere Art von Heilung geschieht, wenn jemand sagt: „Ich war auch dort." In meiner klinischen Arbeit habe ich gesehen, wie Selbsthilfegruppen Scham reduzieren, Selbstvertrauen aufbauen und praktische Bewältigungsstrategien vermitteln. Sie vermitteln den Menschen auch ein Gefühl für Rhythmus und Verantwortung, das bei einsetzender Isolation schwer zu finden sein kann.

Selbsthilfegruppen können krankheitsspezifisch (z. B. bei Angstzuständen, bipolarer Störung oder PTBS), identitätsbasiert (z. B. für LGBTQ+-Personen, Veteranen oder Betreuer) oder kompetenzorientiert (z. B. DBT- oder Achtsamkeitsgruppen) sein. Viele Organisationen bieten virtuelle Gruppen an, um sie für Menschen mit Transporthindernissen oder Gesundheitsproblemen zugänglicher zu machen. Zu den vertrauenswürdigen Quellen gehören:

- **NAMI-Selbsthilfegruppen**
  https://www.nami.org/Support-Education/Support-Groups

- **Depression und bipolare Unterstützungsallianz (DBSA)**
  https://www.dbsalliance.org/support/

- **Anxiety and Depression Association of America (ADAA)**
  https://adaa.org/supportgroups

Ich ermutige Erwachsene, Selbsthilfegruppen zu erkunden, einige davon auszuprobieren, bevor sie sich für eine entscheiden. Das erste Treffen könnte sich unangenehm anfühlen, und das ist in Ordnung. Wie in jeder Beziehung braucht es Zeit, Vertrauen aufzubauen. Aber sobald diese Verbindung entsteht, wird sie zu einer Lebensader.

Der Zugang zu medizinischer Versorgung bedeutet auch, sich über Ihre Rechte zu informieren. Erwachsene haben das Recht auf Vertraulichkeit, respektvollen Umgang und Beteiligung an ihrer Pflegeplanung. Sie haben das Recht, nach Dolmetschern zu fragen, eine kultursensible Betreuung zu erhalten und den Anbieter zu wechseln, wenn etwas nicht funktioniert. Interessenvertretungen wie NAMI und Mental Health America helfen dabei, sich mit diesen Rechten vertraut zu machen und Beschwerden einzureichen, wenn die Pflege nicht dem Standard entspricht.

Wenn Sie jemanden in diesem Prozess unterstützen, ist Ihre Rolle entscheidend. Bieten Sie an, beim ersten Anruf zu helfen, Terminfragen aufzuschreiben oder bei der Suche dabei zu sein. Lassen Sie sie führen, aber bleiben Sie nah genug, um ein Sicherheitsnetz zu sein. Das Ziel ist Ermächtigung, nicht Abhängigkeit.

Und dem Erwachsenen, der dies noch unsicher liest, möchte ich Folgendes sagen: Beim Zugang geht es nicht nur darum, Dienste zu finden. Es geht darum, zu wissen, dass man es ist *erlaubt* sie zu brauchen. Du bist noch nicht allzu weit weg. Du bist nicht dramatisch. Sie verdienen Unterstützung, auch wenn Sie enttäuscht wurden.

Hilfe ist vorhanden. Es kann ein paar Versuche, etwas Geduld und etwas Mut erfordern. Aber es ist da. Und wenn Sie es finden, werden Sie erkennen, dass Heilung nicht etwas ist, das Sie alleine tun müssen.

Selbsthilfe und Empowerment sind entscheidende Elemente für einen effektiven Umgang mit der psychischen Gesundheit. Dabei geht es darum, proaktive Maßnahmen zu ergreifen, um das Wohlbefinden zu verbessern und die Widerstandsfähigkeit gegenüber den Herausforderungen des Lebens zu stärken.

Ein wesentlicher Aspekt der Selbsthilfe ist die Entwicklung eines Tagesablaufs, der das psychische Wohlbefinden fördert. Dazu gehört auch regelmäßige körperliche Aktivität, die nachweislich die Symptome von Depressionen und Angstzuständen lindert. Sport setzt Endorphine frei, die natürlichen Stimmungsaufheller des Körpers, und kann ein Erfolgserlebnis vermitteln. Die Integration von Aktivitäten wie Gehen, Yoga oder Schwimmen in Ihren Tagesablauf kann Ihre Gefühle erheblich beeinflussen. Darüber hinaus sind ausreichender Schlaf, eine ausgewogene Ernährung und eine ausreichende Flüssigkeitszufuhr von grundlegender Bedeutung für die allgemeine Gesundheit und geistige Stabilität.

Auch Achtsamkeits- und Entspannungstechniken sind wertvolle Hilfsmittel zur Selbsthilfe. Praktiken wie Meditation, Atemübungen und progressive Muskelentspannung können helfen, Stress und Ängste zu bewältigen. Diese Techniken fördern die Konzentration auf den gegenwärtigen Moment und reduzieren die Auswirkungen negativer Gedanken und Emotionen. Apps wie Headspace und Calm bieten geführte Meditationen und Achtsamkeitsübungen, die sich leicht in den Alltag integrieren lassen und denjenigen, die ihre geistige Gesundheit verbessern möchten, leicht zugängliche Unterstützung bieten.

Das Setzen realistischer Ziele und deren Aufteilung in überschaubare Schritte ist eine weitere Möglichkeit, ein Gefühl der Selbstbestimmung zu fördern. Das Erreichen kleiner Meilensteine kann Selbstvertrauen stärken und Sie motivieren, auf größere Ziele hinzuarbeiten. Ganz gleich, ob Sie eine neue Fähigkeit erlernen, ein Projekt abschließen oder Ihre körperliche Fitness verbessern: Das Setzen und Erreichen von Zielen kann das

Selbstwertgefühl stärken und einen Sinn für das Ziel schaffen.

Ein weiterer wichtiger Bestandteil der Selbsthilfe ist der Aufbau eines starken Unterstützungsnetzwerks. Der Kontakt zu Familie, Freunden oder Selbsthilfegruppen kann emotionale Unterstützung und praktische Ratschläge bieten. Der Austausch von Erfahrungen und Herausforderungen mit anderen, die Verständnis dafür haben, kann das Gefühl der Isolation verringern und neue Perspektiven für Bewältigungsstrategien eröffnen. Online-Communities und lokale Selbsthilfegruppen können wertvolle Ressourcen sein, um Gleichgesinnte zu finden und Kontakte aufzubauen.

Kontinuierliches Lernen und Selbstbildung zum Thema psychische Gesundheit können ebenfalls hilfreich sein. Das Verständnis der Art der eigenen Erkrankung und der verschiedenen verfügbaren Behandlungsmöglichkeiten kann dem Einzelnen dabei helfen, fundierte Entscheidungen über seine Pflege zu treffen. Bücher, Podcasts und seriöse Websites bieten eine Fülle von Informationen zu Themen der psychischen Gesundheit.

Die Auseinandersetzung mit diesen Inhalten kann psychische Gesundheitsprobleme entmystifizieren und einen proaktiven Managementansatz fördern.

Selbsthilfe und Empowerment sind für den Umgang mit der psychischen Gesundheit und den Aufbau von Resilienz von entscheidender Bedeutung. Diese Strategien verbessern die psychische Gesundheit und fördern ein Gefühl der Selbstbestimmung und des Selbstvertrauens, sodass Menschen die Herausforderungen des Lebens leichter und erfüllter meistern können.

Selbstvertretung bedeutet, die eigenen Bedürfnisse zu erkennen und die notwendigen Ressourcen und Unterstützung zu suchen. Resilienz ist jedoch die Fähigkeit, sich aus Widrigkeiten zu erholen und trotz Herausforderungen eine positive Einstellung zu bewahren. Beides sind entscheidende Fähigkeiten, die die Lebensqualität deutlich verbessern können.

Einer der ersten Schritte zur Förderung der Selbstvertretung besteht darin, Menschen dabei zu helfen, ihre Bedürfnisse zu erkennen und zu verstehen. Dies erfordert Selbsterkenntnis und Reflexion. Durch das Verständnis ihres psychischen Gesundheitszustands, ihrer persönlichen Auslöser und wirksamen Bewältigungsstrategien können Erwachsene besser artikulieren, was sie zur Bewältigung ihres Wohlbefindens benötigen. Workshops und Seminare zu Selbstbewusstsein und psychischer Gesundheit können von unschätzbarem Wert sein, da sie Werkzeuge und Wissen vermitteln, die Einzelpersonen befähigen, ihre Reise zur psychischen Gesundheit selbst in die Hand zu nehmen.

Effektive Kommunikation ist ein entscheidender Bestandteil der Selbstvertretung. Erwachsene müssen sich sicher fühlen, wenn sie ihre Bedürfnisse gegenüber Gesundheitsdienstleistern, Arbeitgebern, Familienmitgliedern und Freunden äußern. Dazu gehört es, klar und durchsetzungsfähig zu sein, ohne aggressiv zu sein. Rollenspielübungen und Durchsetzungstraining können dabei helfen, diese Fähigkeiten zu üben und weiterzuentwickeln. Darüber hinaus kann die Bereitstellung von Skripten oder Vorlagen für gängige Szenarien, z. B. das Anfordern von Unterkünften am Arbeitsplatz oder das Besprechen von Behandlungsoptionen mit einem Arzt, dazu beitragen, Vertrauen aufzubauen.

Zum Aufbau von Resilienz gehört die Entwicklung von Fähigkeiten und Gewohnheiten, die es dem Einzelnen ermöglichen, mit Stress umzugehen und sich von Rückschlägen zu erholen. Ein entscheidender Aspekt der Resilienz ist die Aufrechterhaltung einer positiven Einstellung. Erwachsene dazu zu ermutigen, sich auf ihre Stärken und Erfolge zu konzentrieren, anstatt sich mit

Misserfolgen herumzuschlagen, kann dazu beitragen, ihre Perspektive zu ändern. Kognitive Verhaltenstherapie (CBT) kann negative Denkmuster effektiv ändern und eine widerstandsfähigere Denkweise aufbauen.

Ein weiterer Schlüssel zur Resilienz ist die Förderung starker sozialer Verbindungen. Ein unterstützendes Netzwerk aus Freunden, Familie und der Gemeinschaft kann in schwierigen Zeiten emotionale Unterstützung und praktische Hilfe bieten. Die Ermutigung Erwachsener, sich an sozialen Aktivitäten zu beteiligen, Clubs oder Gruppen beizutreten und an Gemeinschaftsveranstaltungen teilzunehmen, kann dabei helfen, diese Verbindungen aufzubauen. Darüber hinaus können Online-Foren und Selbsthilfegruppen ein Gemeinschaftsgefühl und Verständnis vermitteln, insbesondere für diejenigen, die sich möglicherweise isoliert fühlen.

Auch Selbstpflegepraktiken sind für den Aufbau von Resilienz von entscheidender Bedeutung. Erwachsene dazu zu ermutigen, Aktivitäten Vorrang zu geben, die das körperliche und geistige Wohlbefinden fördern, wie regelmäßige Bewegung, gesunde Ernährung, ausreichend Schlaf und Entspannungstechniken, kann ihnen dabei helfen, Stress effektiver zu bewältigen. Achtsamkeits- und Meditationspraktiken können auch die Widerstandsfähigkeit steigern, indem sie dem Einzelnen helfen, im gegenwärtigen Moment geerdet und konzentriert zu bleiben.

Durch die Entwicklung von Fähigkeiten wie der Förderung von Selbstbewusstsein, effektiver Kommunikation, einer positiven Einstellung, starken sozialen Verbindungen und Selbstfürsorgepraktiken können sie ihre psychische Gesundheit besser verwalten und die Herausforderungen des Lebens mit Zuversicht und Stärke meistern. Ressourcen, Schulungen und Unterstützung können Erwachsene in die Lage versetzen, die Kontrolle über ihr Wohlbefinden zu übernehmen und eine widerstandsfähigere Zukunft aufzubauen.

Wenn die anfängliche Krise vorüber ist und ein Pflegeplan vorliegt, beginnt die nächste Phase der Reise: die Aufrechterhaltung des Wohlbefindens. Bei der langfristigen psychischen Gesundheitsfürsorge geht es nicht nur um Therapietermine oder Medikamente; Es geht um die täglichen Entscheidungen und Praktiken, die den Menschen helfen, mit sich selbst, ihrem Wachstum und ihren Unterstützungssystemen in Verbindung zu bleiben. In meiner Praxis sage ich oft, dass psychische Gesundheit kein Ziel ist; es ist ein Prozess. Dieser Prozess wird durch Tools, Routinen und Ressourcen unterstützt, auf die Erwachsene selbst an den schwierigsten Tagen immer wieder zurückgreifen können.

Hier sind sorgfältig ausgewählte Tools und Ressourcen, die ich für die kontinuierliche Unterstützung und Selbstfürsorge empfehle:

1. Apps für psychische Gesundheit

Digitale Tools können Struktur, Einblicke und tägliche Check-ins bieten, insbesondere zwischen den Sitzungen.

- **Stimmungspfad** (jetzt bekannt als MindDoc):
  Bietet geführtes Journaling, Stimmungsverfolgung
  und maßgeschneiderte Kurse zur psychischen
  Gesundheit.

- **Kopfraum** oder **Ruhig**: Beide bieten Meditation und
  Schlafunterstützung, um Stress abzubauen und die
  emotionale Regulierung zu verbessern.

- **Woebot**: Ein freundlicher, KI-gestützter Chatbot,
  der die Prinzipien der kognitiven
  Verhaltenstherapie (CBT) nutzt, um die täglichen
  Check-ins zur psychischen Gesundheit zu
  unterstützen.

- **Sanvello**: Bietet Zielverfolgung, Therapieoptionen
  und Community-Diskussionsforen für Menschen,
  die unter Stress, Angstzuständen oder Depressionen
  leiden.

2. Journaling- und Reflexionstools

Reflektierendes Schreiben ist ein wirkungsvolles
Werkzeug zur emotionalen Verarbeitung und Klarheit.

- **Angeforderte Tagebücher**: Suchen Sie nach Tagebüchern, die tägliche Dankbarkeit, Emotionen oder Anreize für persönliches Wachstum bieten.

- **Digitale Zeitschriften**: Apps wie Day One oder Journey machen das Nachdenken jederzeit und überall einfach.

- **Journaling auf Papier**: Ein regelmäßiges Notizbuch kann Ängste reduzieren und Achtsamkeit fördern, insbesondere bei täglichen Absichten oder Reflexionsfragen.

3. Self-Care-Planer und Tracker

Konsistenz fördert das Wohlbefinden und Planer helfen bei der Verantwortung.

- **Planer für psychische Gesundheit**: Diese kombinieren die tägliche Planung mit Platz für die Symptomverfolgung, Selbstpflegeaktivitäten und Ziele.

- **Gewohnheits-Tracker-Apps**: Mit Habitica und Streaks macht das Verfolgen kleiner, täglicher

Gewohnheiten wie Flüssigkeitszufuhr, Schlaf oder
Bildschirmzeit Spaß und ist lohnend.

- **Bullet Journals**: Diese sind hochgradig anpassbar
  und ermöglichen es Benutzern, eine Struktur zu
  erstellen, die ihren spezifischen
  Selbstpflegebedürfnissen und -routinen entspricht.

4. Unterstützende Literatur und geführte Arbeitsbücher

Bücher können die Therapie ergänzen,
Bewältigungsstrategien vermitteln und gelebte
Erfahrungen bestätigen.

- **Das Feeling-Good-Handbuch** von Dr. David
  Burns – basiert auf CBT-Techniken bei
  Depressionen und Angstzuständen.

- **Der Körper behält die Punktzahl** von Bessel van
  der Kolk – untersucht, wie sich Trauma auf Gehirn
  und Körper auswirkt.

- **Geist über Stimmung** von Greenberger & Padesky
  – bietet strukturierte Arbeitsblätter zum Umgang
  mit negativen Gedankenmustern.

- **Es ist nicht immer eine Depression** von Hilary Jacobs Hendel – konzentriert sich auf das Change Triangle-Tool, um auf Kernemotionen und Heilung zuzugreifen.

5. Krisen- und Peer-Support-Hotlines

Eine Lebensader, wenn professionelle Pflege nicht sofort verfügbar ist.

- **988 Suicide & Crisis Lifeline (USA)** – Kostenlose, vertrauliche Hilfe rund um die Uhr unter der Rufnummer 988.

- **Krisentextzeile** – Senden Sie eine SMS mit „HALLO" an 741741 in den USA, um Krisenunterstützung per SMS zu erhalten.

- **Warme Linien** – In vielen Bundesstaaten und Regionen stehen Peer-Telefonleitungen zur Verfügung, die emotionale Unterstützung außerhalb von Notfällen bieten.

6. Online-Therapieplattformen

Diese erweitern den Zugang und die Flexibilität, insbesondere für abgelegene oder unterversorgte Gebiete.

- **BetterHelp** – Bietet lizenzierte Therapeuten über Text-, Telefon- oder Videositzungen.

- **Talkspace** – Therapie- und Psychiatriedienste mit Chat-Funktionen und Fortschrittsverfolgung.

- **Open Path-Kollektiv** – Günstiges Therapieverzeichnis mit Staffelpreisen für Nichtversicherte.

7. Peer-Support-Gemeinschaften

Es ist eine unvergleichliche Heilung, mit anderen zusammen zu sein, die Ihre gelebte Erfahrung verstehen.

- **NAMI Connection Recovery Support-Gruppen**: Wöchentliche, von Gleichaltrigen geleitete Gruppen für Erwachsene mit psychischen Erkrankungen.

- **DBSA (Depression and Bipolar Support Alliance)**: Online- und Präsenzgruppen speziell für Stimmungsstörungen.

- **Private Facebook-Selbsthilfegruppen**: Sichere, moderierte Räume, um mit anderen in ähnlichen

Situationen in Kontakt zu treten. Überprüfen Sie stets die Gruppenregeln und die Moderationsqualität.

8. Geist-Körper-Praktiken und Bewegungswerkzeuge

Körperliche Aktivität unterstützt die Gehirnfunktion, die emotionale Regulierung und das Selbstbewusstsein.

- **Yoga für die psychische Gesundheit**: YouTube-Kanäle wie Yoga With Adriene oder Trauma-Informed Yoga bieten kostenlose, geführte Übungen an.

- **Tai Chi- und Qigong-Apps**: Sorgen Sie für langsame, meditative Bewegungen, um Stress abzubauen und den Energiefluss zu verbessern.

- **Fitness-Tracker**: Geräte wie Fitbit oder Apple Watch können helfen, Schlaf und Herzfrequenz zu überwachen und regelmäßige Bewegung zu fördern.

9. Ressourcen für Kunst, Musik und kreative Therapie

Kreativer Ausdruck kann helfen, Emotionen zu regulieren, auf unbewusste Gedanken zuzugreifen und Freude zu fördern.

- **Malbücher für Erwachsene**: Beruhigen Sie den Geist und reduzieren Sie Ängste durch achtsames Färben.

- **Therapeutische Kunstaufforderungen**: Geführte Bücher oder Pinterest-Sammlungen für den emotionalen Ausdruck.

- **Spotify- und Mental Health-Playlists**: Kuratierte beruhigende oder stimmungsaufhellende Musiklisten, die das emotionale Gleichgewicht unterstützen.

- **Virtuelle Kunsttherapie-Workshops**: Viele Plattformen bieten Gruppen- oder Soloerlebnisse an, die von Therapeuten geleitet werden, die in Ausdruckskünsten ausgebildet sind.

10. Natur- und Umweltwerkzeuge

Zeit in der Natur steigert die geistige Klarheit und reduziert Symptome von Angstzuständen und Depressionen.

- **Naturrezepte**: Schon ein 20-minütiger Spaziergang in einem Park kann den Cortisolspiegel senken.

- **Zimmerpflanzen**: Die Förderung des häuslichen Lebens kann Stress reduzieren und den Frieden fördern.

- **Sonnenlichtlampen (Lichttherapieboxen)**: Besonders hilfreich für Personen mit saisonaler affektiver Störung (SAD).

11. Affirmations- und Achtsamkeitskarten

Diese einfachen Tools fördern Selbstmitgefühl, Erdung und tägliche Check-ins.

- **Affirmationsdecks**: Karten mit aufmunternden und erdenden Aussagen, um den Tag zu beginnen oder zu beenden.

- **Apps zur Achtsamkeitserinnerung**: Tools wie Insight Timer oder Aura bieten Mini-Meditationen und Benachrichtigungen zum Innehalten und Durchatmen.

12. Werkzeuge und Praktiken des Selbstmitgefühls

Wir helfen Erwachsenen, den inneren Kritiker herauszufordern und einen sanfteren Selbstdialog zu fördern.

- **Selbstmitgefühl von Dr. Kristin Neff** – Das Buch und ihre geführten Meditationen sind ausgezeichnet.

- **Das Arbeitsbuch zum achtsamen Selbstmitgefühl** – ein strukturiertes Werkzeug zur Verbesserung der inneren Widerstandsfähigkeit und Heilung.

- **Spiegelarbeit**: Das Üben freundlicher Selbstgespräche im Spiegel hilft dabei, die Selbstakzeptanz zu normalisieren.

13. Glaube und spirituelle Ressourcen

Für viele Erwachsene sind spirituelle Praktiken ein wesentlicher Bestandteil der geistigen Stabilität und des Sinns.

- **Meditations-Apps mit glaubensbasierten Optionen**: Abide und Soultime sind christliche Meditations-Apps.

- **Tägliche Andachtsführer** oder **Spirituelles Journaling**: Hilft dabei, emotionales Wohlbefinden mit Zielstrebigkeit und Glauben zu verbinden.

- **Beratungsprogramme für Glaubensgemeinschaften**: Viele Kirchen, Moscheen, Tempel und Synagogen bieten spirituelle Beratung an oder arbeiten mit lizenzierten Psychologen zusammen.

14. Tracking- und Zielsetzungstools

Fortschritt schafft Dynamik. Wenn Erwachsene sehen, wie weit sie gekommen sind, kehrt die Hoffnung zurück.

- **Symptom-Tracker**: Apps wie Bearable helfen Einzelpersonen dabei, Symptome, Stimmungen, Auslöser und Medikamentenwirkungen zu protokollieren.

- **Zielplanungs-Apps**: Tools wie Notion oder Trello können für die persönliche Entwicklung und das Wellness-Tracking angepasst werden.

- **Wiederherstellungsordner oder -ordner**: Physische oder digitale Dateien zum Speichern von Therapienotizen, Journalen, Bestätigungen und Pflegeplänen.

15. Interessenvertretung und Bildungsinstrumente

Empowerment wächst mit Wissen. Wenn jemand informiert ist, hat er das Gefühl, seine Reise besser unter Kontrolle zu haben.

- **Webinare und Kurse**: Viele Organisationen wie MHA, NAMI und Coursera bieten kostenlose Kurse zur psychischen Gesundheit an.

- **Newsletter**: Abonnieren Sie vertrauenswürdige Organisationen für psychische Gesundheit, um Updates, Geschichten und Tools zu erhalten.

- **Bücher von Advocates**: Das Lesen von Erfahrungsberichten hilft dabei, die Genesung mit Hoffnung und Realismus neu zu gestalten.

Beim Erstellen einer Toolbox für mentales Wohlbefinden geht es nicht darum, alles auf einmal zu verwenden. Es geht darum, zu experimentieren, auf den eigenen Körper zu hören und zu sehen, was Klarheit, Ruhe und Verbindung bringt. Mit der Zeit werden diese Ressourcen zu mehr als nur Werkzeugen; Sie werden zu Lebensadern,

Ankern und Erinnerungen daran, dass Heilung möglich und in Reichweite ist.

Sie müssen nicht jedes Werkzeug verwenden. Aber Sie sollten wissen, dass sie verfügbar sind und dass Sie Zugriff darauf verdienen.

MENTAL
HEALTH CARE

Heilung ist kein gerader Weg. Es dreht sich, bleibt stehen, kehrt zurück und manchmal fühlt es sich an, als würde es nirgendwohin führen. Ein Tag bringt Klarheit; Das nächste bringt Verwirrung. Ich habe dies mit vielen Erwachsenen in Therapieräumen, Krankenhauskonsultationen und Community-Workshops geteilt. Das Wichtigste ist nicht, ob der Weg perfekt ist; Es geht darum, ob wir ihn weitergehen. Und das tun wir, indem wir uns daran erinnern, dass wir nicht allein sind, uns an Praktiken orientieren, die Linderung bringen, und aus den Geschichten und der Weisheit anderer lernen, die vor uns gegangen sind.

Es hat etwas einzigartig Erdendes, eine andere Person sagen zu hören: „Ich habe das auch durchgemacht." Es verlagert das Gewicht der Einsamkeit. Es zeigt, dass Heilung nicht nur eine Theorie ist; es ist real, möglich und wird täglich gelebt. Deshalb sind persönliche Geschichten so wichtig. Sie sind nicht nur Erfahrungsberichte, sondern ein Beweis dafür, dass Transformation mit der richtigen Unterstützung, den richtigen Strategien und dem richtigen Selbstvertrauen möglich ist. Ich habe mit Menschen gearbeitet, die in meine Praxis kamen und sich wie ein Schatten ihrer selbst fühlten, erschöpft von Panik, niedergeschlagen von Depressionen oder zerbrochen von Wahnvorstellungen, und die mit der Zeit wieder auf die Beine kamen. Ihr Erfolg beruhte nie auf einem einzigen Wundermoment. Es entstand aus Engagement, aus Mut und aus der stillen, oft unsichtbaren Arbeit, Tag für Tag sich selbst gegenüberzutreten.

Im täglichen Management nimmt diese ruhige Arbeit Gestalt an. Und ehrlich gesagt muss es nicht komplex sein. Ich erinnere meine Kunden immer daran, dass Heilung in Routinen steckt. Es geht darum, Ihre Medikamente wie verordnet einzunehmen. Es geht darum, zur Therapie zu gehen, auch wenn man keine Lust zum Reden hat. Es geht darum, eine einfache Mahlzeit zuzubereiten, wenn Sie lieber auf das Abendessen verzichten möchten, oder das Fenster zu öffnen, um ein wenig Licht hereinzulassen, wenn die Welt zu dunkel erscheint. Diese kleinen Momente der Fürsorge bauen ein lebenswertes Leben auf. Mit der Zeit entwickeln sie sich zu etwas Mächtigem: Resilienz.

Ich ermutige jeden Erwachsenen, der sich um seine psychische Gesundheit kümmert, einen Wellness-Plan zu entwerfen. Es handelt sich nicht um einen starren Plan, sondern um einen flexiblen Leitfaden: Was begründet Sie? Was löst bei Ihnen aus? Wer sind Ihre sicheren Leute? Wie sieht Selbstfürsorge aus, wenn es einem gut geht, und wie sieht es aus, wenn es einem nicht gut geht? Klarheit über diese Fragen macht die Genesung nachhaltig. Es ermöglicht uns, zu reagieren, anstatt zu reagieren. Es gibt uns Werkzeuge an die Hand, mit denen wir Krisen, Rückschläge und Unerwartetes meistern können, ohne das Gefühl zu haben, wir hätten versagt.

Die psychische Gesundheit bleibt erhalten, wird aber nicht erreicht. Und diese Wartung sieht für jeden anders aus. Für manche ist es Glaube und spirituelle Grundlage. Für andere sind es Bewegung, tägliche Spaziergänge, Tanzen oder Yoga. Viele finden Kraft im kreativen Ausdruck, in ehrenamtlicher Arbeit oder in der Rückkehr zu alten Hobbys. Ich habe einmal mit einer Kundin zusammengearbeitet, die beim Anlegen eines Gartens ihren Durchbruch erlebte. Jeder Samen, den sie nährte, spiegelte ihr Wachstum und ihre Rückkehr ins Leben wider. Das ist die Kraft des bewussten Lebens: Jeder Akt der Fürsorge wird zu einer Aussage, die besagt: „Ich bin diese Mühe wert."

Wenn Sie dies also jetzt lesen und sich fragen, wie Sie weitermachen sollen, wissen Sie Folgendes: Sie müssen nicht alle Antworten haben. Sie müssen nur neugierig, offen und willig bleiben. Die Reise ist selten einfach, aber sie lohnt sich zutiefst. Und Sie müssen es nicht alleine gehen.

Der tägliche Umgang mit der psychischen Gesundheit erfordert die Anwendung praktischer Strategien, die dazu beitragen können, die Stabilität aufrechtzuerhalten und das allgemeine Wohlbefinden zu verbessern. Einige praktische Tipps für das tägliche Management:

Etablieren Sie eine Routine

Die Schaffung eines einheitlichen Tagesablaufs kann für Struktur und Vorhersehbarkeit sorgen, die für die psychische Gesundheit von entscheidender Bedeutung sind. Beginnen Sie mit einem regelmäßigen Aufwach- und Schlafensplan, um ausreichend Schlaf zu gewährleisten. Integrieren Sie den ganzen Tag über Aktivitäten, die das körperliche, geistige und emotionale Wohlbefinden fördern. Eine feste Routine kann Stress reduzieren und Ihnen helfen, organisiert zu bleiben.

Priorisieren Sie körperliche Aktivität

Regelmäßige körperliche Aktivität ist für die psychische Gesundheit unerlässlich. Durch körperliche Betätigung werden Endorphine freigesetzt, die die Stimmung verbessern und Angstzustände und Depressionen reduzieren können. Ob morgendliches Joggen, Yoga-Sitzung oder ein flotter Spaziergang in der Mittagspause: Die Einbeziehung körperlicher Aktivität in Ihren Alltag kann erhebliche Vorteile haben. Streben Sie an den meisten Tagen der Woche mindestens 30 Minuten moderate Bewegung an.

Üben Sie Achtsamkeits- und Entspannungstechniken

Achtsamkeits- und Entspannungstechniken können helfen, mit Stress umzugehen und die emotionale Regulierung zu verbessern. Nehmen Sie sich jeden Tag Zeit für Meditation, Atemübungen oder progressive Muskelentspannung. Diese Praktiken können Ihnen helfen, präsent zu bleiben, negatives Denken zu reduzieren und ein Gefühl der Ruhe zu fördern.

Achten Sie auf eine ausgewogene Ernährung

Ernährung spielt eine entscheidende Rolle für die psychische Gesundheit. Eine ausgewogene Ernährung mit viel Obst, Gemüse, Vollkornprodukten, magerem Eiweiß und gesunden Fetten kann die Nährstoffe liefern, die für eine optimale Gehirnfunktion erforderlich sind. Vermeiden Sie übermäßig viel Zucker, Koffein und verarbeitete Lebensmittel, da diese sich negativ auf die Stimmung und das Energieniveau auswirken können. Es ist auch wichtig, ausreichend Flüssigkeit zu sich zu nehmen. Trinken Sie daher über den Tag verteilt viel Wasser.

Bleiben Sie in Verbindung

Die Aufrechterhaltung sozialer Verbindungen ist entscheidend für emotionale Unterstützung und geistiges Wohlbefinden. Treten Sie regelmäßig über Telefonanrufe, Video-Chats oder persönliche Besuche mit Familie und Freunden in Kontakt. Der Aufbau eines Unterstützungsnetzwerks aus Menschen, die Sie verstehen und sich um Sie kümmern, kann ein Zugehörigkeitsgefühl vermitteln und das Gefühl der Isolation verringern.

Setzen Sie sich realistische Ziele

Das Setzen realistischer und erreichbarer Ziele kann ein Gefühl von Zielstrebigkeit und Erfolg vermitteln. Teilen Sie größere Aufgaben in kleinere, überschaubare Schritte auf und feiern Sie Ihre Fortschritte. Ganz gleich, ob Sie ein Arbeitsprojekt abschließen, eine neue Fähigkeit erlernen oder persönliche Gewohnheiten verbessern: Das Setzen und Erreichen von Zielen kann das Selbstwertgefühl und die Motivation steigern.

Stress bewältigen

Eine wirksame Stressbewältigung ist der Schlüssel zur Erhaltung der psychischen Gesundheit. Identifizieren Sie Ihre Stressfaktoren und entwickeln Sie Strategien, um mit ihnen umzugehen. Dazu können Zeitmanagementtechniken, das Delegieren von Aufgaben oder die Suche nach einem gesunden Ausgleich für Stress wie Hobbys oder kreative Aktivitäten gehören. Erkennen Sie, wann Sie eine Pause brauchen, und gönnen Sie sich Ruhe und Kraft.

Übe Selbstmitgefühl

Für die psychische Gesundheit ist es wichtig, freundlich zu sich selbst zu sein. Üben Sie Selbstmitgefühl, indem Sie Ihre Gefühle ohne Urteil anerkennen und sich selbst mit der Freundlichkeit behandeln, die Sie einem Freund entgegenbringen würden. Akzeptieren Sie, dass es in Ordnung ist, schlechte Tage zu haben und dass Fortschritte Zeit brauchen. Selbstmitgefühl kann dazu beitragen, Schuldgefühle zu reduzieren und die emotionale Belastbarkeit zu erhöhen.

Die Einbeziehung praktischer Tipps in Ihren Alltag kann die psychische Gesundheit erheblich verbessern. Eine Routine zu etablieren, körperliche Aktivität zu priorisieren, Achtsamkeit zu praktizieren, auf eine ausgewogene Ernährung zu achten, in Verbindung zu bleiben, realistische Ziele zu setzen, mit Stress umzugehen und Selbstmitgefühl zu üben sind allesamt wirksame Strategien. Durch die Übernahme dieser Gewohnheiten können Einzelpersonen einen unterstützenden Rahmen für die tägliche Bewältigung der psychischen Gesundheit schaffen, was zu mehr Widerstandsfähigkeit und Wohlbefinden führt.

Die Aufrechterhaltung des psychischen Wohlbefindens erfordert konsequente und proaktive Bemühungen zur Unterstützung des emotionalen, psychologischen und sozialen Wohlbefindens. Einige Schlüsselstrategien zur Aufrechterhaltung des psychischen Wohlbefindens:

Entwickeln Sie gesunde Gewohnheiten

Die Entwicklung und Aufrechterhaltung gesunder Gewohnheiten ist für die psychische Gesundheit von grundlegender Bedeutung. Regelmäßige Bewegung, ausgewogene Ernährung und ausreichend Schlaf sind die Grundpfeiler eines gesunden Lebensstils. Bewegung wie Gehen, Joggen oder Yoga hilft, Stress abzubauen und die Stimmung zu verbessern, indem sie Endorphine freisetzt. Eine nahrhafte Ernährung mit Obst, Gemüse und mageren Proteinen unterstützt die Gehirnfunktion und die allgemeine Gesundheit. Wenn Sie dem Schlaf Priorität einräumen, stellen Sie sicher, dass Ihr Körper und Geist ausgeruht sind, was für die Bewältigung des Alltagsstresses unerlässlich ist.

Beteiligen Sie sich an Achtsamkeit und Meditation

Das Praktizieren von Achtsamkeit und Meditation kann das geistige Wohlbefinden deutlich steigern. Achtsamkeit bedeutet, im Moment präsent zu sein und sich ohne Urteil voll und ganz auf die Umgebung und Gefühle einzulassen. Meditation kann helfen, Stress abzubauen, die Konzentration zu verbessern und die emotionale Gesundheit zu fördern. Wenn Sie sich täglich ein paar Minuten Zeit für Achtsamkeitsübungen nehmen, können Sie inmitten der Herausforderungen des Lebens auf dem Boden bleiben und ruhig bleiben.

Pflegen Sie starke Beziehungen

Der Aufbau und die Pflege starker Beziehungen zu Familie, Freunden und Kollegen sorgt für emotionale Unterstützung und ein Zugehörigkeitsgefühl. Nehmen Sie sich Zeit für sinnvolle Kontakte, sei es durch regelmäßige Telefonanrufe, Video-Chats oder persönliche Treffen. Sich mit positiven und unterstützenden Menschen zu umgeben, kann Ihr geistiges Wohlbefinden steigern und einen Puffer gegen Stress bieten.

Ziele setzen und erreichen

Das Setzen realistischer und erreichbarer Ziele gibt Ihnen einen Sinn und eine Richtung. Teilen Sie größere Ziele in kleinere, überschaubare Schritte auf, um den Fortschritt greifbarer und lohnender zu machen. Ob privat oder beruflich, das Erreichen dieser Ziele kann Ihr Selbstvertrauen und Ihre Motivation stärken. Feiern Sie Ihre Erfolge, egal wie klein sie sind, um eine positive Einstellung zu stärken und weitere Anstrengungen zu fördern.

Übe Selbstmitgefühl

Ein freundlicher und verständnisvoller Umgang mit sich selbst ist für die psychische Gesundheit von entscheidender Bedeutung. Selbstmitgefühl bedeutet, dass Sie Ihr Leiden anerkennen und mit Empathie statt mit Kritik reagieren. Es hilft Ihnen, mit Rückschlägen umzugehen und reduziert Schuldgefühle oder Unzulänglichkeitsgefühle. Erkennen Sie Ihre Bemühungen und Erfolge an und gönnen Sie sich bei Bedarf Ruhe und

Erholung. Selbstmitgefühl kann die Widerstandsfähigkeit und eine gesündere Beziehung zu sich selbst fördern.

Stress effektiv bewältigen

Das Erkennen und Bewältigen von Stressfaktoren ist für die Aufrechterhaltung der psychischen Gesundheit von entscheidender Bedeutung. Entwickeln Sie Bewältigungsstrategien, die für Sie funktionieren, wie zum Beispiel Zeitmanagementtechniken, Entspannungsübungen oder die Ausübung von Hobbys. Lernen Sie zu erkennen, wann Sie überfordert sind, und ergreifen Sie proaktive Maßnahmen, um Stress abzubauen. Dazu kann es gehören, Aufgaben zu delegieren, Unterstützung von anderen zu suchen oder sich einfach eine Pause zu gönnen, um neue Energie zu tanken.

Suchen Sie bei Bedarf professionelle Hilfe

Zögern Sie nicht, professionelle Hilfe in Anspruch zu nehmen, wenn Sie Schwierigkeiten haben, Ihre geistige Gesundheit aufrechtzuerhalten. Therapeuten, Berater und andere Fachleute für psychische Gesundheit können wertvolle Unterstützung und Anleitung bieten.

Regelmäßige Besuche bei einem Psychologen können Ihnen dabei helfen, auf dem richtigen Weg zu bleiben und aufkommende Probleme anzugehen, bevor sie zu größeren Problemen werden.

Durch die Integration dieser Strategien in das tägliche Leben können Sie ihr geistiges Wohlbefinden unterstützen und ihre Widerstandsfähigkeit gegenüber den Herausforderungen des Lebens stärken, was zu einem ausgeglicheneren und erfüllteren Leben führt.

KAPITEL 10: DIE ROLLE DER GESELLSCHAFT FÜR DIE PSYCHISCHE GESUNDHEIT

Gemeinschaften unterstützen die psychische Gesundheit, indem sie Umgebungen schaffen, die Verständnis, Empathie und Zugänglichkeit von Ressourcen fördern. Wenn Gemeinschaften der psychischen Gesundheit Priorität einräumen, bieten sie sichere Räume für Einzelpersonen, in denen sie ihre Erfahrungen austauschen und Hilfe suchen können, ohne Angst vor Stigmatisierung haben zu müssen. Dazu können lokale Selbsthilfegruppen, Gemeindezentren, die psychosoziale Dienste anbieten, und öffentliche Sensibilisierungskampagnen gehören, die die Bewohner über psychische Gesundheitsprobleme aufklären. Durch die Förderung eines offenen Dialogs und die Bereitstellung von Ressourcen können Gemeinschaften die Isolation, die viele Menschen mit psychischen Erkrankungen empfinden, erheblich verringern.

Schulen und Arbeitsplätze spielen ebenfalls eine entscheidende Rolle bei der Gestaltung der Ergebnisse im

Bereich der psychischen Gesundheit. Bildungseinrichtungen können Aufklärung über psychische Gesundheit in ihre Lehrpläne integrieren und Schülern etwas über emotionales Wohlbefinden, Stressbewältigung und die Suche nach Hilfe beibringen. Schulen können Beratungsdienste anbieten und Programme erstellen, die die psychische Gesundheit der Schüler unterstützen und so eine Kultur der Offenheit und Unterstützung bereits in jungen Jahren fördern. Andererseits können Arbeitsplätze Richtlinien umsetzen, die die Vereinbarkeit von Berufs- und Privatleben fördern, den Zugang zu Ressourcen für psychische Gesundheit ermöglichen und Mitarbeiter dazu ermutigen, bei Bedarf Tage zur psychischen Gesundheit in Anspruch zu nehmen. Die Schaffung eines unterstützenden Arbeitsumfelds, in dem die psychische Gesundheit offen diskutiert wird, kann zu höherer Produktivität, weniger Fehlzeiten und einer positiveren Arbeitskultur führen.

Interessenvertretung und politische Veränderungen sind für die Schaffung einer Gesellschaft, die die psychische Gesundheit unterstützt, von wesentlicher Bedeutung.

Advocacy-Bemühungen können das Bewusstsein für psychische Gesundheitsprobleme schärfen, Stigmatisierung bekämpfen und auf systemische Veränderungen drängen, die den Zugang zur Gesundheitsversorgung verbessern. Dazu kann Lobbyarbeit für eine bessere Finanzierung der psychischen Gesundheit, die Verbesserung der Aufklärung über psychische Gesundheit und die Sicherstellung, dass die Leistungen im Bereich der psychischen Gesundheit von der Versicherung übernommen werden, gehören. Richtlinienänderungen auf Regierungsebene können erhebliche Auswirkungen haben, indem sie Programme zur psychischen Gesundheit in Schulen vorschreiben, gemeinschaftliche Initiativen zur psychischen Gesundheit unterstützen und die Rechte von Personen mit psychischen Erkrankungen schützen.

Durch die gemeinsame Auseinandersetzung mit diesen Bereichen kann die Gesellschaft ein umfassendes Unterstützungssystem für die psychische Gesundheit schaffen. Gemeinschaften, die sich aktiv für die Förderung der psychischen Gesundheit engagieren, können zusammen mit Schulen und Arbeitsplätzen, die das Wohlbefinden in den Vordergrund stellen, und einer starken Interessenvertretung, die zu sinnvollen politischen Änderungen führt, die Art und Weise verändern, wie psychische Gesundheit wahrgenommen und behandelt wird. Diese Bemühungen verbessern die individuellen Ergebnisse und tragen zu einer gesünderen, integrativeren Gesellschaft bei.

Fortschritte in der Behandlung psychischer Erkrankungen haben zur Entwicklung mehrerer neuer Therapien und Innovationen geführt, die vielversprechend sind, das Leben von Erwachsenen mit psychischen Erkrankungen zu verbessern. Diese neuen Ansätze zielen darauf ab, die Grenzen traditioneller Therapien zu überwinden und eine personalisiertere und effektivere Pflege zu bieten.

Eine bemerkenswerte Innovation ist der Einsatz der Teletherapie. Bei der Teletherapie handelt es sich um die Bereitstellung psychologischer Dienste über digitale Plattformen, die es Patienten ermöglichen, die Therapie bequem von zu Hause aus zu erhalten. Dieser Ansatz hat die psychiatrische Versorgung leichter zugänglich gemacht, insbesondere für Menschen, die in abgelegenen Gebieten leben oder Probleme mit der Mobilität haben. Darüber hinaus bietet es eine größere Flexibilität bei der Terminvereinbarung und erleichtert so die Integration der Therapie in den Alltag. Die Bequemlichkeit und Zugänglichkeit der Teletherapie haben zu ihrer wachsenden Beliebtheit und ihrem Erfolg bei der

Erreichung einer breiteren Bevölkerungsgruppe beigetragen.

Eine weitere vielversprechende Entwicklung ist der Einsatz von Virtual Reality (VR) in der Behandlung psychischer Erkrankungen. Bei der VR-Therapie werden Patienten in simulierte Umgebungen versetzt, die ihnen helfen können, ihre Ängste und Befürchtungen in einer kontrollierten Umgebung zu konfrontieren und zu bewältigen. Beispielsweise wurde VR effektiv zur Behandlung von Phobien, posttraumatischen Belastungsstörungen und sozialen Ängsten eingesetzt, indem Patienten nach und nach auslösenden Situationen ausgesetzt und ihnen bei der Entwicklung von Bewältigungsstrategien geholfen wurde. Der immersive Charakter von VR kann das therapeutische Erlebnis verbessern und zu deutlicheren Verbesserungen der Symptome führen.

Neurofeedback ist eine neue Therapie, die sich darauf konzentriert, das Gehirn zur Selbstregulierung zu trainieren. Diese Technik nutzt die Echtzeitüberwachung der Gehirnaktivität, um den Patienten Feedback zu geben und ihnen zu helfen, zu lernen, wie sie ihre Gehirnwellen kontrollieren können. Neurofeedback hat sich bei der Behandlung von Erkrankungen wie ADHS, Angstzuständen und Depressionen als vielversprechend erwiesen. Durch die Verbesserung der Selbstregulation können Patienten eine bessere emotionale Stabilität und geistige Klarheit erreichen. Der nicht-invasive Charakter von Neurofeedback macht es zu einer attraktiven Option für diejenigen, die Alternativen zu Medikamenten suchen.

Auch der Bereich der psychedelisch unterstützten Therapie gewinnt an Aufmerksamkeit. Substanzen wie Psilocybin (in Zauberpilzen enthalten) und MDMA (allgemein bekannt als Ecstasy) werden auf ihren potenziellen therapeutischen Nutzen untersucht, wenn sie unter kontrollierten und überwachten Bedingungen verwendet werden. Frühe Untersuchungen haben gezeigt, dass diese Substanzen tiefgreifende psychologische Erkenntnisse und emotionale Durchbrüche ermöglichen können, was besonders für Menschen mit behandlungsresistenter Depression, PTSD und anderen schweren psychischen Erkrankungen von Vorteil sein kann. Noch im experimentellen Stadium könnte die psychedelisch unterstützte Therapie die Behandlungslandschaft revolutionieren, sobald sie vollständig validiert und in die klinische Praxis integriert ist.

Die transkranielle Magnetstimulation (TMS) ist eine weitere innovative Behandlung, bei der Magnetfelder zur Stimulation bestimmter Gehirnbereiche eingesetzt werden. TMS ist zur Behandlung von Depressionen zugelassen, die auf andere Behandlungen nicht angesprochen haben. Es wirkt, indem es auf Gehirnregionen abzielt, die an der Stimmungsregulierung beteiligt sind, die neuronale Aktivität steigert und die Freisetzung von Neurotransmittern fördert. TMS ist ein nicht-invasives Verfahren und hat bei vielen Patienten zu einer wirksamen Verbesserung der Symptome geführt und bietet Hoffnung für diejenigen, die mit herkömmlichen Therapien zu kämpfen hatten.

Ein Beispiel für die Wirkung neuer Therapien ist John, ein 45-Jähriger, der jahrelang gegen schwere Depressionen kämpfte. Traditionelle Behandlungen, darunter

Medikamente und Gesprächstherapie, brachten nur begrenzte Linderung. John entschloss sich, TMS auszuprobieren, und nach mehreren Sitzungen stellte er eine deutliche Linderung seiner depressiven Symptome fest. Die Verbesserung seiner Stimmung und seines Energieniveaus ermöglichte es ihm, wieder zu arbeiten und sich aktiver für seine Familie zu engagieren. Johns Erfahrung unterstreicht das Potenzial innovativer Behandlungen, neue Wege zur Linderung und Genesung zu eröffnen.

Diese neuen Therapien und Innovationen erweitern das Instrumentarium, das den Fachleuten für psychische Gesundheit zur Verfügung steht, und bieten den Patienten neue Hoffnung. Wenn Sie diese Fortschritte nutzen, kann sich der Bereich der psychischen Gesundheit weiterentwickeln und eine effektivere, personalisiertere und zugänglichere Betreuung für Erwachsene bieten, die mit psychischen Problemen konfrontiert sind.

Die Zukunft der psychiatrischen Versorgung steht vor einem Wandel durch mehrere spannende Entwicklungen, die Technologie, personalisierte Medizin und ganzheitliche Ansätze integrieren. Diese Innovationen versprechen, die psychische Gesundheitsversorgung zugänglicher, effektiver und auf die individuellen Bedürfnisse zugeschnitten zu machen.

Ein bedeutender Trend ist die Integration digitaler Technologie in die psychiatrische Versorgung. Die Teletherapie hat bereits gezeigt, wie effektiv virtuelle Sitzungen sein können, und dies wird sich mit Fortschritten in der KI und beim maschinellen Lernen noch verstärken. Diese Technologien können dazu beitragen, hochentwickelte Chatbots und virtuelle Therapeuten zu schaffen, die sofortige Unterstützung und therapeutische Interventionen leisten können. Stellen Sie sich vor, Sie hätten einen virtuellen Assistenten, der anhand von Mustern in Ihrer Sprache oder Ihrem Verhalten frühe Anzeichen einer psychischen Krise erkennen und Ihnen rechtzeitig Ratschläge geben oder Sie mit einem menschlichen Therapeuten verbinden kann. Dies könnte die Wartezeiten erheblich verkürzen und die Unterstützung für die psychische Gesundheit jederzeit und überall verfügbar machen.

Die personalisierte Medizin ist ein weiterer vielversprechender Meilenstein. So wie die Behandlung körperlicher Erkrankungen zunehmend auf individuelle genetische Profile zugeschnitten wird, geht auch die psychische Gesundheitsversorgung in die gleiche Richtung. Gentests und Biomarkeranalysen können dabei helfen, festzustellen, welche Medikamente und Therapien für eine bestimmte Person wahrscheinlich am wirksamsten sind. Dieser Ansatz minimiert den Trial-and-Error-Prozess, der derzeit bei der Verschreibung von Psychopharmaka üblich ist, und führt zu schnelleren und wirksameren Behandlungsergebnissen. Patienten können sich auf individuellere Pflegepläne freuen, die genau auf ihre einzigartige biologische und psychologische Verfassung abgestimmt sind.

Auch ganzheitliche und integrative Ansätze gewinnen an Bedeutung. Zukünftige psychische Gesundheitsfürsorge wird wahrscheinlich den Zusammenhang zwischen körperlichem, geistigem und sozialem Wohlbefinden betonen. Praktiken wie Yoga, Meditation, Ernährungsberatung und körperliche Bewegung werden in traditionelle Behandlungen für die psychische Gesundheit integriert. Diese Ansätze berücksichtigen, dass eine Vielzahl von Faktoren die psychische Gesundheit beeinflussen und dass eine umfassende Betreuung den gesamten Menschen berücksichtigen sollte. Kliniken und Wellnesszentren, die kombinierte Dienstleistungen anbieten, werden immer häufiger angeboten und bieten eine zentrale Anlaufstelle für geistige, körperliche und emotionale Gesundheitsbedürfnisse.

Künstliche Intelligenz wird auch die Diagnose und Überwachung der psychischen Gesundheit revolutionieren. KI-gesteuerte Tools können Daten von Wearables und Smart Devices analysieren, um die psychische Gesundheit von Patienten in Echtzeit zu überwachen. Beispielsweise könnte eine App Ihre Schlafmuster, Ihre körperliche Aktivität und sogar soziale Interaktionen verfolgen, um Einblicke in Ihre psychischen

Gesundheitstrends zu erhalten und potenzielle Probleme vorherzusagen, bevor sie eskalieren. Dieser proaktive Ansatz ermöglicht ein frühzeitiges Eingreifen, was für die Prävention schwerer psychischer Krisen von entscheidender Bedeutung ist.

Die Unterstützung durch die Gemeinschaft und durch Gleichaltrige wird weiterhin ein wesentlicher Bestandteil der psychischen Gesundheitsversorgung bleiben. Online-Selbsthilfegruppen und -Foren werden sich weiterentwickeln und Plattformen bieten, auf denen Einzelpersonen Erfahrungen austauschen und sich gegenseitig unterstützen können. Diese Gemeinschaften können besonders für diejenigen von Nutzen sein, die sich aufgrund ihrer psychischen Erkrankung isoliert oder stigmatisiert fühlen. Das Zugehörigkeitsgefühl und das Verständnis durch die Unterstützung durch Gleichaltrige können im Heilungsprozess überzeugend sein.

Mithilfe eines personalisierten medizinischen Ansatzes kann ein Arzt beispielsweise Gentests durchführen, um das am besten geeignete Medikament zu finden und so die

Symptome bei jedem, der mit Depressionen zu kämpfen hat, innerhalb von Wochen deutlich zu lindern.

Die Zukunft der psychischen Gesundheitsversorgung ist rosig, mit Innovationen, die versprechen, die Behandlung zugänglicher, personalisierter und effektiver zu machen. Durch den Einsatz von Technologie, personalisierter Medizin, ganzheitlichen Ansätzen und gemeinschaftlicher Unterstützung können wir uns auf eine Welt freuen, in der die psychiatrische Versorgung besser auf die individuellen Bedürfnisse zugeschnitten ist und letztendlich die Lebensqualität vieler Menschen verbessert.

Um Ihr Wohlbefinden zu verbessern und für sich selbst und andere einzutreten, ist es von entscheidender Bedeutung, dass Sie informiert und in die psychiatrische Versorgung einbezogen werden. Es gibt mehrere wirksame Strategien, um über die neuesten Informationen auf dem Laufenden zu bleiben und sich aktiv an der Community für psychische Gesundheit zu beteiligen.

Eine der besten Möglichkeiten, auf dem Laufenden zu bleiben, besteht darin, seriösen Organisationen und Fachleuten für psychische Gesundheit zu folgen. Abonnieren Sie Newsletter von Organisationen wie der National Alliance on Mental Illness (NAMI), Mental Health America (MHA) und der Anxiety and Depression Association of America (ADAA). Diese Organisationen teilen regelmäßig Updates zu Forschung, Behandlungen und Interessenvertretungsmöglichkeiten. Darüber hinaus kann das Verfolgen von Fachleuten für psychische Gesundheit in den sozialen Medien Einblicke in neue Trends und praktische Ratschläge für das tägliche Management der psychischen Gesundheit geben.

Die Teilnahme an Online-Kursen und Webinaren ist eine weitere hervorragende Möglichkeit, Ihr Wissen zu erweitern. Viele Organisationen für psychische Gesundheit bieten Bildungsressourcen an, die ein breites Themenspektrum abdecken, vom Verständnis spezifischer psychischer Erkrankungen bis hin zum Erlernen wirksamer Bewältigungsstrategien. Diese Kurse bieten detaillierte Informationen und praktische Tools, die Ihnen helfen, Ihre psychische Gesundheit zu verwalten oder jemand anderen zu unterstützen. Websites wie Coursera, Udemy und Khan Academy bieten Kurse zur psychischen Gesundheit an, die Ihr Verständnis verbessern und wertvolle Fähigkeiten vermitteln können.

Durch den Beitritt zu lokalen oder Online-Selbsthilfegruppen können Sie in Verbindung bleiben und sich engagieren. Diese Gruppen bieten eine Plattform, um Erfahrungen auszutauschen, Unterstützung zu erhalten und von anderen zu lernen, die vor ähnlichen Herausforderungen stehen. Die Teilnahme an diesen Communities kann ein Zugehörigkeitsgefühl vermitteln und praktische Ratschläge von Menschen geben, die verstehen, was Sie durchmachen. Websites wie Meetup und Facebook verfügen häufig über Einträge für lokale Selbsthilfegruppen, und Organisationen wie NAMI stellen Verzeichnisse zur Verfügung, um Gruppen zu finden, die speziell auf Ihre Bedürfnisse zugeschnitten sind.

Freiwilligenarbeit ist eine sinnvolle Möglichkeit, sich weiterhin in der Gemeinschaft der psychischen Gesundheit zu engagieren. Viele Organisationen sind auf Freiwillige angewiesen, die bei Veranstaltungen, Spendenaktionen und Interessenvertretungen helfen. Freiwilligenarbeit kann Ihnen einen Sinn geben und Sie mit anderen verbinden, die sich für psychische Gesundheit begeistern. Es ist auch eine Möglichkeit, etwas zurückzugeben und eine spürbare Wirkung in Ihrer Gemeinschaft zu erzielen. Ob Sie in einer örtlichen psychiatrischen Klinik helfen oder an Sensibilisierungskampagnen teilnehmen, Ihre Bemühungen können zu einem größeren Anliegen beitragen.

Das Eintreten für politische Änderungen im Bereich der psychischen Gesundheit ist eine weitere wirksame Möglichkeit, engagiert zu bleiben. Das Verständnis der aktuellen Gesetzgebung und die aktive Beteiligung an der Interessenvertretung können dazu beitragen, die Zukunft der psychischen Gesundheitsversorgung zu gestalten. Die Kontaktaufnahme mit Ihren Vertretern vor Ort, die Unterzeichnung von Petitionen und die Teilnahme an Interessenvertretungskampagnen sind wirksame Möglichkeiten, Initiativen zur psychischen Gesundheit zu unterstützen. Organisationen wie NAMI und MHA stellen oft Ressourcen und Anleitungen zur Verfügung, wie man sich an der politischen Interessenvertretung beteiligen kann.

Das Lesen von Büchern und wissenschaftlichen Zeitschriften zum Thema psychische Gesundheit kann Ihr Verständnis weiter vertiefen. Bücher von Experten für psychische Gesundheit und wissenschaftliche Artikel bieten umfassende Einblicke in verschiedene Aspekte der psychischen Gesundheit. Sich über die neuesten Forschungsergebnisse auf dem Laufenden zu halten, hilft Ihnen, neue Entwicklungen zu verstehen und zu verstehen, wie sie sich auf Ihre Situation auswirken könnten.

Um auf dem Laufenden zu bleiben und sich an der psychischen Gesundheitsversorgung zu beteiligen, müssen Sie Updates von seriösen Organisationen abonnieren, an Bildungskursen und Webinaren teilnehmen, Selbsthilfegruppen beitreten, sich ehrenamtlich engagieren, sich für Richtlinienänderungen einsetzen und relevante Literatur lesen. Durch die aktive Nutzung dieser Ressourcen können Sie Ihr Wissen erweitern, andere unterstützen und einen Beitrag zur breiteren Gemeinschaft der psychischen Gesundheit leisten. Dieser proaktive Ansatz kommt Ihrem Wohlbefinden zugute und trägt dazu bei, eine informiertere und unterstützendere Gesellschaft zu schaffen.

Am Ende dieses umfassenden Leitfadens ist es wichtig, sich einen Moment Zeit zu nehmen, um innezuhalten, nachzudenken und die wichtigsten Erkenntnisse, die in diesen Kapiteln dargelegt wurden, in sich aufzunehmen. Jeder Abschnitt wurde sorgfältig strukturiert, um praktische Werkzeuge, fundierte Perspektiven und einen mitfühlenden Ansatz für die psychische Gesundheit Erwachsener zu bieten. Lassen Sie uns die Kernideen noch einmal Revue passieren lassen, damit sie zu etwas werden, das Sie gelesen und mit sich herumtragen.

Der erste und grundlegendste Punkt ist, dass psychische Gesundheit gleich Gesundheit ist. Es verdient den gleichen Respekt, die gleiche Aufmerksamkeit und die gleiche Sorgfalt, die wir der körperlichen Gesundheit widmen. Unsere emotionalen, psychologischen und kognitiven Zustände beeinflussen, wie wir leben, uns verbinden, arbeiten und gedeihen. Bei der psychischen Gesundheit geht es nicht nur darum, Krankheiten zu vermeiden. Es geht darum, das Gleichgewicht zu fördern,

Widerstandsfähigkeit aufzubauen und das Wohlbefinden trotz der Veränderungen im Leben aufrechtzuerhalten.

Wir begannen damit, zu untersuchen, wie sich Angstzustände, Stimmungsstörungen und Schizophrenie bei Erwachsenen manifestieren. Diese Erkrankungen kommen häufiger vor, als vielen bewusst ist, und belasten nicht nur den Geist, sondern auch den Körper und die täglichen Funktionen. Sie sind jedoch auch gut beherrschbar, wenn sie frühzeitig erkannt und mit den richtigen Maßnahmen unterstützt werden. Erwachsene, die ihre Symptome, Auslöser und Optionen verstehen, unternehmen mit größerer Wahrscheinlichkeit aktive Schritte zur Genesung. Bildung ist die erste Brücke zur Selbstbestimmung.

Angststörungen in ihren unterschiedlichen Formen – generalisierte Angststörung, Panikstörung, soziale Ängste und Phobien – können äußerst störend sein. Aber sie sind kein Zeichen persönlicher Schwäche. Dabei handelt es sich um Erkrankungen, die im Alarmsystem des Gehirns verankert sind und wirksam behandelt werden können. Stimmungsstörungen, darunter Depressionen und bipolare Störungen, betreffen auch Millionen Erwachsene und können die Art und Weise verändern, wie man denkt, fühlt und funktioniert. Auch hier können Erwachsene mit der richtigen Diagnose, Therapie und manchmal Medikamenten zu einem Leben voller Sinn und Freude zurückkehren.

Schizophrenie, oft umgeben von Angst und Fehlinformationen, wurde in diesem Buch mit Sensibilität und Klarheit angegangen. Wir haben uns damit befasst, was es ist und was nicht. Wir haben Mythen entlarvt, Symptome wie Halluzinationen und Wahnvorstellungen angesprochen und Behandlungsoptionen überprüft, darunter Antipsychotika, Therapie und die Bedeutung einer konsistenten Pflege. Das Essen zum Mitnehmen? Schizophrenie ist keine lebenslange Haftstrafe. Viele Erwachsene leben damit und gedeihen bei entsprechender Unterstützung.

Neben dem klinischen Verständnis haben wir untersucht, inwiefern Stigmatisierung ein hartnäckiges Hindernis bleibt. Stigmatisierung existiert nicht nur in den Medien oder im öffentlichen Diskurs; Es existiert am Arbeitsplatz, in Familien, im Gesundheitssystem und manchmal in unseren inneren Stimmen. Es hindert Menschen daran, Kontakt aufzunehmen, sich gesehen zu fühlen oder Hilfe in Anspruch zu nehmen. Eine der wichtigsten Lektionen dieses Buches ist, dass der Abbau von Stigmatisierung mit einem ehrlichen Gespräch beginnt. Wenn wir es normalisieren, über psychische Gesundheit zu sprechen, reduzieren wir die Angst und schaffen Raum für Heilung.

Unterstützung, echte, beständige und bekräftigende Unterstützung, ist ein weiterer Eckpfeiler. Erwachsene, die mit psychischen Problemen zu kämpfen haben, fühlen sich oft isoliert, insbesondere wenn sie glauben, dass ihr Kampf sie zu einer Belastung macht. Dieses Buch betont die Kraft der Gemeinschaft: die Bedeutung von Freunden, die sich melden, Partnern, die unvoreingenommen zuhören, Familien, die sich engagieren, und Arbeitsplätzen, die Wert auf Wohlbefinden legen. Wiederherstellung ist ein gemeinsamer Prozess. Niemand sollte diesen Weg alleine gehen.

Auf den Seiten haben wir uns auch intensiv mit Bewältigungsstrategien beschäftigt. Dabei handelt es sich nicht um abstrakte Konzepte, sondern um reale Werkzeuge, die täglich geübt werden können. Kognitive Verhaltenstherapie, Achtsamkeit, Atemarbeit, Tagebuchführung, Bewegung, Medikamentenmanagement, kreativer Ausdruck und gesunde Routinen spielen eine Rolle. Wir haben uns auf praktische Methoden konzentriert, die Erwachsene selbst in den schwierigsten Phasen emotionaler Instabilität anwenden können.

Die Wahl des Lebensstils ist ein weiteres wichtiges Thema. Ihr Körper, Ihre Umgebung und Ihre Gewohnheiten wirken sich alle auf Ihre geistige Gesundheit aus. Wir untersuchten den starken Zusammenhang zwischen körperlicher Aktivität und Stimmungsregulierung, die wesentliche Rolle des Schlafs und die durch digitale Müdigkeit verursachte mentale Überlastung. Wir haben untersucht, wie die Vereinbarkeit von Arbeit und Ruhe Burnout verhindern kann und wie Hobbys, Natur und spirituelle Praktiken zur emotionalen Stabilität beitragen. Hierbei handelt es sich nicht um luxuriöse Ergänzungen zur Therapie, sondern um wesentliche Bestandteile der laufenden Pflege.

Der Wert einer zugänglichen und professionellen Pflege ist nicht verhandelbar. In diesem Buch wird erläutert, wie man den richtigen Therapeuten oder Berater findet, sich bei Versicherungen oder gemeindenahen psychiatrischen Zentren zurechtfindet und die am besten geeignete Therapieart beurteilt. Die psychiatrische Versorgung ist keine Einheitslösung, und Erwachsene verdienen es, zu wissen, wie sie sich für eine Behandlung einsetzen können, die ihre Identität, Geschichte und Ziele respektiert.

Parallel dazu untersuchten wir die Notwendigkeit von Selbstvertretung und Selbstbestimmung. Allzu oft verfallen Erwachsene in passive Rollen – warten, hoffen, aushalten. Dieses Buch ermutigt die Leser, Fragen zu stellen, sich zu äußern, Grenzen zu setzen, Symptome zu verfolgen und ihren Instinkten zu vertrauen. Es ist eine Erinnerung daran, dass Ihre Stimme für Ihre Genesung wichtig ist.

Wir haben uns auch intensiv mit der Rolle der Gesellschaft befasst. Psychische Gesundheit ist nicht nur ein persönliches Anliegen; Es ist eine gesellschaftliche Angelegenheit. Gemeinschaften können die Genesung fördern oder behindern. Schulen, Arbeitsplätze, Medien, religiöse Institutionen und politische Entscheidungsträger spielen alle eine Rolle. In diesem Buch wird die Bedeutung sozialer Interessenvertretung, öffentlicher Aufklärungskampagnen und kulturell kompetenter Pflege erörtert. Heilung geschieht nicht isoliert; es erfordert eine Verschiebung der kollektiven Verantwortung.

Selbsthilfegruppen, von Gleichaltrigen geleitete Gemeinschaften, Online-Foren und digitale Tools für die psychische Gesundheit verändern die Art und Weise, wie auf Pflege zugegriffen wird, rasch. Das digitale Zeitalter bringt sowohl Herausforderungen als auch Chancen mit sich. Während Bildschirmzeit und soziale Vergleiche die psychische Belastung verschlimmern können, ermöglicht das Internet Erwachsenen auch, schneller als je zuvor Gemeinschaft, Teletherapie und Aufklärung über psychische Gesundheit zu finden. Zu lernen, wie man diese

Werkzeuge mit Bedacht einsetzt, ist Teil der modernen Selbstfürsorge.

Wir beendeten die Kernkapitel, indem wir die Leser einluden, über ihre Reise nachzudenken. Durch echte Geschichten, praktische Tipps und herzliche Ermutigung erinnerten uns die letzten Kapitel daran, dass es beim mentalen Wohlbefinden nicht um Perfektion geht. Es geht um Beharrlichkeit. Es wird Tage des Zweifels geben, Tage, an denen alte Muster zurückkehren. Aber mit jeder geübten Bewältigungsstrategie, jeder besuchten Therapiesitzung und jedem eröffneten Gespräch wurden wir selbstbewusster. Und Stärke bedeutet in diesem Zusammenhang Belastbarkeit, nicht Widerstand.

Für diejenigen, die sich festgefahren oder unsicher fühlen, habe ich betont, dass es bei „Navigating the Journey" darum geht, eine Roadmap zu erstellen, die Unterstützungssysteme, Wellness-Gewohnheiten und einen Wartungsplan umfasst. Bei der Wiederherstellung der psychischen Gesundheit geht es nicht darum, „geheilt" zu werden; Es geht darum, ausgerüstet zu sein. Gerüstet, um Herausforderungen zu meistern, gerüstet, um

Fortschritte zu feiern, und gerüstet, um ein Leben mit Sinn aufzubauen.

Und schließlich haben wir in den Kapiteln 9 und 10 das Gespräch vertieft. Wir haben die Wahl des Lebensstils und ihre Auswirkungen nicht aus der Sicht der Schuld, sondern aus dem Blickwinkel des Verständnisses betrachtet. Wir haben erkannt, dass Essen, Schlaf, soziale Medien, Arbeitskultur, Kreativität, Natur und Spiritualität mit dem Gehirn interagieren. Diese Verbindungen können weh tun oder heilen, je nachdem, wie wir sie angehen.

Wir haben auch gelernt, wie wichtig es ist, Resilienz in den Alltag zu integrieren. Resilienz ist nicht nur eine innere Eigenschaft; es kann gepflegt werden. Durch den Aufbau unterstützender Umgebungen, das Üben von Flexibilität und den Aufbau von Strukturen, die Ruhe und Neukalibrierung ermöglichen, können Erwachsene schützende psychische Puffer für die unvermeidlichen Stressfaktoren des Lebens schaffen.

Zum Abschluss dieses Buches möchte ich Sie daran erinnern:

- Du bist nicht deine Diagnose.

- Du bist keine Last.

- Sie verdienen eine Heilung, die mitfühlend, individuell und zugänglich ist.

- Sie können Fragen stellen, die Richtung ändern und die Wiederherstellung nach Ihren Vorstellungen definieren.

- Es ist keine Schande, Hilfe zu brauchen.

- Unterstützung ist kein Luxus; es ist eine Notwendigkeit.

- Und das Wichtigste: Für einen Neuanfang ist es nie zu spät.

Die Wiederherstellung der psychischen Gesundheit ist ein lebendiger, atmender Prozess. An manchen Tagen werden Sie Schritte nach vorne machen. An anderen Tagen müssen Sie möglicherweise eine Pause einlegen. Aber Heilung geschieht, wenn man immer wieder auftaucht, eine Wahl nach der anderen. Nicht perfekt. Nicht schnell. Aber zutiefst. Authentisch. Nachhaltig.

Vielen Dank, dass Sie diese Reise mit mir gemacht haben.
Und vielen Dank, dass Sie glauben, dass Besseres möglich
ist.

Wenn Sie es bis zu diesem Punkt im Buch geschafft haben, möchte ich einen Moment innehalten, nicht um es zusammenzufassen, nicht um es zu belehren, sondern um zu Ihnen als Mitmenschen zu sprechen, dem dieses Thema sehr am Herzen liegt. Sie haben einen mutigen Schritt getan. Sie haben Ihr Herz und Ihren Verstand geöffnet, um mehr über etwas zu erfahren, das so viele Erwachsene betrifft und dennoch viel zu viel Schweigen in sich birgt: die psychische Gesundheit.

Ich möchte, dass Sie wissen, wie sehr ich diese Bemühungen schätze.

In diesem Buch wurden viele komplexe Themen behandelt: Angstzustände, Stimmungsstörungen, Schizophrenie, Stigmatisierung, Belastbarkeit, Unterstützungssysteme, Therapie und vieles mehr. Aber jenseits der medizinischen Fachbegriffe und Strategien ist es die Wahrheit, die am meisten Anklang gefunden hat: Sie sind nicht allein. Auf dem Weg zum Verständnis der psychischen Gesundheit geht es nicht nur um Etiketten und Behandlungen. Es geht darum, Verbindungen zu finden, Mitgefühl aufzubauen und Raum für Kampf und Stärke zu schaffen.

Allzu oft wird von Erwachsenen erwartet, dass sie „alles im Griff" haben. Die Gesellschaft lehrt uns, in Bewegung zu bleiben, weiter zu lächeln und weiter Leistung zu erbringen, auch wenn wir innerlich langsam auseinanderfallen. Dieser Druck ist groß. Es isoliert Menschen und schlimmer noch, es verzögert die Heilung. Aber Folgendes habe ich nach Jahren der Arbeit mit Erwachsenen aller Hintergründe und Lebensphasen gelernt: Das Mutigste, was ein Mensch tun kann, ist, ehrlich mit seinem Schmerz umzugehen. Nicht weil es sie schwach macht, sondern weil es sie real macht. Und in der Realität beginnt die Heilung.

Wenn Sie also zu lange gekämpft, gezweifelt, hinterfragt oder unsichtbare Lasten getragen haben, nehmen Sie dies bitte als Ihre Erlaubnis, mit dem Vortäuschen aufzuhören und Hilfe zuzulassen. Keine Masken mehr. Kein stilles Leiden mehr. Du bist zu wichtig.

Und an diejenigen, die dieses Buch nicht nur für sich selbst, sondern auch für jemanden gekauft haben, den sie lieben: Ich sehe Sie auch. Als Betreuer, Freunde, Partner und Fachkräfte sind Sie oft das stille Rückgrat der Genesung. Ihre Anwesenheit ist wichtiger, als Sie vielleicht jemals denken. Sie müssen nicht alle Antworten haben. Manchmal ist es das stärkste Geschenk, das man machen kann, einfach nur in der Nähe zu bleiben, zuzuhören und an die Heilungsfähigkeit eines Menschen zu glauben.

Ich habe gesehen, was passiert, wenn Menschen das Gefühl haben, gesehen, gehört und verstanden zu werden. Ich habe erlebt, wie Erwachsene, die davon überzeugt waren, dass sie nie wieder Frieden verspüren würden, mit Zeit, Unterstützung und Fürsorge langsam zu sich selbst zurückkehren würden. Ich habe gesehen, wie Familien wieder zusammenkamen. Ich habe gesehen, wie Karrieren wieder aufgebaut wurden. Ich habe Raum für Zusammenbrüche geschaffen und Durchbrüche gefeiert. Und jedes Mal werde ich daran erinnert, dass Heilung nicht dadurch entsteht, dass man alles perfekt macht. Es kommt daher, dass man nicht aufgibt.

Vielleicht hat Ihre Heilungsreise schon vor Jahren begonnen. Vielleicht beginnt es heute. Wie dem auch sei, lasst uns dies bitte eine sanfte Erinnerung sein: Du darfst immer noch wachsen, es noch einmal versuchen und anders träumen. Bei der Wiederherstellung der psychischen Gesundheit geht es nicht darum, jemand anderes zu werden, sondern darum, unter der Last des Kampfes wieder zu der Person zu werden, die man ist.

Jede Geschichte in diesem Buch, Tool und dieser Empfehlung wurde mit einem Ziel geteilt: Sie in die Lage zu versetzen, ein erfüllteres und freieres Leben zu führen. Du musst nicht furchtlos sein. Du musst weitermachen.

Wenn Sie dieses Buch schließen, lade ich Sie ein, noch einmal tief durchzuatmen. Lass es ein Hauch der Erlaubnis sein. Erlaubnis zum Ausruhen. Erlaubnis, um Hilfe zu bitten. Erlaubnis, wieder Freude zu empfinden. Erlaubnis, das Leben in Ihrem eigenen Tempo zu leben.

Du hast die Kraft in dir. Und wenn es sich weit weg anfühlt, soll dieses Buch Sie daran erinnern, dass es immer noch da ist und nur darauf wartet, genährt zu werden.

Du bist nicht gebrochen. Du wirst.

Da Sie nun am Ende dieses Leitfadens angelangt sind, möchte ich Sie etwas direkt fragen, nicht als Experte, der von einem Podium aus spricht, sondern als jemand, der viele Erwachsene auf ihrem Weg zur psychischen Gesundheit begleitet hat; Was werden Sie mit dem machen, was Sie jetzt wissen?

Sie haben gerade ein Buch gelesen, das nicht nur psychische Erkrankungen erklärt; Es spricht zutiefst, was es bedeutet, mit ihnen zu leben, sich um sie zu kümmern oder sich von ihnen zu erholen. Es ist nicht dazu gedacht, passiv auf einem Regal zu sitzen. Es soll genutzt, darauf verwiesen und vor allem gelebt werden. Deshalb rufe ich Sie heute zum Handeln auf, nicht zu dramatischen, überwältigenden Taten, sondern zu ehrlichen, mutigen Schritten, die zu Heilung, Verständnis und Stärke führen.

Wenn Sie derzeit mit Angstzuständen, einer Stimmungsstörung, Schizophrenie oder einer anderen Form von psychischen Problemen zu kämpfen haben, ist dies Ihr Moment, innezuhalten und Ihren Mut zu erkennen. Dieses Buch einfach in die Hand zu nehmen und seine Seiten zu lesen, ist eine starke Aussage. Es bedeutet, dass Sie bereit sind, freier zu wissen, zu verstehen und zu leben. Ihr nächster Schritt könnte darin bestehen, einen Therapeuten zu kontaktieren, einer Selbsthilfegruppe beizutreten, mit Ihrem Arzt zu sprechen oder eine Wellness-Routine zu erstellen. Was auch immer es ist, bitte nimm es.

Wenn Sie Betreuer, Freund, Geschwister, Kollege oder jemand sind, der einen Erwachsenen mit psychischen Problemen unterstützt, ist Ihre Rolle von entscheidender Bedeutung. Sie verfügen jetzt über Einsichten, die viele noch nicht haben. Sie haben Werkzeuge an die Hand bekommen, die Ihnen helfen, besser zuzuhören, mitfühlender zu reagieren und standhaft zu bleiben, ohne sich im Schmerz anderer zu verlieren. Ich bitte Sie dringend, informiert zu bleiben, geduldig mit dem Prozess umzugehen und sich daran zu erinnern, dass die stärkste Unterstützung manchmal darin besteht, einfach präsent zu bleiben.

Und wenn Sie beruflich mit Erwachsenen in den Bereichen Bildung, Gesundheitswesen, Öffentlichkeitsarbeit oder

Personalwesen arbeiten, ist Ihre Chance, Veränderungen voranzutreiben, noch größer. Dieses Buch kann eine Grundlage sein. Verfechter einer zugänglichen psychischen Gesundheitsversorgung. Implementieren Sie Mental-Wellness-Programme am Arbeitsplatz. Therapie normalisieren. Schaffen Sie sichere Räume für einen offenen Dialog. Ihre Stimme, unterstützt durch Ihr Verständnis, kann Mauern durchbrechen, die andere ein Leben lang erklommen haben.

Ich lade Sie auch ein, dieses Buch zu teilen. Nicht weil ich es geschrieben habe, sondern weil es Informationen enthält, die Beziehungen retten, die Würde wiederherstellen und Türen zur Heilung öffnen. Jemand in Ihrem Leben, vielleicht mehr als eine Person, braucht diese Nachricht. Lass es nicht mit dir enden.

Und jetzt noch eine letzte Herausforderung: Werden Sie Teil der Lösung. Das Stigma der psychischen Gesundheit besteht immer noch, weil Stille es nährt. Aber Ihre Stimme, Ihr Wissen, Ihre Geschichte, sie alle sind wichtig. Melden Sie sich in Ihrer Gemeinde zu Wort. Informieren Sie Ihre Mitmenschen. Schenken Sie Hoffnung, wenn Sie sehen, wie jemand in Verzweiflung gerät. Jede Anstrengung zählt. Jeder Akt des Mitgefühls erzeugt eine Wellenwirkung.

Heilung gehört nicht einigen wenigen Privilegierten. Es gehört uns allen. Und mit diesem Buch in Ihren Händen sind Sie nun Teil dieser Mission. Nutzen Sie, was Sie gelernt haben. Wachse daraus. Bitte teilen Sie es. Kehren Sie dorthin zurück, wenn Sie sich verloren fühlen. Lassen Sie sich von ihm leiten und lassen Sie sich von ihm dabei helfen, andere zu führen.

Ihre Reise endet hier nicht.

Das ist erst der Anfang.

Glossar der Begriffe

Wenn Sie diese Begriffe verstehen, können Sie Ihren Weg zur psychischen Gesundheit besser bewältigen und effektiv mit medizinischem Fachpersonal kommunizieren. Nachfolgend finden Sie ein Glossar gängiger Begriffe zur psychischen Gesundheit, die in einfacher, verständlicher Sprache erklärt werden.

Angststörungen Angststörungen sind eine Gruppe von psychischen Erkrankungen, die durch übermäßige Angst oder Sorgen gekennzeichnet sind. Zu den häufigsten Formen gehören die generalisierte Angststörung (GAD), die Panikstörung und die soziale Angststörung. Menschen mit Angststörungen leiden häufig unter körperlichen Symptomen wie Herzrasen, Schwitzen und Zittern.

Bipolare Störung Die bipolare Störung ist eine psychische Erkrankung, die zu extremen Stimmungsschwankungen führt, einschließlich emotionaler Höhen (Manie oder Hypomanie) und Tiefen (Depression). Diese Stimmungsschwankungen können das

Energieniveau, den Schlaf und die tägliche Leistungsfähigkeit beeinträchtigen.

Verhaltenstherapie Die **Verhaltenstherapie konzentriert sich auf die Veränderung ungesunder Verhaltensweisen** durch verschiedene Techniken. Es basiert auf der Idee, dass Verhaltensweisen erlernt werden und verlernt oder geändert werden können. Diese Art der Therapie wird häufig zur Behandlung von Erkrankungen wie Angstzuständen, Depressionen und Zwangsstörungen (OCD) eingesetzt.

Borderline-Persönlichkeitsstörung (BPD) BPD ist eine psychische Erkrankung, die durch instabile Stimmungen, Verhaltensweisen und Beziehungen gekennzeichnet ist. Menschen mit BPD können intensive Episoden von Wut, Depression und Angst erleben, die einige Stunden bis Tage andauern. Sie können sich auch impulsiv verhalten und ein verzerrtes Selbstbild haben.

Burnout ist ein Zustand emotionaler, körperlicher und geistiger Erschöpfung, der durch übermäßigen und anhaltenden Stress verursacht wird. Es tritt auf, wenn Sie sich überfordert fühlen und nicht in der Lage sind, den ständigen Anforderungen gerecht zu werden. Burnout kann die Produktivität verringern und Ihre Energie rauben, wodurch Sie sich zunehmend hilflos, hoffnungslos, zynisch und verärgert fühlen.

Kognitive Verhaltenstherapie (CBT) CBT ist eine Form der Psychotherapie, die Menschen dabei hilft, negative Gedankenmuster und Verhaltensweisen zu erkennen und zu ändern. Es wird häufig zur Behandlung von Angstzuständen, Depressionen und anderen psychischen Störungen eingesetzt, wobei der Schwerpunkt auf der Beziehung zwischen Gedanken, Gefühlen und Handlungen liegt.

Depression Depression ist eine Stimmungsstörung, die durch anhaltende Gefühle von Traurigkeit, Hoffnungslosigkeit und mangelndem Interesse an Aktivitäten gekennzeichnet ist, die man einmal genossen hat. Es kann auch zu körperlichen Symptomen wie Appetitveränderungen, Schlafstörungen und Müdigkeit kommen.

Dialektische Verhaltenstherapie (DBT) DBT ist eine Form der kognitiven Verhaltenstherapie, bei der die psychosozialen Aspekte der Behandlung im Vordergrund stehen. Es wurde ursprünglich zur Behandlung der Borderline-Persönlichkeitsstörung entwickelt, wurde aber auch für andere Erkrankungen angepasst. DBT konzentriert sich auf die Vermittlung von Fähigkeiten zum Umgang mit Emotionen, zur Verbesserung von Beziehungen und zur Reduzierung selbstzerstörerischer Verhaltensweisen.

Essstörungen Essstörungen sind psychische Erkrankungen, die durch ungesunde Essgewohnheiten und eine Obsession mit dem Körpergewicht oder der Körperform gekennzeichnet sind. Zu den häufigsten Formen gehören Anorexia nervosa, Bulimia nervosa und Binge-Eating-Störung. Diese Störungen können schwerwiegende körperliche und emotionale Folgen haben.

Elektrokrampftherapie (ECT) ECT ist eine medizinische Behandlung zur Behandlung schwerer Depressionen und anderer psychischer Erkrankungen. Dabei werden kleine elektrische Ströme durch das Gehirn geleitet, um einen kurzen Anfall auszulösen. Dies kann dazu beitragen, die Chemie des Gehirns wiederherzustellen und die Symptome zu verbessern.

Expositionstherapie Die Expositionstherapie ist eine Verhaltenstechnik, die Einzelpersonen dabei hilft, sich mit bestimmten Situationen, Objekten oder Aktivitäten auseinanderzusetzen und ihre Angst oder Furcht zu reduzieren. Dabei geht es um die allmähliche und kontrollierte Auseinandersetzung mit dem gefürchteten Objekt oder Kontext ohne Gefahr, die Angst zu überwinden.

Hypomanie Hypomanie ist ein Stimmungszustand, der durch anhaltende Enthemmung und Stimmungserhöhung (Euphorie) gekennzeichnet ist. Sie ist weniger schwerwiegend als eine ausgewachsene Manie und umfasst keine psychotischen Episoden. Hypomanie ist ein häufiges Merkmal einer bipolaren Störung und kann erhöhte Energie, verringertes Schlafbedürfnis und impulsives Verhalten umfassen.

Zwischenmenschliche Therapie (IPT) IPT ist eine Form der Psychotherapie, die sich auf die Verbesserung zwischenmenschlicher Beziehungen und sozialer Funktionen konzentriert, um die Symptome psychischer Erkrankungen zu lindern. Es wird häufig zur Behandlung von Depressionen und Angststörungen eingesetzt.

Psychische Gesundheit Psychische Gesundheit bezieht sich auf emotionales, psychologisches und soziales Wohlbefinden. Es beeinflusst, wie Sie denken, fühlen und handeln und bestimmt, wie Sie mit Stress umgehen, mit anderen umgehen und Entscheidungen treffen. Eine gute psychische Gesundheit ist in jeder Lebensphase unerlässlich.

Achtsamkeit Achtsamkeit ist die Praxis, im Augenblick präsent zu sein und sich voll und ganz auf das einzulassen, was man gerade tut. Es geht darum, auf Ihre Gedanken, Gefühle und Empfindungen zu achten, ohne zu urteilen. Achtsamkeitstechniken wie Meditation und tiefes Atmen können Stress reduzieren und das geistige Wohlbefinden verbessern.

Manie Manie ist ein Zustand ungewöhnlich erhöhter Erregung, Affekt und Energieniveau. Es ist ein Symptom einer bipolaren Störung und kann Symptome wie erhöhte Aktivität, rasende Gedanken, impulsives Verhalten und vermindertes Schlafbedürfnis umfassen. Schwere Manie kann zu riskantem Verhalten und beeinträchtigtem Urteilsvermögen führen.

Zwangsstörung (OCD) Eine Zwangsstörung ist eine psychische Erkrankung, die durch unerwünschte, sich wiederholende Gedanken (Obsessionen) und Verhaltensweisen (Zwänge) gekennzeichnet ist. Menschen mit Zwangsstörungen fühlen sich oft gezwungen, bestimmte Rituale oder Routinen durchzuführen, um ihre Ängste zu lindern.

Obsessionen Obsessionen sind unerwünschte und aufdringliche Gedanken, Bilder oder Triebe, die erhebliche Angst oder Kummer verursachen. Dies sind ein Hauptmerkmal der Zwangsstörung (OCD). Menschen mit Zwangsstörungen versuchen, ihre Obsessionen durch Zwänge oder Vermeidungsverhalten zu neutralisieren.

Posttraumatische Belastungsstörung (PTSD) PTBS ist eine psychische Erkrankung, die sich nach dem Erleben oder Miterleben eines traumatischen Ereignisses entwickeln kann. Zu den Symptomen gehören Flashbacks, Albträume, starke Ängste und unkontrollierbare Gedanken über das Ereignis. PTBS kann das tägliche Leben und die Beziehungen erheblich beeinträchtigen.

Psychiater: Ein Psychiater ist ein Arzt, der sich auf die Diagnose und Behandlung psychischer Erkrankungen spezialisiert hat. Psychiater können Medikamente verschreiben und Therapien zur Behandlung psychischer Störungen anbieten.

Psychologe: Ein Psychologe bietet Therapie und Beratung für Einzelpersonen, Gruppen oder Familien an. Psychologen verfügen in der Regel über einen Doktortitel in Psychologie und wenden verschiedene therapeutische Techniken an, um Menschen bei der Bewältigung psychischer Probleme zu helfen.

Panikattacke Eine Panikattacke ist ein plötzliches Auftreten intensiver Angst oder Unbehagen, das innerhalb von Minuten seinen Höhepunkt erreicht. Zu den Symptomen können Herzklopfen, Schwitzen, Zittern, Kurzatmigkeit, Brustschmerzen, Übelkeit und Schwindel gehören. Panikattacken können unerwartet auftreten oder durch bestimmte Situationen ausgelöst werden.

Personzentrierte Therapie Die personenzentrierte Therapie, auch klientenzentrierte Therapie genannt, ist eine von Carl Rogers entwickelte Form der Psychotherapie. Es betont, wie wichtig das Einfühlungsvermögen, die Echtheit und die bedingungslose positive Wertschätzung des Therapeuten sind, um den Klienten dabei zu helfen, Selbstverständnis und Selbstakzeptanz zu erlangen.

Phobie Eine Phobie ist eine intensive, irrationale Angst vor bestimmten Objekten oder Situationen, die zu Vermeidungsverhalten führt. Zu den häufigsten Phobien gehören Höhenangst, Angst vor Tieren, Fliegen und Angst vor geschlossenen Räumen. Phobien können die täglichen Aktivitäten und die Lebensqualität beeinträchtigen.

Psychodynamische Therapie Psychodynamische Therapie ist ein therapeutischer Ansatz, der sich auf das Verständnis der unbewussten Prozesse konzentriert, die Gedanken, Gefühle und Verhaltensweisen beeinflussen. Ziel ist es, Einzelpersonen dabei zu helfen, Einblick in ihre emotionalen Konflikte zu gewinnen und gesündere Bewältigungsmechanismen zu entwickeln.

Psychose Psychose ist eine psychische Erkrankung, die durch eine Trennung von der Realität gekennzeichnet ist. Zu den Symptomen können Halluzinationen (Sehen oder Hören von Dingen, die nicht da sind) und Wahnvorstellungen (falsche Überzeugungen, die nicht auf der Realität basieren) gehören. Psychosen können bei Erkrankungen wie Schizophrenie, bipolarer Störung und schwerer Depression auftreten.

Widerstandsfähigkeit Resilienz bedeutet, sich an Widrigkeiten, Traumata oder erheblichen Stress anzupassen und sich davon zu erholen. Zum Aufbau von Resilienz gehört die Entwicklung gesunder Bewältigungsstrategien, die Aufrechterhaltung einer positiven Einstellung und die Suche nach Unterstützung von anderen.

Schizophrenie Schizophrenie ist eine schwere psychische Störung, die das Denken, Fühlen und Verhalten einer Person beeinträchtigt. Es ist durch Symptome wie Halluzinationen, Wahnvorstellungen, desorganisiertes Denken und Funktionsstörungen gekennzeichnet. Schizophrenie erfordert eine langfristige Behandlung und Unterstützung.

Selbstpflege Selbstfürsorge bezieht sich auf Aktivitäten und Praktiken, die Einzelpersonen unternehmen, um ihre körperliche, geistige und emotionale Gesundheit zu erhalten. Dazu können Bewegung, gesunde Ernährung, ausreichend Schlaf, Entspannungstechniken und Hobbys gehören, die Freude und Entspannung bringen.

Selbsthilfegruppe Eine Selbsthilfegruppe ist eine Zusammenkunft von Menschen, die ähnliche Erfahrungen oder Herausforderungen teilen, beispielsweise das Leben mit einer psychischen Erkrankung. Selbsthilfegruppen ermöglichen es Einzelpersonen, ihre Geschichten zu teilen, Unterstützung anzubieten und zu erhalten und von anderen Bewältigungsstrategien zu lernen.

Selektive Serotonin-Wiederaufnahmehemmer (SSRIs) SSRIs sind eine Klasse von Medikamenten, die häufig zur Behandlung von Depressionen und Angststörungen eingesetzt werden. Sie wirken, indem sie den Serotoninspiegel im Gehirn erhöhen, was die Stimmung verbessern und Symptome von Depressionen und Angstzuständen lindern kann.

Selbststigma Selbststigmatisierung entsteht, wenn Menschen negative Stereotypen und Vorurteile über psychische Erkrankungen verinnerlichen, was zu Schamgefühlen und Selbstvorwürfen führt. Dies kann Menschen davon abhalten, Hilfe zu suchen, und ihre Genesung behindern.

Stigma bezieht sich auf die negative Einstellung und Diskriminierung gegenüber Personen mit psychischen Erkrankungen. Stigmatisierung kann zu sozialer Ausgrenzung, eingeschränkten Möglichkeiten und

Zurückhaltung bei der Inanspruchnahme einer Behandlung führen.

Substanzgebrauchsstörung Eine Substanzgebrauchsstörung ist eine Erkrankung, die durch den schädlichen oder gefährlichen Konsum von Substanzen wie Alkohol, Drogen oder Tabak gekennzeichnet ist. Es kann zu physischer und psychischer Abhängigkeit führen und die Alltagsfunktionen sowie die allgemeine Gesundheit beeinträchtigen.

Selbstmordgedanken Unter Suizidgedanken versteht man Selbstmordgedanken oder -pläne. Es kann von flüchtigen Gedanken bis hin zu detaillierter Planung reichen. Suizidgedanken sind ein schwerwiegendes Symptom, das sofortige Aufmerksamkeit und Intervention erfordert.

Teletherapie Teletherapie, auch Online-Therapie genannt, umfasst die Bereitstellung von psychischen Gesundheitsdiensten über digitale Plattformen wie Videoanrufe oder Messaging. Teletherapie bietet Komfort und Zugänglichkeit und ermöglicht es Einzelpersonen, die Therapie bequem von zu Hause aus zu erhalten.

Trauma ist die emotionale und psychologische Reaktion auf ein Ereignis oder eine Reihe zutiefst belastender oder verstörender Ereignisse. Traumata können aus Erfahrungen wie Missbrauch, Gewalt, Unfällen oder Naturkatastrophen resultieren. Es kann langfristige Auswirkungen auf die geistige und körperliche Gesundheit haben.

Trauma-informierte Pflege Trauma-informierte Pflege ist ein Behandlungsansatz, der die Auswirkungen von Traumata auf die psychische Gesundheit und das Wohlbefinden einer Person berücksichtigt. Es betont Sicherheit, Vertrauenswürdigkeit, Wahlmöglichkeiten, Zusammenarbeit und Ermächtigung im therapeutischen Prozess.

Triggerwarnung: Eine Trigger-Warnung macht Personen darauf aufmerksam, dass bevorstehende Inhalte Stress verursachen oder eine traumatische Reaktion auslösen könnten. Es dient der Vorbereitung und dem

Schutz von Personen, die möglicherweise ein Trauma erlitten haben oder über besondere Empfindlichkeiten verfügen.

Auslösen: Ein Auslöser weckt Erinnerungen oder Emotionen im Zusammenhang mit einem traumatischen Ereignis. Auslöser können Anblicke, Geräusche, Gerüche oder Situationen sein, die dazu führen, dass eine Person ihr Trauma noch einmal durchlebt oder intensive emotionale Reaktionen erlebt.

Wellness Wellness ist ein ganzheitliches Konzept, das körperliche, geistige und emotionale Gesundheit umfasst. Dabei geht es darum, proaktive Maßnahmen zu ergreifen, um das allgemeine Wohlbefinden aufrechtzuerhalten und zu verbessern, z. B. Selbstfürsorge zu üben, sich auf gesunde Verhaltensweisen einzulassen und bei Bedarf Unterstützung zu suchen.

Yoga ist eine Geist-Körper-Praxis, die Körperhaltungen, Atemübungen und Meditation kombiniert. Es fördert körperliche Fitness, Entspannung und geistige Klarheit. Viele Menschen finden, dass Yoga dabei hilft, Stress abzubauen und das allgemeine Wohlbefinden zu verbessern.

Diese Begriffe sind wichtig, um die psychische Gesundheit zu verstehen und Ihren Weg zum Wohlbefinden zu steuern. Mit diesen Konzepten können Sie besser mit medizinischem Fachpersonal kommunizieren, für sich und andere eintreten und fundierte Entscheidungen über Ihre psychische Gesundheitsversorgung treffen. Dieses Glossar ist eine wertvolle Ressource, die Klarheit und Einblick in die komplexe Welt der psychischen Gesundheit bietet.

Das Erkunden von Ressourcen und weiterführende Lektüre kann Ihr Verständnis der psychischen Gesundheit erheblich verbessern und Ihnen wertvolle Werkzeuge zur Unterstützung Ihres Wohlbefindens an die Hand geben. Nachfolgend finden Sie einige empfohlene Bücher, Websites und Organisationen, die umfassende Informationen und Anleitungen zu verschiedenen Aspekten der psychischen Gesundheit bieten.

Bücher

Bücher sind eine hervorragende Ressource, um Ihr Wissen über psychische Gesundheit zu vertiefen. Hier sind einige sehr empfehlenswerte Titel:

1. **„Der Körper behält die Punktzahl" von Bessel van der Kolk** Dieses Buch untersucht, wie sich Traumata auf Körper und Geist auswirken. Dr. van der Kolk, ein renommierter Trauma-Experte, erklärt, wie Traumata Gehirn und Körper verändern können und bietet Einblicke in innovative Behandlungen.

2. **„Feeling Good: The New Mood Therapy" von David D. Burns** Dr. Burns bietet praktische Techniken auf der Grundlage der kognitiven Verhaltenstherapie (CBT), um den Lesern bei der Bewältigung von Depressionen und Angstzuständen zu helfen. Das Buch enthält Übungen und Strategien, um negative Gedankenmuster zu ändern und die psychische Gesundheit zu verbessern.

3. **„An Unquiet Mind" von Kay Redfield Jamison** In diesen Memoiren teilt Dr. Jamison, eine klinische Psychologin und Professorin, ihre persönlichen Erfahrungen mit der bipolaren Störung. Ihre Geschichte bietet eine einzigartige Perspektive auf psychische Erkrankungen und bietet Hoffnung und Verständnis.

4. **„Lost Connections" von Johann Hari** Hari erforscht die zugrunde liegenden Ursachen von Depressionen und Angstzuständen und stellt traditionelle Ansichten über psychische Erkrankungen in Frage. Er präsentiert ein

überzeugendes Argument für die Bedeutung sozialer Verbindungen und Umweltfaktoren für die psychische Gesundheit.

5. **„Achtsamkeit für Anfänger" von Jon Kabat-Zinn** Dieses Buch stellt die Praxis der Achtsamkeit und ihre Vorteile für die psychische Gesundheit vor. Kabat-Zinn, ein Pionier der achtsamkeitsbasierten Stressreduktion (MBSR), bietet einfache Übungen und Techniken, um Achtsamkeit in den Alltag zu integrieren.

Websites

Online-Ressourcen bieten eine Fülle von Informationen zu Themen der psychischen Gesundheit. Hier sind einige seriöse Websites, die Sie erkunden sollten:

1. **Nationale Allianz für psychische Erkrankungen (NAMI)** Webseite: www.nami.org NAMI ist eine führende Organisation für psychische Gesundheit, die Aufklärung, Unterstützung und Interessenvertretung für Einzelpersonen und Familien bietet, die von psychischen Erkrankungen

betroffen sind. Ihre Website bietet eine Vielzahl von Ressourcen, darunter Informationen zu psychischen Erkrankungen, Behandlungsmöglichkeiten und Selbsthilfegruppen.

2. **Mental Health America (MHA)** Webseite: www.mhanational.org MHA widmet sich der Förderung der psychischen Gesundheit und der Prävention psychischer Erkrankungen durch Interessenvertretung, Aufklärung und Dienstleistungen. Auf ihrer Website finden Sie Untersuchungen zur psychischen Gesundheit, Informationen zu psychischen Erkrankungen und Ressourcen für die Suche nach Hilfe.

3. **Anxiety and Depression Association of America (ADAA)** Webseite: www.adaa.org ADAA konzentriert sich auf die Prävention, Behandlung und Heilung von Angstzuständen, Depressionen und damit verbundenen Störungen. Ihre Website bietet Bildungsressourcen, Selbsthilfetools und ein Verzeichnis von Fachkräften für psychische Gesundheit.

4. **Psychologie heute** Webseite: www.psychologytoday.com Psychology Today bietet Artikel zu einer Vielzahl von Themen zur psychischen Gesundheit, die von Experten auf diesem Gebiet verfasst wurden. Die Website enthält auch ein Verzeichnis von Therapeuten, Selbsthilfegruppen und Behandlungszentren.

5. **HilfeGuide** Webseite: www.helpguide.org HelpGuide bietet evidenzbasierte Informationen zu psychischer Gesundheit, emotionalem Wohlbefinden und Beziehungen. Die Website bietet Artikel, Selbsthilfetools und Ressourcen für die Suche nach professioneller Hilfe.

Organisationen

Mehrere Organisationen bieten Unterstützung, Interessenvertretung und Ressourcen für Menschen mit psychischen Erkrankungen. Hier sind einige bemerkenswerte:

1. **American Psychological Association (APA)** Webseite: www.apa.org Die APA ist eine

Berufsorganisation, die Psychologen in den Vereinigten Staaten vertritt. Ihre Website bietet Informationen zu Themen der psychischen Gesundheit, Forschung und Ressourcen für die Suche nach einem Psychologen.

2. **Verwaltung für Drogenmissbrauch und psychische Gesundheit (SAMHSA)** Webseite: www.samhsa.gov SAMHSA ist eine Regierungsbehörde, die sich zum Ziel gesetzt hat, die Auswirkungen von Drogenmissbrauch und psychischen Erkrankungen in Amerika zu reduzieren. Auf ihrer Website finden Sie Informationen zu psychiatrischen Diensten, Behandlungsmöglichkeiten und Zuschüssen.

3. **Das Trevor-Projekt** Webseite: www.thetrevorproject.org Das Trevor Project ist eine führende Organisation, die LGBTQ-Jugendlichen Krisenintervention und Suizidprävention anbietet. Ihre Website bietet Ressourcen, Unterstützung und Lehrmaterialien für die psychische Gesundheit von LGBTQ.

4. **Depression und bipolare Unterstützungsallianz (DBSA)** Webseite: www.dbsalliance.org DBSA bietet Unterstützung, Aufklärung und Interessenvertretung für Menschen mit Depressionen und bipolarer Störung. Auf ihrer Website finden Sie Informationen zu Selbsthilfegruppen, Behandlungsmöglichkeiten und persönlichen Geschichten.

5. **Nationales Institut für psychische Gesundheit (NIMH)** Webseite: www.nimh.nih.gov NIMH ist die führende Bundesbehörde für die Erforschung psychischer Störungen. Ihre Website bietet Informationen zu Forschungsinitiativen, klinischen Studien und Bildungsressourcen zu verschiedenen psychischen Erkrankungen.

Durch die Nutzung dieser Ressourcen können Sie fundierte Entscheidungen treffen, geeignete Hilfe in Anspruch nehmen und Ihr allgemeines Wohlbefinden verbessern.

Support-Hotlines und Websites

Bei psychischen Problemen kann der Zugang zu zuverlässigen Support-Hotlines und Websites einen erheblichen Unterschied machen. Diese Ressourcen bieten sofortige Hilfe, Informationen und Anleitung und helfen Einzelpersonen, schwierige Zeiten zu meistern.

Support-Hotlines

Support-Hotlines sind wichtige Lebensadern für Krisenopfer und bieten sofortige und vertrauliche Hilfe.

1. **Nationale Lebensader für Suizidprävention** Telefon: 1-800-273-8255 (TALK) Die National Suicide Prevention Lifeline bietet rund um die Uhr zugängliche und vertrauliche Unterstützung für Menschen in Not. Geschulte Berater bieten Unterstützung und Ressourcen für Personen, die unter Selbstmordgedanken, Krisen oder emotionalem Stress leiden. The Lifeline bietet auf ihrer Website auch einen Chat-Service an.

2. **Krisentextzeile** Text: HOME an 741741. Die Crisis Text Line ist ein 24/7-Supportdienst, bei dem Einzelpersonen eine SMS für sofortige Hilfe

senden können. Ausgebildete Krisenberater helfen Menschen bei der Bewältigung ihrer Krisen per SMS und bieten Unterstützung und Ressourcen für verschiedene psychische Gesundheitsprobleme.

3. **Nationale Helpline der SAMHSA** Telefon: 1-800-662-HELP (4357) Die Substance Abuse and Mental Health Services Administration (SAMHSA) bietet rund um die Uhr eine Hotline für Personen mit psychischen Gesundheits- oder Substanzstörungen. Die Hotline bietet vertrauliche Hilfe, Informationen und Empfehlungen an örtliche Behandlungseinrichtungen, Selbsthilfegruppen und gemeindebasierte Organisationen.

4. **TrevorLifeline** Telefon: 1-866-488-7386 TrevorLifeline ist ein Kriseninterventions- und Suizidpräventionsdienst für LGBTQ-Jugendliche. Es bietet rund um die Uhr Support per Telefon, Chat und Textdiensten. Ausgebildete Berater bieten Unterstützung, die auf die besonderen Herausforderungen von LGBTQ-Personen zugeschnitten ist.

5. **Veteranen-Krisentelefon** Telefon: 1-800-273-8255 (Drücken Sie 1) Text: 838255 Die Veterans Crisis Line bietet vertrauliche Hilfe für Veteranen und ihre Familien. Es bietet rund um die Uhr Support per Telefon, SMS und Chat und verbindet Veteranen mit geschulten Einsatzkräften, von denen viele Veteranen sind.

Support-Websites

Support-Websites bieten eine Fülle von Informationen, Ressourcen und Tools, die Einzelpersonen bei der Bewältigung ihrer psychischen Gesundheit unterstützen.

1. **Nationale Allianz für psychische Erkrankungen (NAMI)** Webseite: www.nami.org NAMI ist eine führende Organisation für psychische Gesundheit und bietet umfassende Ressourcen, darunter Informationen zu psychischen Erkrankungen, Behandlungsmöglichkeiten und Unterstützungsnetzwerken. Auf ihrer Website finden Sie Lehrmaterialien, Interesseninitiativen und ein Verzeichnis lokaler

NAMI-Mitgliedsorganisationen, die Community-Unterstützung leisten.

2. **Mental Health America (MHA)** Webseite: www.mhanational.org MHA fördert die psychische Gesundheit durch Interessenvertretung, Aufklärung und Dienstleistungen. Ihre Website bietet Untersuchungen zur psychischen Gesundheit, Informationen zu verschiedenen psychischen Erkrankungen und Ressourcen für die Suche nach Hilfe. Sie bieten auch Werkzeuge für Selbstpflege und Wohlbefinden.

3. **Anxiety and Depression Association of America (ADAA)** Webseite: www.adaa.org ADAA konzentriert sich auf die Vorbeugung, Behandlung und Heilung von Angst- und Depressionsstörungen. Ihre Website bietet Bildungsressourcen, Selbsthilfetools und ein Verzeichnis von Fachkräften für psychische Gesundheit. Sie veranstalten auch Webinare und informieren über Forschungsfortschritte.

4. **HilfeGuide** Webseite: www.helpguide.org HelpGuide bietet evidenzbasierte Informationen zu psychischer Gesundheit, emotionalem Wohlbefinden und Beziehungen. Auf der Website finden Sie Artikel zu psychischen Erkrankungen, Selbsthilfetools und Ressourcen für die Suche nach professioneller Hilfe. Es handelt sich um eine umfassende Ressource für Personen, die ihre psychische Gesundheit verbessern möchten.

5. **Psychologie heute** Webseite: www.psychologytoday.com Psychology Today bietet eine breite Palette von Artikeln von Experten für psychische Gesundheit zu Angstzuständen, Depressionen, Therapie und Beziehungen. Die Website enthält außerdem ein Verzeichnis von Therapeuten, Selbsthilfegruppen und Behandlungszentren, was die Suche nach professioneller Hilfe erleichtert.

6. **Nationales Institut für psychische Gesundheit (NIMH)** Webseite: www.nimh.nih.gov NIMH ist die führende Bundesbehörde für die Erforschung

psychischer Störungen. Ihre Website bietet umfassende Informationen zur Forschung im Bereich der psychischen Gesundheit, zu klinischen Studien und Bildungsressourcen. Es ist eine wertvolle Ressource, um über die neuesten Entwicklungen in der psychischen Gesundheitsversorgung informiert zu bleiben.

Support-Hotlines und Websites sind unschätzbare Ressourcen für Menschen mit psychischen Problemen. Hotlines bieten in Krisenzeiten sofortige und vertrauliche Hilfe, während Websites umfassende Informationen, Selbsthilfetools und Verzeichnisse für die Suche nach professioneller Hilfe bereitstellen. Durch die Nutzung dieser Ressourcen können Einzelpersonen die Unterstützung, das Wissen und die Anleitung erhalten, die sie benötigen, um ihren Weg zur psychischen Gesundheit zu meistern und ihr Wohlbefinden zu verbessern. Denken Sie daran, dass Hilfe immer verfügbar ist und der erste Schritt, sich an uns zu wenden, einen erheblichen Unterschied für Ihre psychische Gesundheit bewirken kann.

Eine ausgewogene Ernährung spielt eine entscheidende Rolle für die Erhaltung der geistigen und körperlichen Gesundheit. Essen kann unsere Stimmung, unser Energieniveau und unser allgemeines Wohlbefinden erheblich beeinflussen. Hier finden Sie einige praktische Ernährungstipps und leicht verständliche Rezepte für Erwachsene, die ihre Ernährung und Gesundheit verbessern möchten.

Ernährungstipps

1. **Priorisieren Sie Vollwertkost:** Integrieren Sie mehr Vollwertkost wie Obst, Gemüse, Vollkornprodukte, mageres Eiweiß und gesunde Fette in Ihre Ernährung. Diese Lebensmittel sind reich an essentiellen Nährstoffen, die die Gesundheit von Gehirn und Körper unterstützen.

2. **Enthält Omega-3-Fettsäuren:** Lebensmittel mit einem hohen Gehalt an Omega-3-Fettsäuren wie Lachs, Walnüsse und Leinsamen können die Gehirnfunktion verbessern und Entzündungen

reduzieren. Versuchen Sie, diese ein paar Mal pro Woche in Ihre Mahlzeiten aufzunehmen.

3. **Bleiben Sie hydriert:** Ausreichend Wasser zu trinken ist für die allgemeine Gesundheit von entscheidender Bedeutung. Dehydrierung kann zu Müdigkeit und Konzentrationsschwierigkeiten führen. Versuchen Sie, täglich mindestens acht Gläser Wasser zu sich zu nehmen, und ziehen Sie zur Abwechslung Kräutertees oder angereichertes Wasser in Betracht.

4. **Begrenzen Sie verarbeitete Lebensmittel und Zucker:** Verarbeitete Lebensmittel und zuckerhaltige Snacks können zu Energieeinbrüchen und Stimmungsschwankungen führen. Entscheiden Sie sich für natürliche, vollwertige Nahrungsmittelalternativen, um Ihre Energie den ganzen Tag über stabil zu halten.

5. **Balance Makronährstoffe:** Stellen Sie sicher, dass jede Mahlzeit ein ausgewogenes Verhältnis von Eiweiß, gesunden Fetten und Kohlenhydraten

aufweist. Diese Kombination trägt zur Aufrechterhaltung des Energieniveaus bei und unterstützt verschiedene Körperfunktionen.

Rezepte

1. Quinoa-Gemüse-Salat

Dieser lebendige Salat steckt voller Nährstoffe und ist einfach zuzubereiten.

Zutaten:

- 1 Tasse Quinoa

- 2 Tassen Wasser

- 1 Tasse Kirschtomaten, halbiert

- 1 Gurke, gewürfelt

- 1 Paprika, gewürfelt

- 1/4 rote Zwiebel, fein gehackt

- 1/4 Tasse Feta-Käse, zerbröselt

- 2 Esslöffel Olivenöl

- Saft von 1 Zitrone

- Salz und Pfeffer nach Geschmack

- Frische Petersilie, gehackt

Anweisungen:

1. Spülen Sie den Quinoa unter kaltem Wasser ab. In einem mittelgroßen Topf Quinoa und Wasser vermischen. Zum Kochen bringen, dann die Hitze reduzieren und 15 Minuten köcheln lassen, bis das Wasser aufgesogen ist.

2. Quinoa auf Zimmertemperatur abkühlen lassen.

3. Quinoa, Kirschtomaten, Gurke, Paprika, rote Zwiebel und Feta-Käse in einer großen Schüssel vermischen.

4. Mit Olivenöl und Zitronensaft beträufeln – mit Salz und Pfeffer würzen.

5. Vorsichtig umrühren und vermengen. Vor dem Servieren mit frischer Petersilie garnieren.

2. Gebackener Lachs mit Spargel

Eine einfache, aber köstliche Mahlzeit, die reich an Omega-3-Fettsäuren ist.

Zutaten:

- 2 Lachsfilets

- 1 Bund Spargel, geputzt

- 2 Esslöffel Olivenöl

- 2 Knoblauchzehen, gehackt

- Saft von 1 Zitrone

- Salz und Pfeffer nach Geschmack

Anweisungen:

1. Den Ofen auf 200 °C (400 °F) vorheizen.

2. Lachsfilets und Spargel auf ein mit Backpapier ausgelegtes Backblech legen.

3. Mit Olivenöl und Zitronensaft beträufeln. Den Lachs und den Spargel mit Knoblauch, Salz und Pfeffer bestreuen.

4. 15–20 Minuten backen, bis der Lachs gar und der Spargel zart ist.

5. Sofort servieren, nach Belieben mit Zitronenscheiben garniert.

3. Chia-Pudding über Nacht

Ein nahrhaftes Frühstück oder ein Snack, der sich leicht im Voraus zubereiten lässt.

Zutaten:

- 1/4 Tasse Chiasamen

- 1 Tasse Mandelmilch (oder eine beliebige Milch Ihrer Wahl)

- 1 Esslöffel Honig oder Ahornsirup

- 1/2 Teelöffel Vanilleextrakt

- Frische Beeren und Nüsse als Topping

Anweisungen:

1. Kombinieren Sie Chiasamen, Mandelmilch, Honig und Vanilleextrakt in einem Glas oder einer Schüssel. Gut umrühren.

2. Abdecken und über Nacht oder mindestens 4 Stunden im Kühlschrank lagern, bis die Mischung eindickt.

3. Den Pudding vor dem Servieren umrühren. Mit frischen Beeren und Nüssen belegen.

4. Omega-3 Power Bowl

Diese Schüssel ist reich an Omega-3-Fettsäuren, magerem Eiweiß und Ballaststoffen und trägt dazu bei, die Gesundheit des Gehirns zu unterstützen, Entzündungen zu reduzieren und die Stimmung zu stabilisieren, insbesondere bei Erwachsenen, die mit Angstzuständen oder Depressionen zu kämpfen haben.

Zutaten:

- 1 Tasse gekochter Quinoa oder brauner Reis
- 1 kleines Filet gebackener Lachs (oder gegrillter Tofu für Vegetarier)
- 1/2 Avocado, in Scheiben geschnitten
- 1 Tasse Babyspinat oder gemischtes Gemüse
- 1/4 Tasse geraspelte Karotten

- 2 Esslöffel Hummus

- 1 Esslöffel Kürbiskerne oder Walnüsse

- 1 Esslöffel Olivenöl

- Saft einer halben Zitrone

- Salz und Pfeffer nach Geschmack

Wegbeschreibung:

1. In einer Schüssel Quinoa oder Reis als Basis schichten.

2. Mit Lachs (oder Tofu), Avocado, Spinat, Karotten und Samen oder Nüssen belegen.

3. Mit Olivenöl und Zitronensaft beträufeln, dann mit Salz und Pfeffer würzen.

4. Fügen Sie für zusätzliche Cremigkeit und Ballaststoffe eine Kugel Hummus hinzu.

5. Sofort servieren oder zum Mittagessen in einem Meal-Prep-Behälter aufbewahren.

Tipp: Lachs liefert DHA, ein wichtiges Omega-3, das eine wichtige Rolle bei der Linderung depressiver Symptome spielt. Blattgemüse liefert Folsäure und Magnesium, die für die Regulierung des Nervensystems wichtig sind.

5. Serotonin-Smoothie

Dieser Smoothie ist reich an Tryptophan (aus Bananen und griechischem Joghurt), das der Körper zur Produktion von Serotonin verwendet, einem wichtigen Neurotransmitter bei der Stimmungsregulation. Es enthält außerdem Antioxidantien und Probiotika zur Unterstützung der Darm-Gehirn-Gesundheit.

Zutaten:

- 1 reife Banane
- 1/2 Tasse gefrorene Blaubeeren
- 1/2 Tasse griechischer Naturjoghurt
- 1 Esslöffel Chiasamen
- 1/2 Teelöffel Kurkuma (optional, entzündungshemmend)
- 1/2 Tasse ungesüßte Mandelmilch (oder Hafermilch)
- 1 Teelöffel Honig (optional)

- Ein paar Eiswürfel

Wegbeschreibung:

1. Alle Zutaten in einen Mixer geben und mixen, bis eine glatte und cremige Masse entsteht.
2. Passen Sie die Dicke mit mehr Milch an oder fügen Sie zusätzliches Eis hinzu, um eine kältere Konsistenz zu erhalten.
3. Sofort als stimmungsaufhellendes Frühstück oder Muntermacher am Nachmittag servieren.

Tipp: Der Darm produziert etwa 90 % des körpereigenen Serotonins. Ein gesunder Smoothie wie dieser mit Probiotika und Ballaststoffen unterstützt sowohl die Verdauung als auch das emotionale Wohlbefinden.

Wenn Sie diese Ernährungstipps und Rezepte in Ihre Routine integrieren, können Sie Ihre allgemeine Gesundheit und Ihr Wohlbefinden verbessern. Konsistenz ist entscheidend; Kleine Änderungen können im Laufe der Zeit zu erheblichen Vorteilen führen. Genießen Sie die Reise zu einem gesünderen Ich!

Lieber Leser,

Zunächst möchte ich Ihnen von ganzem Herzen danken. Vielen Dank, dass Sie sich für dieses Buch entschieden haben und mir vertrauen, dass ich Sie auf Ihrem Weg zum Verständnis der psychischen Gesundheit Erwachsener begleiten kann. Ganz gleich, ob Sie es für sich selbst, für einen geliebten Menschen oder als Fachmann auf der Suche nach tieferen Einblicken lesen: Ihre Entscheidung, in dieses Wissen zu investieren, ist kraftvoll und wird zutiefst geschätzt.

Es bedeutet zu wissen, dass Sie sich die Zeit genommen haben, diese Seiten zu erkunden. Ich habe meine jahrelange klinische Erfahrung, mein persönliches Mitgefühl und meine praktischen Erkenntnisse in dieses Buch gesteckt, in der Hoffnung, dass es mehr als nur Informationen bieten würde; es würde Verständnis, Unterstützung und Sicherheit vermitteln, dass Heilung möglich ist.

Wenn dieses Buch Sie angesprochen hat und Ihnen geholfen hat, Ihre eigenen Erfahrungen oder die einer Ihnen nahestehenden Person besser zu verstehen, wäre ich unglaublich dankbar, wenn Sie darüber nachdenken würden, eine Rezension auf Amazon zu hinterlassen. Ihr ehrliches Feedback zeigt mir, dass das Buch einen Unterschied macht und hilft Amazon, es anderen zu empfehlen, die in schwierigen Zeiten nach Antworten oder Ermutigung suchen. In Wahrheit könnten Ihre Worte der Grund dafür sein, dass jemand anderes Hoffnung schöpft.

Und wenn Sie Gedanken oder Fragen haben oder Ihre Reise teilen möchten, würde ich gerne von Ihnen hören. Sie können sich direkt mit mir in Verbindung setzen unter talkwithdrjasmine@gmail.com. Ganz gleich, ob es um Ihre geistige Gesundheit geht oder um Sorgen um einen geliebten Menschen oder jemanden, den Sie kennen, ich bin hier, um Ihnen zuzuhören, Ihnen Rat zu geben und Sie durch die Herausforderungen zu begleiten.

Vergessen Sie nicht, auch meine anderen Bücher zum Thema Gesundheit zu lesen. Jedes ist mit dem gleichen

Engagement für Klarheit, Mitgefühl und Sorgfalt geschrieben. Sie wurden entwickelt, um Ihnen und Ihrer Familie ein erfüllteres und gesünderes Leben zu ermöglichen, denn psychische Gesundheit ist nicht nur ein Kapitel Ihrer Lebensgeschichte. Es prägt jeden Teil davon.

Ich wünsche Ihnen Kraft, Frieden und weitere Heilung.

Mit herzlicher Dankbarkeit,
Dr. Jasmine Terry

RETT SYNDROME
ENTSCHLÜSSELT
Dr. Jasmine Ferra
Mein lebenslanger Leitfaden, der Ihnen hilft die
Betroffenen zu verstehen, zu unterstützen und für sie zu sorgen

DAS ENDE

9 798335 120487